归真课堂
——教学本真的探索与实践

范通战 著

河南大学出版社
HENAN UNIVERSITY PRESS
·郑州·

图书在版编目(CIP)数据

归真课堂：教学本真的探索与实践 / 范通战著. --
郑州：河南大学出版社，2024.4
ISBN 978-7-5649-5860-2

Ⅰ.①归… Ⅱ.①范… Ⅲ.①课堂教学－教学研究－
中学 Ⅳ.①G632.421

中国国家版本馆 CIP 数据核字(2024)第 085361 号

归真课堂——教学本真的探索与实践
GUIZHEN KETANG——JIAOXUE BENZHEN DE TANSUO YU SHIJIAN

责任编辑	林方丽　韩　璐
责任校对	陈　巧
封面设计	郭　灿

出版发行	河南大学出版社
	地址:郑州市郑东新区商务外环中华大厦 2401 号　邮编:450046
	电话:0371-86059715(高等教育与职业教育分公司)
	0371-86059701(营销部)
	网址:hupress.henu.edu.cn
排　版	河南大学出版社设计排版中心
印　刷	河南大美印刷有限公司
版　次	2024 年 4 月第 1 版　　印　次　2024 年 4 月第 1 次印刷
开　本	710 mm×1010 mm　1/16　印　张　20.75
字　数	371 千字　　　　　　　　定　价　64.00 元

(本书如有印装质量问题,请与河南大学出版社营销部联系调换。)

内容简介：

本书是一本立足于中国本土一线教学的实践性教学论著作，是笔者30年课堂教学改革的智慧结晶，是武陟县实验中学全体教师十多年来共同探索归真课堂的实践成果。书中用丰富的案例说话，系统阐明了归真课堂的三个特点、四个支撑、十种意识、一种基础课型及N种变式等内容，致力于追求"学用结合，知行合一"的现代课堂教学行走方式，理论明晰，注重实践，突出操作，能够为一线教师提供切实的借鉴与帮助。

作者简介：

范通战，河南省武陟县实验中学教师，归真教育的践行者。河南省特级教师，河南省首届最具成长力教师，河南省首届最具影响力教师。出版有专著《归真教育——教育本真的探索与实践》，随笔集《小窗微明》《心花从这里开始灿烂》等。

联系电话：13569125533

邮　　箱：307130716@qq.com

通信地址：河南省焦作市武陟县实验中学

邮　　编：454950

序

追求"真、实、活"的课堂

我曾多次感叹,对于一个教师来说,在很年轻的时候,就找到了自己想要追寻的课堂方向,而且一追就是 30 年,这实在是太难得了。

1994 年,受上海特级教师陈钟樑老师的公开课《中国石拱桥》的启发,范通战老师开始探索活动式训练课型。那一年,他 25 岁。几十年磕磕绊绊走过来,回过头来再去审视的时候,范老师说:"连我自己都有点不敢相信,当时该是怎样的福随心至,就让我将自己终生的教育幸福交给了'活动',而且一路走来痴心不改呢?"

实在是"活动"之于教育教学来说太迷人了!"活动是课程,活动是平台,活动是载体,活动是动力源泉,活动是生命之火,活动是组织形式,活动是管理方法,活动就是一个金点子,活动就是一个好想法,活动就是教育教学的智慧之花!""课间有活动,课间活了;课堂有活动,课堂活了;管理有活动,整个学校都活了。"

2007 年,在活动式训练课型的基础上,结合多年的探索实践,范老师进一步提炼出归真教育的基本概念。2009 年秋,开始在学校层面"浸润式"推广实践,全面启动课堂教学改革。至此,由最初一个人孤独摸索、一个学科组非正式实验的自觉行为,升格为由多学科教师群策群力、一个学校当作事业来干的教学行动。2018 年,"归真教育——教育本真的探索与实践"荣获河南省基础教育教学成果奖一等奖。更值得欣慰的是,此时的归真教育,已经深深烙印在武陟县实验中学每一个教师心底,且在实践中开始惠及一个个师生,学校的教育教学工作持续实现高质量发展,不少教师自觉地通过各种渠道向外界推介归真教育。

之后,我校的课堂教学改革步入快速提升的通道,一系列归真课堂实践的新成果次第生成:"真、实、活"三个特点的重新提炼,"五真"(围绕真问题、激活真思维、开展真活动、提升真能力、培养真人才)的操作指南与价值追求,教学示范点、"先学后用,学用结合"、"三步思维"、活动这四个支撑的明确界定,课标细化三大体系(教材分析体系、课时教学体系、复习迎考体系）的日趋完善，新三层备课体系（教材解析＋资源共享，智慧交流＋个性化备课）的成功构建，"备、上、评、研、辅一体化"教研法则的良性运转，学科资源库的成功建设……均为课堂教学改革的持续发展提供了有力保障。

我们的课堂变了，生命灵动，智慧闪光，师生幸福，"真、实、活"得到有机融合。学校也因之先后被确定为河南省教科研基地学校、河南省校本教研实验学校、河南省义务教育标准化管理特色学校、河南省义务教育教学改革示范校。

这本书，是一本立足中国本土一线教学的实践性教学论著作，是范老师30年课堂教学改革的智慧结晶，是武陟县实验中学全体教师10多年来共同探索归真课堂的实践成果。书中用丰富的案例说话，系统阐明了归真课堂的三个特点、四个支撑、十种意识、一种基础课型及N种变式、归真课堂的学科之"用"等内容，致力于追求"学用结合，知行合一"的现代课堂教学行走方式，理论明晰，注重实践，突出操作，能够为一线教师提供切实的借鉴与帮助。

"真、实、活"是归真课堂需要具备的三个特点，也是衡量一节课质量高低的基本标准。细细揣摩，不难发现，大凡学界关于一节好课的林林总总的诸多标准，都在其中了。

"真"，要求我们的课堂教学"尊重并遵循生命成长的规律；回归幸福生活的本真，让课堂教学真正成为师生的一段幸福生活过程；回归学科教学的本真"，具体到课堂实践中，真在对师生生命状态的关注中，真在对师生生活质量的关爱里，真在充满智慧的教育教学活动的创设中，真在对课程标准的正确理解和认真践行里，真在教师对文本的精准解读中，真在对学生个性化理解的尊重里，真在对生命灵性的弘扬中，真在对智慧闪光的追求里，真在对教学重点的把握中，真在对学用结合的落实里……在课堂上，围绕真问题，激活真思维，开展真活动，提升真能力，培养真人才，是归真课堂的操作指南与价值追求。

"实"与"真"相辅相成，在课堂实践中，也有三个层面的含义。首先要做到一切从实际出发。课堂教学要遵循"因材导学"的多元性，教师要"因己之材"而导学，"因生之材"而导学，"因教材特点"而导学，"因教学条件"而导学，"因客观环境"而导学，"因课堂遇到的实际问题"而导学，要能综合考虑影响教育教学的各种因素，从实际出发，具体问题具体分析，充分发挥自己的教学创造性，努力激活各种因素的潜能，最大限度地为教育教学服务。其次要脚踏实地,求真务实,杜绝急功近利。最后要做好落实,要做到落实有方、落实有道。

"活",引领我们的课堂教学"应充满生机和活力,要灵活,要用好活动"。

"真"是"实事求是","实"要"一切从实际出发",在这一点上,"真、实、活"三位一体。归真课堂要做到"活",就需要"实事求是",就需要"一切从实际出发",根据自己面临的教学实际,扣住本真,灵活运用,眼中有学生,心底有质量,上出"真、实、活"的课,才是真正的归真课堂。

归真课堂,追求实现"真、实、活"的有机融合与统一。怎样才能做到这一点呢?厘清教学示范点,用好"三步思维",用好"活动",落实"先学后用,学用结合"。书中通过大量鲜活的一线案例对具体的操作做出了详细的诠释,开卷有益,读之、思之、悟之、用之,必能有所增益。

追求"真、实、活"的课堂,愿与诸君齐努力!

司保东
2024年1月

目 录

第一辑 归真课堂的三个特点 ································ 1

真 ·· 2
(一) 关注学生的生命成长 ······································ 2
(二) 课堂教学是师生的幸福生活过程 ···················· 8
(三) 回归学科教学的本真 ···································· 14

实 ·· 44
(一) 一切从实际出发 ·· 45
(二) 脚踏实地 ·· 54
(三) 落实是最好的方法 ·· 61

活 ·· 66
(一) 课堂教学应充满生机和活力 ·························· 66
(二) 灵活,是课堂教学的真魂 ······························ 68
(三) 活动,是课堂教学的智慧之花 ······················· 73

真、实、活的有机统一 ·· 79

第二辑 归真课堂的四个支撑 ································ 81

第一个支撑:教学示范点 ······································ 82
(一) 什么是教学示范点 ·· 83
(二) 教学示范点的确定 ·· 85
(三) 教学示范点的表述 ·· 88
(四) 教学示范点的应用 ·· 90

第二个支撑:先学后用,学用结合 ························ 92
(一) 先学后用 ·· 92
(二) 学用结合 ·· 96

第三个支撑:三步思维 ………………………………………… 106
  (一)什么是三步思维 ………………………………………… 106
  (二)三步思维的运用 ………………………………………… 107
第四个支撑:活动 …………………………………………………… 123
  (一)活动,要突出趣味性 …………………………………… 124
  (二)要确立活动课程观 ……………………………………… 127
  (三)活动,要易于操作 ……………………………………… 130
  (四)活动,要契合学科特点 ………………………………… 133
  (五)活动,必须运载知识与能力 …………………………… 134
  (六)活动的最高境界,就是无活动 ………………………… 141

第三辑 归真课堂需要确立的十种意识 …………………………… 148
  (一)心理安全意识 …………………………………………… 148
  (二)时间意识 ………………………………………………… 153
  (三)资源意识 ………………………………………………… 158
  (四)引领意识 ………………………………………………… 166
  (五)方法意识 ………………………………………………… 171
  (六)效率意识 ………………………………………………… 178
  (七)质量意识 ………………………………………………… 183
  (八)应用意识 ………………………………………………… 189
  (九)思维训练意识 …………………………………………… 193
  (十)服务意识 ………………………………………………… 199

第四辑 归真课堂的基础课型及 N 种变式 ……………………… 204
  (一)归真课堂的基础课型:"一点两步四环节"活动式训练课型 ……
    ………………………………………………………………… 204
  (二)教学示范点的灵活处理 ………………………………… 211
  (三)围绕活动,灵活设计 …………………………………… 222
  (四)"先学后用,学用结合"的灵活运用 …………………… 231
  (五)"三步思维"在几种复习课中的灵活运用 …………… 247

第五辑　归真课堂的学科之"用" ……………………………… 264
　　（一）语文："用"开百花满园香 ………………………… 264
　　（二）数学：一"用"数学无难事 ………………………… 279
　　（三）理化生：实验和实践就是最好的"用" …………… 288
　　（四）政史地：胸怀天下"用"做主 ……………………… 304
代后记　做一棵守护校园的老树 …………………………… 313

第一辑 归真课堂的三个特点

在武陟县实验中学南校园中，矗立着一块归真石，前镌一个"真"字，后刻一个"实"字，这两个字不仅凝聚了归真教育的核心思想与理念，更凝练了归真课堂的两大基本特点。其实，在这两个字之外，支撑着归真教育与归真课堂的，还有一个极其重要、极具分量的"活"字。活动是教育教学的智慧之花，"活动式训练课型"是归真教育的滥觞。

提到归真教育、归真课堂，不用提"活"字而"活"字自然在，甚至可以说离开了"活"字，就不是真正意义上的归真教育、归真课堂了。

武陟县实验中学归真石（正面）

前段时间,学校提炼校风、校训、教风、学风,我认为三个字足矣——真,实,活,即校风真,实,活;校训真,实,活;教风真,实,活;学风真,实,活。这三个字,分开来,是三个特点;合起来是一种生命、生活的态度与理念——真,实,活!"做真教师,行真教育,育真人才,办真学校""育真人,求真知,练真才,培真情"就是我们致力追求的"真,实,活"!这样,"四风"一体,朗朗上口,易读易记,启人哲思。更难得的是,横看成岭侧成峰,不同的人,从不同的视角,对这三个字都会有不同的解读与体悟。其内涵与外延极富弹性与张力,有足够的宽度与厚度,而且无限包容又极具个性。

推演到课堂上,大道至简,"真,实,活"是归真课堂必须具备的三个特点,也是衡量一节课质量的基本标准。细细揣摩,不难发现,大凡学界关于一节好课的林林总总的诸多标准,都在其中了。

真

新课程改革,改到深处是归真;课堂教学,教到深处是育人。

归真教育,就是让教育教学回归符合生命、生活及教育教学的本质规律上来的教育,践行归真教育思想的课堂教学,就是归真课堂。

归真教育认为,教育必须行走在教学之前。一个教师,如果心中无教育,其教学就很难攀到高处、走到远方。一个教师,要解决教学的问题,须先从教育入手。一个只知道在教学本身上下功夫的教师,是做不好教学工作的。只要解决了课堂上的教育问题,教学就不会差到哪里去。于是,"为灿烂生命奠基,为幸福生活铺路"就成为课堂上必须关注的头等大事。

(一)关注学生的生命成长

尊重并遵循生命成长的规律,是"真"的第一层含义。现代各类优秀的教育理念和思想,基本上已达成一个共识,就是对学生生命成长的尊重和关注。从窦桂梅老师的"为生命奠基",到张文质先生的"生命化教育",以及成功教育、愉快教育、和谐教育、情境教育、本真教育、绿色教育、生本课堂、本色教学等,无不体现了这一特点。在实践中,"激活学生的生命状态""让学生的生命在场",已经成为指导现代课堂教学的主流思想,且正在成为每一位优秀教师的自觉追求。归真教育更是将"为灿烂生命奠基"作为一条核心的理念和衡量、评价课堂"真"与"假"的基本标准。

张扬生命灵性,追求智慧闪光,让生命之花在课堂上灿烂绽放,是归真课堂的永恒追求。这一层面的"真",是归真课堂的第一要义。有了,则真;没有,则假。《归真教育——教育本真的探索与实践》一书中收录了很多相关的教学案例,如《我有一双发现美的眼睛》《见面课,我给新来的同学测字》《课堂上,我与学生谈"情"说"爱"》《一个",",让思维迸出火花》《在创造中享受音乐》等,均体现和彰显了归真课堂的这一特点,都从不同角度给予学生的生命成长以足够的关注和尊重。

现在我们列举几个反面案例,换个角度来体会一下归真课堂这一特点的重要性。

珍爱小草尖上的露珠

在河南省第二届汉语文教学与信息技术应用研讨会上,一位老师上的《斑羚飞渡》中有这样一个教学片段:

老师请学生阅读课文,从中发现并提出个性化的问题。其中一女孩提了这样一个问题:"老师,文中说'它走了上去,消失在一片灿烂中'。通过这句话,我们可以知道,镰刀头羊一定是坠落了悬崖。既然这样,文中为什么没写它坠下悬崖后的落水声?"

女孩的问题提得很虔诚,也许是老师一开始没听明白是什么意思,也许是这个问题提得太出乎意料,于是老师就请这个女孩重新说一遍。女孩的问题依然提得很虔诚。

"谁能解答一下这个问题?"老师询问时的笑脸看上去很甜美。

学生间传出一阵低低的嘈杂声。过了一会儿,一个穿白衬衫的小男孩站了起来,亮开嗓门非常肯定地说:"我认为她这个问题根本就没有价值!作者这样写是为了突出场景的悲壮,表现出自己对老斑羚的佩服。根本不用写什么落水声。"男孩的回答博来了台下一些听课老师的掌声。

"他回答得好不好?"老师满脸溢着笑问道。

"好！"在座的学生可着劲儿齐口应答。

女孩讪讪地坐下了，也许还带着些许遗憾。

听到这儿，我的心底蓦然涌上一种难言的悲哀来，为那个女孩，为上课的老师，也为那些在座的给男孩的回答鼓掌的同行们！

小男孩的回答无疑是极具个性的，而且没有丝毫错误。但作为老师，这样草草地处理女孩提出的问题合适吗？也许在老师眼里，女孩的这个问题确实像男孩所说的那样毫无价值，但在女孩的心里呢？这个简单得甚至有点傻的问题，可能正被当作一种独特的发现呢！也许她还正美美地陶醉在自己的发现中哩。

可是，男孩的回答无情地粉碎了她美好的梦，而雪上加霜的更有老师草草做出的裁判！还有台下零零落落的笑声和掌声！

苏霍姆林斯基说，对待孩子的心灵要像对待早晨小草尖上的露珠那样小心。上课的老师肯定无意伤害这个小女孩，然而却在无意之间亲手拂落了一棵小草尖上的露珠！而这种伤害就笔者看来是完全可以避免的！

其实，我们只要对小女孩的问题稍做分析就不难发现，她之所以会问出"文中为什么没写它坠下悬崖后的落水声？"这样的问题，是因为受了日常习惯性思维的影响。在她看来，那悬崖下是一定有水的，镰刀头羊从悬崖上坠落下来也是一定会有落水声的，既然有落水声，那作者在书中就一定该写上一笔的。孩子能这样思考不也很好吗？这有什么错呢？如果老师能够迅速揣摩透她的心思，运用自己的教育机智巧妙地做出恰当的回答，那么在课堂上也许就会出现另一种怡人的景观。

老师是不是可以接着女孩的问题这样说："对呀，作者在文中为什么没写它坠下悬崖后的落水声呢？"这样一来，也许在课堂上就会重新荡漾起一圈圈思维的涟漪。

老师是不是还可以接着男孩的回答这样说："这位同学的回答确实很精彩，但老师觉得，说这个问题根本没有什么价值似乎也不完全合适，同学们能不能再想一想，看还有没有其他的看法？"

如果老师不想在这个问题上过多地占用时间，也可以直接这样处理："它走了上去，结果如何我们都可以想象出来。在写文章时，有一种笔法叫'留白'，就是说有些情节如果读者能够通过自己的想象领会到,那么作者就没有必要再写了。非常感谢这位同学,用这个问题为我们引出了一种作文的新方法!"

假如课堂上老师做了这样的处理,那留给女孩、学生及所有听课老师的感觉又当如何?

说到这儿,想提一笔那些为男孩鼓掌的教育同人,你们的掌声我搞不清楚究竟是为了什么,但那时我忽然想起鲁迅在《藤野先生》中描述的一幅画面来:一群中国人,围着一个将要被杀头的中国人而麻木地喝彩!心底不由得涌上了一种凝重的悲哀,为那个受挫的孩子,也为了在座的你们,更为了我们中国的教育!

(范通战,原载《教育时报》,有改动)

这篇教学案例,最初发表于2004年的《教育时报》。这么多年来,我依然对其情有独钟,始终挂怀,就是因为当年听课时女孩那讪讪而又夹杂着些许遗憾的表情深深地刺痛了我,同时刺痛我的,还有面对此情此景,上课老师的笑脸和台下同人的掌声!

无独有偶,2005年发表在《教师报》上的一篇案例,也给我留下了极为深刻的印象。

于无心处抛惊雷

前几天听课,遇到这样一个奇怪的现象:课堂上老师组织学生翻译《钱塘湖春行》一诗。相互讨论交流后,师问:"会不会?"生答:"会。"师说:"会的请把手举起来。"二十余名学生迅速举起了手。可这位老师没有让举手的同学作答,而是环视了一下教室,说道:"大家都说会了,怎么就这几个人举手?下面我找一个没举手的同学来说。"一个出人意料的场面出现了——刚才举手的同学好像听到命令一般,齐刷刷地把手放了下来。

当时的我,心头蓦然涌起一种又酸又涩的感觉。多可爱的孩子们呀——举手,是为了回答;放手,又何尝不是为了回答呀!然而,他们又是那样可怜——举手不行,放手也不行!

静心思忖,老师好像也无心伤害这些举手的同学。然而,就是这样的无心之举却淹熄了孩子急于表达的热情,驱散了他们积极求知的兴趣!就是这无心之失,泯灭了多少孩子自由发展的个性!

反视我们日常的教学生活,这样的无心之失几乎俯拾皆是。

一学生去问老师题,师一看题并不难,脱口说道:"这么简单的题都不会,上课时你听啥哩?"——讲题前先让孩子碰一鼻子灰。

一学生自告奋勇朗读课文,却读错了字,师说:"错了,你又读错了一个字!"——虽指出了问题,却也在孩子心头泼下了凉水。

"学完《为学》这一课后,你觉得自己笨不笨?"——这个问题真难回答呀!天真的孩子该怎样说呢?

"谁还能比她读得更好?"——既有否定前一个同学之嫌,又给后读者增加心理压力。

…………

说这些话时,没有一个老师会有心地去伤害学生。然而这些话经老师之口说出后,对学生来说不啻抛下一声惊雷。也许老师们都有这样的心理体验:孩子们刚上学时个个活泼可爱,整天有提不完的问题、说不完的话,可经过几年的学校教育后,我们的孩子却慢慢木讷起来,有的甚至变"傻"了。这是为什么?其间固然有年龄的因素在内,但我要说,很大程度上是因为老师的无心之失!

说是无心之失,究其根源却是教学理念落后的表现——这些老师的心灵深处,没有真正装着学生。如果我们在教育教学过程中,时时都能"以人为本",处处都去关注学生的健康发展,那我们的无心之失就会变成有心之得。同是学生读错了字,如果我们能微笑着鼓励他再校正一下,然后说:"真不错,今天你又多学会一个字!"那会是一种什么境况呢?同是学生去问一道比较简单的题,如果我们能够温和地抚摸着他的头鼓励说:"再想想,老师相信你凭着自己的智慧一定能够攻克它!如果真的需要,老师一定会帮助你!"学生又会是什么感受呢?

时刻心怀学生,告别这一系列的无心之失吧。寒冬摧压下固然有傲放的蜡梅,但万紫千红的景观毕竟出现在春天。但愿每一位孩子的发展,不会因老师的"无心"而受挫!

(范通战,原载《教师报》,有改动)

这么多年过去了,只要一提到《钱塘湖春行》,那节课上一双双小手举起来又放下去的场景就会浮现在我的眼前,叩击着我的教育灵魂,时刻提醒我在课堂上以一颗敏感的爱心去关注并善待每一个孩子。

这两个典型案例有一个共同点,就是上课教师均有意无意地忽视了学生的生命成长。当教师眼中只有课,心中没有"人"时,这课又怎能上好呢？什么"学生为主体",什么"以人为本",什么"为灿烂生命奠基",什么"张扬生命灵性",就都成了一句空话。

尊重和关注学生的生命成长,我们的课堂任重而道远。前不久,我在公众号上刚发了一则课堂案例,谈到的还是这一话题。

老师,别带着抱怨上课堂

今天听了一节化学课,自始至终,我都被一种抱怨的情绪包围着、感染着、冲击着……

一上课,老师面对有些嘈杂的课堂,率先开炮:"咱班的纪律真不好,都初三了,每回上课都得先整顿纪律！"不少学生似乎没有听到老师的话,依然一片哄哄声,只是比先前稍小了些。

本节课讲评一份检测卷。讲第 9 小题时,老师强调左物右码,并以测 2.5 g 物体为例请学生试做。从学生反应来看,整体思维在线,学生基本能够准确区分当指针偏左时,需减去物体重量。也许部分学生未能准确回答(我未听清),此时老师的抱怨之情溢于言表:"不要用物理的思维方式来做化学题！"之后,又一番绕来绕去,不知所云。当时我就纳闷了:"同样是称 2.5 g 的物品,同样是左物右码,同样是指针偏左,物理和化学的思维有什么质的区别吗？"再说了,即便是真有区别,亲爱的老师,我们难道就没有更好的方式来处理吗？

讲到第 14 小题时,一女生半天说不出个所以然,师问:"那你当时是咋选的,瞎选的？"生低头无语,我心里如打翻了五味瓶。接下来,老师让学生拿出单元评价卷,让看最后一道题,又随口抛出一句话:"看看你是不是又是瞎蒙的！"听到这里,我拿笔在听课本上写了两个字:"我晕！"

后来,中间一女生举手,请老师讲一下第 12 小题。师:"第 12 小题还用讲？"班上几位同学齐声回"用讲"。师:"这是基训上的一道原题,当时为啥没人说不会?"我无语了,这样的课,我也不知该怎样做听课记录了……

下课后,我头有点晕,没有评课,留给上课的老师一句话:"课堂语言不能过于随便,不能抱怨太多。这个班的学生纪律是有点不好,但学生很给你面子。"

在这样充满抱怨的氛围中,还能坚持把课听下来,我们的学生太不容易了。

反思人语:亲爱的老师,不管你在生活中经历了什么,只要走进课堂,就当将一切抱怨抛下,因为,你面对的是几十个鲜活的生命,你的一言一行,都会在他们生命成长中留下印记,而且有些印记是不可磨灭的。抱怨解决不了任何问题,尤其是在教育这个行当里。

(范通战,原载公众号"为灿烂生命奠基",有改动)

关注学生的生命成长,当成为我们课堂教学的一种行为自觉,它需要教师有一颗博大而又敏感的爱心。只有将对全体学生的无差别的爱,只有将对学生生命成长的尊重与关注,融入自己为师者的血脉,融入自己对教育教学的深刻理解,融入自己教育教学工作的一言一行中,并能够在课堂上自然而然地释放出来,学生的"生命之花",才会在我们的课堂上灿烂开放。

(二)课堂教学是师生的幸福生活过程

回归幸福生活的本真,让课堂教学真正成为师生的幸福生活过程,是"真"的第二层含义。我们不妨先来算一笔账,师生在校期间,从早到晚,有几节课?总计多少时间?有几个课间?课间占多长时间?这一算就会发现,学生绝大多数的时间都在课堂上,也就是说,学生在校期间,一天到晚基本都是在课堂上过——课堂教学,就是师生一天中最重要的生活内容。我们不妨再来想一想,为什么近年来师生的工作、学习倦怠如此严重?为什么近年来师生的心理问题频频出现?为什么我们的师生普遍缺乏工作、学习的幸福感?尽管我们可能会找出一大堆理由来,但究其根源,课堂出了问题,应该是一个相对主要的原因。怎么办?必须改!怎么改?让课堂回归幸福生活的本真,走归真课堂之路。

"为灿烂生命奠基,为幸福生活铺路",是归真教育的核心理念之一。在课堂上,生命在场,生活幸福,应成为归真课堂的基本标志。杜威的"教育即生活",陶行知的

"生活即教育",朱永新的"过一种完整幸福的教育生活",归真教育提出的"教育与生活融合",都在从不同的角度启示、告诉我们,课堂教学应该也必须成为师生的幸福生活过程,这样,我们才能拥抱有温度的课堂,我们的课堂教学才会实现真正意义上的优质发展,我们的学生才能真正迎来幸福与愉悦,我们的教学也才能真正有希望。

课堂教学中的幸福感从哪里来?我们还是先来看两个课堂案例吧。

寻找丑小鸭的生命能量

安徒生的童话名篇《丑小鸭》,影响了无数个成长中的少年。如何开发这篇文本的人文价值,使其最大限度地给学生带来生命的感悟及人生的启迪?结合课后练习3的问题(讨论:丑小鸭形象的现实意义),我在课堂上实施了这样一个活动环节——

请学生根据课文内容,用自己喜爱的方式,画出丑小鸭命运变化的轨迹图,要求:(1)在每一次命运转折处,标出从文中找到的关键性词语;(2)在图下方配上"丑小鸭命运轨迹"解说词;(3)最后用一句富有哲理性的话概括自己的人生感悟。

活动的指令一发出,所有的学生很快沉浸在一种自我阅读、自我探究、自我创造的境界里。

我徜徉在孩子们中间,看看这个的轨迹图,瞧瞧那个的解说词,品品这个的感悟语……一种极其美妙的感觉油然而生——在课堂上,我幸福着孩子们的幸福!

创造是幸福的,孩子们的幸福写在脸上,瞧——

谢思琪画的是一组曲曲折折的折线图,最低点,一只丑小鸭显得孤苦可怜,末尾处,折线陡然升高,上面,一只白天鹅振翅高飞。

王闻慧画的呢?左一只丑小鸭,右一只白天鹅,它们的背上扛起了一个由几条曲线段组成的圆,中间的每一个连接点处都有一只丑小鸭,且一只只呈顺时针由小到大……

武庆云画的轨迹图,整体轮廓是一个倒放的心形,上部80%的地方用铅笔涂上了淡淡的铅影,唯有心尖处露着一方光明。

创造是幸福的,孩子们的幸福洋溢在口中,听——

"道路曲折,命运坎坷,但无论遇到怎样的磨难,丑小鸭始终前行在奔向光明的道路上……"

"每一条曲线段,就是一段生命的历程,尽管充满荆棘,但顽强的丑小鸭一步一步,用自己蹒跚的脚步走出了一条圆满的成长之路,最终它蜕变成了美丽的白天鹅……"

听武庆云谈她创作轨迹图时的想法,我与所有同学不由得为她喝彩。"倒放的心形,淡淡的铅影,映射出丑小鸭心灵的负重、命运的惨淡;心尖处的这一方光明,告诉我们,只要有了这颗忍辱负重的心,只要有了这颗坚忍不拔的心,只要有了这颗正视磨难的心,只要有了这颗追求光明的心,丑小鸭就一定能变成美丽的白天鹅!"

给孩子们一个展现自我的平台,你就会发现他们有多优秀。

孔楠在大家耐心的鼓励下,终于第一次走上了讲台,结果——她的精彩展示让大家刮目相看。

她设计的命运轨迹图别出心裁。左边用刻度尺标注着不同的"心情指数",右边依次是八根高低不同的"命运轨迹柱",前七根柱上分别卧着一只可怜的丑小鸭,最后一根柱的左上角,一只白天鹅正展翅向柱顶飞翔……

她的解说词言简意赅,文采斐然。"初临世界,丑小鸭满心欢喜;因为丑陋,被家人唾骂、遗弃,心灰意冷,外出流浪;四处遭白眼,连猎狗也对它不屑一顾;找得一栖身之所,却被猫和母鸡戏弄;经历寒冬,丑小鸭死里逃生;蜕变天鹅,丑小鸭幸福一生。"

同学们把最热烈的掌声送给了孔楠,我也用最诚挚的评价向她祝福:"今天,孔楠同学在登上讲台的过程中,内心经历了一番丑小鸭般的磨难与斗争,但她没有放弃,最终用近乎完美的展示完成了自己精神的蜕变,可以说,现在的她,已经成为我们课堂上一只美丽的白天鹅!她将和我们大家一起,在今后的学习生活中,向着更高更远的知识晴空展翅翱翔……"

接下来,一句句饱含着生命哲理的感悟语从孩子们的口中喷薄而出,哲理的芳香充溢在教室中。

"磨难是人生旅途中最宝贵的财富,多一次磨难,就多了一份走向成功的资本。"

"命运中的坎坷,决定不了命运的最终结果。"

"要正视前进道路上的挫折,只要我们心中有阳光,就一定能迎来辉煌。"

……

我陶醉在孩子们稚嫩而又充满灵性的话语中。

活动是课堂教学的智慧之花!通过活动,为学生打造一个学习、生活的平台,引导他们在这个平台上自觉地去探究、去感悟、去品味、去体验、去实践、去创造、去交流、去协作、去分享、去收获、去成功,应当成为新课程环境下我们进行课堂教学的最智慧的选择。

在这节课上,我通过一个简单的活动(画轨迹图,写解说词,悟人生理),不仅实现了语文课堂教学人文性与工具性的和谐统一,更有效地激活了学生的生命状态,提高了师生的课堂生活质量。

学生要画出丑小鸭的命运轨迹图,写出恰当的解说词,就必须认真阅读课文,具体感知文本,就必须条分缕析,从纷杂的语言文字表述中,抓住关键性语词来琢磨、咀嚼,从而寻求到丑小鸭不同生活阶段的遭遇及心理体验。可以这样说,学生画丑小鸭命运轨迹图与写解说词的过程,其实也就是他们自我探究知识、自我创造学习成果的过程,更是他们反视生活、品味人生、感悟生命的过程。这一阶段的活动中,学生经历了根据文本创作画图,再由画图创作解说词的双向思维过程,也正是因为有了这样一个坚实的学习过程,学生才能从丑小鸭的生命历程中收获诸多精彩的人生感悟。接下来的互动交流,无疑又是孩子们分享成果、体验成功、感受幸福的课堂生活过程。

在这里,活动成了运载知识与能力、方法与过程、情感态度和价值观的有效载体,它不仅使新课程环境下的三维目标找到了质的归宿,实现了有机融合,更彻底改变了学生的学习方式,为学生带来了多元化、立体式的收获,同时也使整个课堂学习过程时时焕发着生命的光彩,处处张扬着灵动的个性。

精彩、高效、充满生命灵性的课堂,从围绕文本特点,设计出充满魔力与学科张力的教学活动开始!

(范通战,原载《教育时报》,有改动)

读了这篇案例,我觉得就无须多说了。师生课堂的幸福感从创造性的学习中来,从相互的理解和尊重中来,从对问题的自主探究、合作交流中来,从精彩的分享展示中来,从精心设计的教学活动中来,从适时适当的鼓励评价中来,从发自内心的掌声中来,从全身心投入的体验中来,从一星星成功的愉悦中来,从一点点收获的感悟中来,从对同学的耐心等待中来,从对课堂生成性资源活用的灵机一动中来,从与文本的悉心对话中来,从相互欣赏的澄澈目光中来,从融洽的师生关系中来,从和谐的课堂氛围中来……心幸福了,人便幸福了!

请再看下面一篇小案例。

我和学生握了握手

刚接二(1)班的语文课时,我总觉得孩子们在课堂上放不开:举手星星点点,目光闪烁游移,说话小心翼翼,凡事似乎都有点担心出错。这怎么行呢?

一次作文课,我事先准备了五篇小文章,并精心打印出来,打算找几个同学在班上读一读,一来是想给孩子们提供点指导,二来是想借此锻炼他们登台朗读的胆量。

上课前,我把打印好的文章分别交给五位同学,并向他们交代了登台朗读的任务。他们接受得很勉强、很为难,有两个还把任务推给了他人。这种情况,当时我看在眼里,也没说什么。

上课后,第一个走上讲台的是王崎璋同学,他朗读的是《精彩的广告》。当时的情景他后来在作文《那汗水,在我心中汩汩地流》中这样写道:"我翻起眼睛偷偷地往前看了看,同学们的眼睛盯着我,汗水很快便模糊了我的眼睛,我想打退堂鼓,腿开始打战,那不争气的汗水刚刚擦过便又下来了……我走下讲台回到座位上后,两腿仍然发软并打着战。"但勇敢的王崎璋同学坚持读下来了!高兴得我当众宣布:"这篇《精彩的广告》就送给王崎璋同学作个纪念!"并激动地和他握了握手。

这一来,其他几位参加朗读的同学情绪一下子高涨起来,竟然读得一个比一个好。当然,他们也都得到了自己想留的"纪念品"。尤其值得一说的是,先前推掉任务的两个同学,那个羡慕劲呀,若是手头有文章,肯定会毫不犹豫地跑到讲台上!

我没想到,课堂上的灵机一动竟然产生了这样意想不到的绝好效果!后来读到王崎璋同学的文章时,我才进一步了解到孩子们是多么需要这样的灵机一动呀!——"当老师说把这篇《精彩的广告》送给我并和我握了握手时,我幸福得简直就要飞了,同时也直想为自己喝彩,因为这是我自己成功做好的第一件事。"

孩子们其实是多么易于满足呀!为了让他们健康活泼地和谐发展,作为教师,课堂上这样的"灵机一动"我们怎能够吝啬呢?

(范通战)

课堂上的幸福来得就是这样简单!握了握手,送一份纪念品,课堂上积极踊跃的气氛就被点燃起来。其实,孩子们的要求很低,我们教师只需要放下身段,给予学生一点点发自内心的尊重,在课堂上就可以收到孩子们所创造的无限的精彩。课堂上,学生幸福了,老师也就幸福了!

下面的一段小文章,是我课后的一段内心体验,那份幸福,是我的学生赋予我的。

瞬间的感动

给学生点活力,他们会让世界生动起来。　　　　——题记

几天前上的那节课至今还一直使我的内心激动着。这种激动以前也确实有过,然终不如这次来得强烈,可以说,就在那一瞬间,我完全为我的学生倾倒了,心底怦然涌出一种对他们的钦敬之情来!

那天学习的课文是俄国著名作家契诃夫的短篇小说《变色龙》,这篇文章我已教过多遍,也曾获过县级优质课一等奖,但回想起来,那种发自内心的感动确实还没有出现过。

那是怎样一种激动人心的场景呀!张冬的惟妙惟肖,马珂的活灵活现,史雪飞的精彩道白,崔琪的夸张幽默,邱夏晖的指挥若定,杨柳的创新编排,柴莹的精当点评……一个个小高潮把笑声和掌声直抛到云霄里去。看着眼前的学生一个个都成了小人精,尤其是听着他们大段大段流畅的道白,我在震惊的同时,一下子沉浸在幸福中了!

要知道,这场成功的小组会演,准备的时间只有短短的十五分钟呀!而且

从台词的创编、角色的确定到具体的排练,一切均由学生自己操作完成。

当史雪飞演的奥楚蔑洛夫大段大段流畅的道白脱口而出时,一种莫名的力量震撼了我的内心——这就是以前那个文文静静、一说话就脸红的女孩?她竟一下子记住了这么长的台词!

我的泪几乎要流下来了。一个并不怎么聪明的孩子,当他的活力与潜质被充分激发出来的时候,那简直就是另外一个全新的世界!

一个教师,当看到自己钟情的教改之果流芳溢蜜的时候,心里那份甜还有什么东西可以比得了呢?

下课的铃声响起的时候,看着眼前意犹未尽的学生,一个声音从我的心底弥漫开来:坚定不移地走近自己的学生吧,只有在这儿,你才会知道什么叫丰富多彩。

(范通战)

亲爱的老师,坚定不移地走近自己的学生吧,在课堂上,引领他们朝向幸福前行,我们收获的就绝不仅仅是一点点掌声和欢笑。

(三)回归学科教学的本真

回归学科教学的本真,是"真"的第三层含义,也是归真教育六大基本理念之一。课堂行为回归学科教学的本真,是归真教育课堂教学的灵魂。归真教育要求教师必须厘清一个问题:我所任教的这个学科,究竟在课堂上应该引导学生去做些什么?怎么做?换言之,就是必须搞清楚"学科的本真",然后扣住这一本真组织教学活动,实施教学行为。

在共同的育人成才目标下,学科不同,本真不同;内容不同,本真也不同。

学科的本真在何处?就在课标中。在新课程标准中,每一个学科都界定了"课程性质""课程的基本理念"及"课程总目标",这些东西就是"学科的本真"。具体到课堂实践中,真归何处?真在对师生生命状态的关注中,真在对师生生活质量的关爱里,真在充满智慧的教育教学活动的创设中,真在对课程标准的正确理解和认真践行里,真在教师对文本的精准解读中,真在对学生个性化理解的尊重里,真在对生命灵性的弘扬中,真在对智慧闪光的追求里,真在对教学重点的把握中,真在对学用结合的落实里……

立足学科本真,立根内容实际,在课堂上,围绕真问题,激活真思维,开展真活动,提升真能力,培养真人才,是归真课堂的操作指南与价值追求。真问题,真思维,真活动,真能力,真人才,这五者相辅相成,相依相生,你中有我,我中有你,分可单一而论,聚又有机统一。归真课堂,以"真问题"为航标,以"真活动"为方式,以"真思维"为主轴,以"真能力"为主线,以"真人才"为目标。

1.真问题。

什么是真问题?可以有两种理解:一是从教学内容的实际出发,围绕知识的运用,设计出有弹性、有张力,能够充分激活、训练、提升学生思维品质和综合能力的问题,我们将其称为真问题。至于那些书上写得明白,一看就知,不用思考就能找到答案的知识性问题,不是真问题。换句话说,需要运用知识去分析、去思考方能解决的问题才是真问题。真问题指向知识的运用,指向思维训练,而不是知识本身。一般而言,真问题设在疑难处,真问题设在易错处,真问题设在纵横联结处,真问题设在综合提升处。二是学生在运用知识解决实际问题的过程中出现的"错误",就是真问题。此类"错误",就是我们一直常说的"无问题不教学,有问题不放过"中的"问题",它才是课堂教学真正的起点。第一种为预设性"真问题",第二种属于生成性"真问题"。课堂教学只有围绕真问题有效展开,才不失归真的正道。一节课的本真,就是找到"真问题",然后"真的解决问题"的过程。没有真问题或不能解决真问题的课堂,基本上没有存在的必要。

请看下面一个教学片段。

七年级数学课,教师引领学生复习有理数运算。

老师面无表情地提问:"什么是减法法则?你说一下。"老师指向第二排左边的第二位女生。女孩虾着腰站着,一声不吭。老师又点叫第三排中间的一名男生起来做了回答。然后,老师重新让第二排站着的女生回答,女孩仍然虾着腰站着,一声不吭。

老师的声音严厉起来:"你给我照着书念一遍!"女孩还是虾着腰站着,一声不吭。老师用异样的目光看看我,又看看女孩,往下继续上课:"什么是乘法法则?"……"下课以后要背会,晚上回家背,明天上课还要问!"

面对这样的课,我无语。姑且不谈什么关注生命成长,不谈什么课堂幸福生活,只看一点——数学只靠这样背,行吗?这样的"问题"有价值吗?背会了又如何?

再看一些在日常的课堂上随手拾来的问题。

道德与法治课

自读 81~87 页,回答下列问题。

(1)人类面对生态危机做出的智慧选择是什么?

(2)人类开发和利用自然,必须遵循什么?

(3)建设生态文明要坚持什么样的基本国策和发展理念?

(4)什么是当代中国发展的共识?

(5)坚持绿色发展道路,国家要求:

①要处理好哪两者的关系?

②坚持绿色_____,坚持_____惠民。

③坚持什么方针?倡导什么生活方式?

④坚持_____和_____是生态文明建设的可靠保障。

(6)建设两型社会的含义是什么?

生物课

阅读 71~72 页,思考并回答下列问题。

(1)细菌的发现者是谁?

(2)细菌的形态结构有哪些类型?

(3)巴斯德的实验设计和实验结论是什么?

阅读"细菌的生殖"部分,思考并回答下列问题。

(1)细菌是通过什么方式生殖的?

(2)细菌多长时间分裂一次?

(3)在细菌生长的后期,它会形成什么结构?有什么作用?

这里列出的问题,我在听课时有意翻看了一下课本,全部都有现成的答案。只要认真阅读,几乎不用思考。类似这样指向基础知识的所谓"问题",在我们的课堂上,还大量存在着。这种问题不能说完全没有价值,但可以说都不是"真问题",对培养、提升学生的思维能力和运用知识解决问题的实际能力,没有什么实质性帮助。

还是上面列出的同一节生物课中,在引导学习巴斯德实验时,教师灵光闪现,提出了一个问题:

为什么煮沸的肉汤装在鹅颈瓶中,一年都不会变质腐坏?

这是一个地道的"真问题"!课堂上,随着这个问题的提出,学生的思维一下子飞扬起来,他们认真思考,积极讨论,踊跃展示,生命灵性张扬,智慧火花碰撞,课堂氛围空前高涨。坐在后面听课的我,也不由得用心思考:是呀,那鹅颈瓶的设计原理到底妙在何处?为什么只是拐了两个弯,瓶口又没有密封,里面的肉汤就可以存放一年而不腐坏呢?一直到课后评课时,我依然百思而不得其解,还不断地向上课的生物教师求证,并表达出自己的"真不敢相信"。这样的"真问题",其价值已远远超越了"问题答案"本身。当一个问题能够充分激活学生的思维,激发其对科学探索的浓厚兴趣的时候,课堂教学的质量还用担心吗?谁能说鹅颈瓶中就没有另一个巴斯德和列文虎克呢?

2016年9月22日,我在一天内面向集团校全体语文教师,一连上了五节公开课,用五种方式学《老王》,产生了轰动性的积极影响。其中第三节,"学会围绕核心问题阅读"设计如下。

活动一:你会做出怎样的选择?

假如让你提出一个问题,作为我们这节课共同研究的内容,你会提出什么问题?请认真默读课文,尝试提出你的问题。

要求:1.提出问题。2.谈谈理由。

活动二:走进核心问题。

几年过去了,我渐渐明白:那是一个幸运的人对一个不幸者的愧怍。

请将这句话朗读三遍,注意其中的每个字,你能从中读出几个小问题来?

活动三：围绕核心问题读开去。

一读：为什么说"我"是一个幸运的人？从文中发生的哪些事上可以看出来？从这几件事上，你还可以看出老王身上有什么高贵的品质？

二读：默读文章第2、3、4自然段，想想作者为什么说老王是个不幸的人？（试着用几个四字格的词语来概括）

三读：寻找老王最大的不幸，探寻"我"愧怍的原因。

文中哪件事给作者留下的印象最深？品读第13~22自然段，试着从中找到老王最大的不幸，探寻"我"愧怍的原因。

四读：品读最后一个自然段，看看作者的灵魂经受了怎样的煎熬，你从中感悟到了什么？

活动四：重回核心看"那"字。

这节课上，学生在核心问题的引领下，一步步放飞思维，走向文本深处。在活动二的教学现场，学生们思维涌动，智慧飞扬，披文入理，从"几年过去了，我渐渐明白：那是一个幸运的人对一个不幸者的愧怍"这一个核心问题读出了以下十个小问题。

(1)几年前发生了什么事？请用简洁的语言概括。

(2)"几年过去"意味着什么？

(3)"渐渐"一词能否去掉？

(4)句中的"："能不能换成"，"？

(5)"那"指代什么？用本段中的一个词来回答。

(6)幸运的人是谁？她为什么称自己是一个幸运的人？

(7)不幸者是谁？作者为什么说他不幸？

(8)"愧怍"是什么意思？

(9)作者为什么而愧怍？

(10)从作者的"愧怍"中你读出了什么？悟出了什么？

当孩子们的思维被充分放飞的时候，我们的教学还需要追求什么呢？在活动四的教学现场，孩子们的理解力真的惊到了我。

那是一个幸运的人对一个不幸者的愧怍!
那是心上的不安
那是深沉的愧怍
那是灵魂的煎熬
那是内心的反省
那是人性的光辉
那是人格的伟大
那是真正的理解
那是关爱弱者的号角
……

课后,我写下了以下教学反思。

核心问题:引领学生走进文本深处

在核心素养情境下,语文课该走向何方?这是我上"五种方式学《老王》"这组课试图解决的问题。作为其中的一部分,"学会围绕核心问题阅读"这节课,基本达到了预期的效果。

这节课由四个课堂活动组成:①你会做出怎样的选择?②走进核心问题;③围绕核心问题读开去;④重回核心看"那"字。这四个活动,紧扣核心问题,环环相扣,螺旋推进,在课堂上,充分激活了学生的思维生命状态,引领他们一步步直达文本的深处,收到了良好的教学效果。

从课堂操作的实际过程及效果来看,这节课至少在三个方面体现了比较有价值的探索方向。

一是在对核心问题的关注中培养学生"理性思维,批判质疑,勇于探究"的科学精神。第一个课堂活动中,在默读课文之后,我首先引领学生去发现文本的核心问题。这一过程中,学生纷纷提出了自己认为的"核心问题",继而在师生的互动交流中,这些问题慢慢澄清,最后集中锁定在了文章的最后一个自然段上:"几年过去了,我渐渐明白:那是一个幸运的人对一个不幸者的愧怍。"在此基础上,我引导学生体悟在散文阅读中寻找核心问题的基本方法,即紧紧围绕与作者的感情、感受、感悟相关的语句展开。

二是在对核心问题的探究中培养学生"乐学善学,勤于反思"的能力。在"走进核心问题"这一课堂活动中,学生用精彩的表现为我们印证了一个结论:只要给孩子们搭建一个活动的平台,我们就可以在课堂上收获无限的精彩!围绕核心问题,孩子们抽丝剥茧,一下子提出了十个颇有价值且又独具个性的问题,他们的思维灵动起来,生命状态被充分激活,别出心裁的提问、别具慧心的分析,使课堂中处处弥散着智慧的氤氲,生机和活力洋溢在每个孩子的脸上、心间。

三是在对核心问题的解决中提升学生"问题解决"实践创新的基本素养。在第三个课堂活动中,我引导学生从文本特点出发,紧扣核心问题,有效完成了四步品读:一品"我"之幸运,二品"老王"之不幸,三品愧怍深因,四品作者灵魂深处的煎熬。这四步品读,既相互关联,又层层递进,引领学生一步步直入文本的深处。通过这四步品读,学生不仅仅解决了问题,更是在具体的语文实践中完成了对"围绕核心问题进行有效阅读"的深切体会,真正做到了"在用语文中学语文"。

这三个方向的探索,恰是学生核心素养"文化基础,自主发展,社会参与"中的重要元素,从此意义而言,这节课,在核心素养背景下,对探索语文课堂教学的基本走向来说,具有一定的研讨意义和范本价值。

(范通战)

这节课中提及的核心问题,无疑是一个真问题。

一个真问题,就可以激活一串真思维,就可以缔造出一节好课来!

归真课堂主张"以问题为航标,组织开展课堂教学活动",无问题不课堂,有问题不放过。备课时,精心设计预设性真问题;上课时,认真关注、善于捕捉和运用生成性真问题,我们的课堂教学就会行走在优质发展的正道上。

当然,真问题的设置除了关注教学内容之外,还必须考虑到学生这一课堂主体的实际情况。

请看下面一篇案例。

优劣只在一"念"间

"以人为本"是新课程理念的核心,它要求教师从备课、上课到课外辅导,时时处处都应该真正胸怀学生,心系其发展。这一道理很好理解,但在实践中却并不易于把握,请看下面的案例。

一教师在引导学生学习《唐雎不辱使命》这篇文言文时,设计了下面两个问题:

①本文的题目是"唐雎不辱使命",请你根据题目推想课文的内容,不妨以提出几个问题的方法来推想。

②速读课文(教师当时要求学生用三分钟),了解主要内容,看看与你的推想是否一致。

单从这两个问题本身来讲,设计得确实很好,前者既点明了学习活动的内容,又提示了具体的操作方法,还把训练的重点直接定位在学生的发散、创新等思维能力的提高上;后者紧承前一问题,操作起来似乎应该水到渠成——试想哪一位学生不想印证一下自己的推想?有了这种心理驱动,他们怎会不去认真阅读?而且,这两个问题在表述上有意选用了"请你""看看与你"等极富教学民主性的措辞,不仅确立了学生在学习过程中的主体地位,而且应该能够启发、引导学生展开自主性学习。二者合用,大有珠联璧合、锦上添花之妙,仿佛完全合乎新课程的要求。这样的设计不应该取得理想的教学效果吗?

然而,课堂教学的现实却是——处理第一个问题时,学生的思维并没有飞扬起来,三四个学生的回答几乎如出一辙!第二个问题的结果是,学生都说自己的推测和文章一致!

几乎是完美的设计,为什么会出现这样尴尬的结果?其实稍一反思不难发现,这两个表面上近乎完美的问题在操作中之所以惨遭失败,恰恰是因为教师备课时的"目中无人",其"以人为本"的理念中掺入了虚假的成分!教师没有考虑到教材特点,没有考虑到学生对知识的掌握情况,没有考虑到文言文的学习规律。

我们都知道,《唐雎不辱使命》这篇文言文,字面障碍很大,如果没有充分预习,别说三分钟,就是给两个三分钟,对于初中二年级的学生来说,要想真正了解其内容,也是十分困难的。这就出现了一个两难问题:如果做了充分的预习,那么学生在解决第一个问题时自然就有了"先入为主"的成见,其思维就会受到课文思路的束缚,结果就是无法真正地飞扬!如果不做充分的预习,学生就不能顺利地完成第二个问题。这样一来,最终的结果只能是失之东隅,也未能收之桑榆,两个问题都不能收到很好的效果。

其实,还是这两个问题,我们稍做变化,就可以收到截然不同的效果。如果不动第一个问题,第二个问题可变为(前提是学生没做预习):结合课下注释细读课文,了解文章的大概内容,看看与你的推想是否一致。如果要动第一个问题,可以这样处理(前提是学生充分预习):本文的题目是"唐雎不辱使命",如果请你根据这个题目作文,你会写到哪些内容?看谁回答得有个性。不过这样一来,第二个问题也就需要跟着做出相应的变化:速读课文,在预习的基础上进一步了解文章的主要内容,并与你的思路比一比,看哪个更好。

那么,我们在实践中设计教学问题或活动时,具体应该如何去做,才能真正实现"以人为本",从而取得好的教学效果呢?首先,教师要去掉虚浮之气,备课时不要只考虑"我在课堂上怎样才能出彩",而应确立"我的课怎样才能使学生学得精彩"的理念,要把"心中这一念"自觉地偏到学生这一边!其次,教师要真正胸怀学生,从备课、上课到教学方面的每一个环节,都要一丝不苟,时时刻刻关注学生的存在和发展。这一点似乎谈得有点大,但要想取得好效果,我们还非这样做不可。最后,教师要学会勤于反思。设计了一个问题或活动,最起码要想想以下三个问题:①我设计的这个问题或活动有什么样的理论来支撑?②它可能会产生什么样的效果?③与其他的问题或活动有没有相冲突的地方?

当然,即使做好了这些,课堂上还可能会滋生出这样那样的问题,但是,只要我们"心中这一念"时时能从学生全面、和谐、健康发展的角度去考虑,我想一切问题的结果都会向最好处发展。

(范通战,原载《中国教师报》,有改动)

真假只在一念间,设计出真问题,用得好才是真的好。课堂上,时时处处以归真教育思想为指导,真问题就可以激活真思维,继而绽放出智慧的花来。

2.真思维。

真问题的设置,是为了激活真思维。激活并训练、提升学生的思维能力,是归真课堂的主轴。离开了真思维的课堂,教学不会有什么切实的效果。什么是真思维?广义而言,就是围绕真问题,让有价值的思考在课堂上真实地发生,引领学生运用学科知识,去思考,去分析,去综合,去辩证,去探究,去实践,去解决问题,这样的思维活动过程,就是真思维。真思维不是蜻蜓点水,它需要深入问题,要掘得深、挖出水;真思维不是固守一点,它需要放飞思维,要散得开、想得远;真思维不是浮光掠影,要琢得精、磨得透;真思维不是任意逍遥,要放得开、收得拢。狭义来说,在具体的课堂教学实践中,真思维要突出学科意识、学科特点,就这一点而言,真思维又可以称为学科思维。例如,历史课上,要善于引导学生运用历史的眼光、历史的意识、历史的方法、历史的规律,透过历史的人物、事件,来借古鉴今;"思政"课上,就要引导学生运用"思政"的知识、"思政"的术语、"思政"的规则,来回答"思政"的问题;几何课上,学生会用语言叙述公理、定理还不够,还必须会用字母、公式等数学语言来表述,这就是数学学科思维。只有不断地训练、提升学生的学科思维能力,其运用学科知识解决学科问题的实际能力才能得到切实有效的提升。

很多年前,我听过郭为学老师一节物理复习课,这节课的问题设计及教学效果给我留下了极为深刻的印象,余味袅袅,历久弥新。下面是郭老师在课堂上以"小灯泡发光"为原点,抽丝拉线勾连出的30个问题。

以小灯泡为线索进行物理电学复习

1.(谜语导入)屋里有根藤,藤上结个瓜,一到太阳落,瓜里开红花。你知道它是什么吗?

学生回答:电灯。

2.(出示一串彩灯)怎样让小灯泡亮起来?

考查:电源是提供电压的装置,复习电源的结构。

3.在日常生活中,除了彩灯,还有各种各样的灯,我们是如何让它们发光的?

考查:电路的基本结构。

4.为了能让小灯泡顺利地亮起来,我们首先研究一下小灯泡的结构包括哪些部分。

考查:灯泡的结构(玻璃泡、灯丝、灯泡尾部的锡点和金属壳螺丝部分)。

5.要想让灯泡亮起来,还需要哪些东西呢?

考查:一个完整电路至少需要的元件(导线、电池、开关、用电器)。

6.老师给同学们准备了一根导线、一节电池和一只小灯泡,同学们连连看,能不能让小灯泡亮起来?看看哪组同学的方法最多。

考查:学生组装电路的能力。

7.如果再增加一个电池夹、一个灯座、一个开关,你还能让小灯泡亮起来吗?

考查:电路连接的基本方法——串联和并联两种方法。

8.同学们在连接电路时还要注意什么问题?

考查:连接电路注意事项。

①电路连接好,检查无误后再闭合开关。

②不能把电池的两端用一根导线直接相连,这样会造成短路,损坏电池。

③连接电路的过程中最好按照一定的顺序,从电池的正极开始逐次连接,直至电池的负极,或者相反。

9.你能否把你所连接的电路图画出来?

考查:学生画电路图,认识电路元件符号。

10.请在虚线框内画出如图所示实物电路的电路图。

考查:电路图和实物连接图的画法。

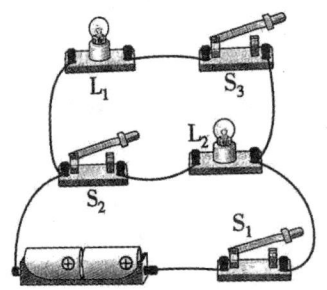 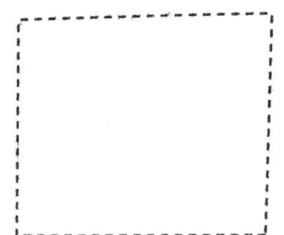

11.用笔线代替导线,按左边的电路图,将右边所给的电路元件连接起来。

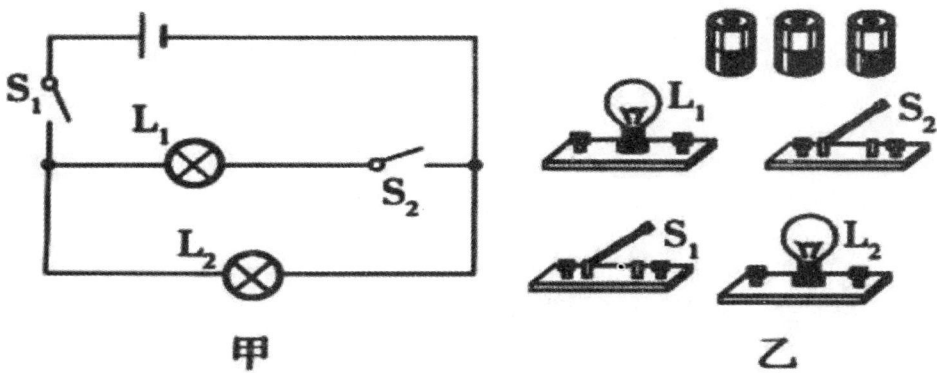

12.下图中的电路图和实物图相对应的是(　　　)。

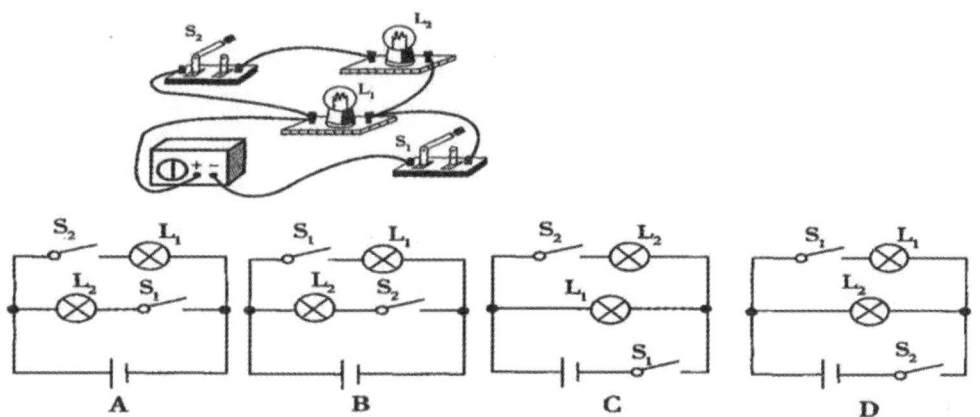

13.如果在现在的电路中再增加一个小灯泡,让一个开关控制两个小灯泡的亮灭,你有哪些方法?画出电路图。

考查:串联和并联电路图的画法。

14.如图所示,将两只额定电压相同的小灯泡 L_1、L_2 串联在电路中,闭合开关后,发现灯 L_1 较暗,灯 L_2 较亮,其原因是(　　　)。

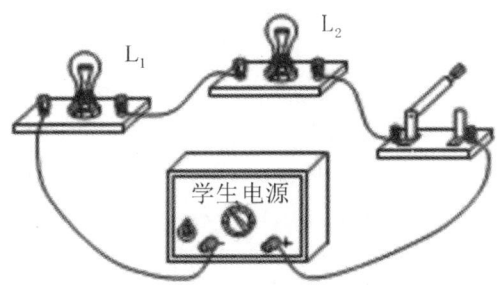

A.灯 L_2 的电流较大　　　　B.灯 L_2 的电阻较小

C.灯 L_2 的额定功率较小　　D.灯 L_2 的额定功率较大

考查：比较小灯泡亮暗的方法。

15.某白炽灯铭牌上标有"220 V 40 W"的字样,关于这盏白炽灯的说法正确的是(　　)。

A.该灯只能在 220 V 的电压下工作

B.该灯工作时的电功率一定为 40 W

C.该灯正常工作时的电流为 5.5 A

D.该灯正常工作时的电阻为 1210 Ω

考查：灯泡上铭牌的含义。

16.如图所示,将额定电压相同的两个灯泡 L_1、L_2 串联后接入电路中,接通电路后,发现灯 L_1 要亮一些。则下列判断正确的是(　　)。

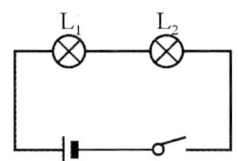

A.L_1 的电阻比 L_2 的小

B.L_1 的额定功率比 L_2 的大

C.L_1、L_2 正常工作时,L_1 发光要暗一些

D.若将 L_1、L_2 并联接入电路,L_1 发光要亮一些

考查：比较小灯泡亮暗的方法。

17.有两灯如图所示,L_1、L_2 分别标有"15 V 1 A""10 V 0.5 A"的字样,其中一灯正常发光时,它们的功率之比是(　　)。

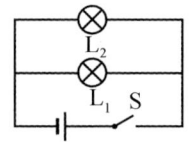

A.4∶3　　B.3∶4　　C.5∶3　　D.3∶2

考查：额定电压额定功率与实际电压实际功率的关系。

18.如图为一只"6 V 1.5 W"小灯泡的电流随电压变化的关系图象,若把这样的三只灯泡串联起来,接在 12 V 的电源两端,则此时每只灯泡的电阻及实际功率为(　　)。

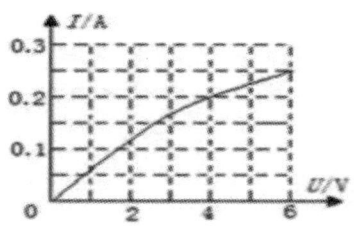

A.24 Ω 0.67 W　　B.20 Ω 0.8 W

C.24 Ω 0.96 W　　D.20 Ω 0.67 W

考查:串联电路中实际功率的计算。

19.如图所示,电源电压恒定,小灯泡 L_1、L_2 均标有"12 V 6 W"字样(设灯丝电阻不变),当 S_1、S_2 闭合时,灯 L_1 正常发光;当 S_1 闭合,S_2 断开时,两盏灯的总功率为(　　)。

A.3 W　　B.6 W　　C.12 W　　D.1.5 W

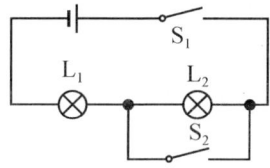

考查:在电路变换中功率的计算。

20.将标有"2.5 V 0.3 A"字样的灯泡甲和"3.8 V 0.3 A"字样的灯泡乙,分别串联和并联后,接在电压为 2.5 V 的电源两端,不考虑温度对电阻的影响,下列说法中正确的是(　　)。

A.串联时,两灯都能正常发光

B.串联时,甲灯比乙灯更亮

C.并联时,通过两灯的电流相等

D.并联时,甲灯的实际功率比乙灯的实际功率大

考查:串联电路综合计算。

21.实验中绘出了小灯泡的电流与电压关系的 U—I 图象如图甲所示,则图乙中有关此小灯泡功率 P 与 U^2 或 P 与 I^2 的图象可能正确的是(　　)。

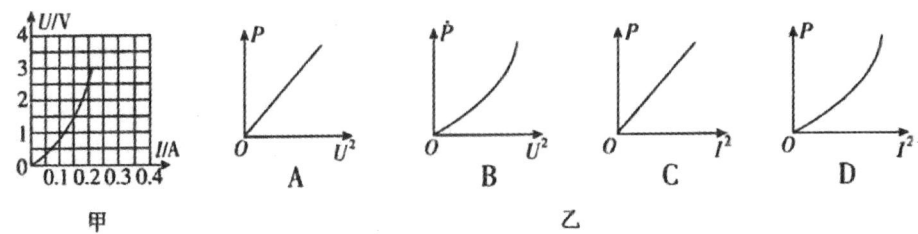

考查：P与U、P与I的关系。

22.如图所示电路，电源电压为3 V，灯L_1标有"6 V 6 W"，灯L_2标有"3 V 3 W"。下列有关说法正确的是(　　)。

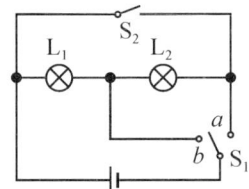

A.S_2断开，S_1接b，L_1可以正常发光

B.S_2断开，S_1接a，L_2实际功率为3 W

C.S_2断开，S_1接a，L_2更亮

D.S_2闭合，S_1接b，L_2更亮

23.如图所示，将灯L_1、L_2按图甲、乙两种方式接在电压均为U的两个电路中，在甲图中灯L_1的功率为4 W，在乙图中灯L_1的功率为9 W。设灯丝电阻不变。下列说法中不正确的是(　　)。

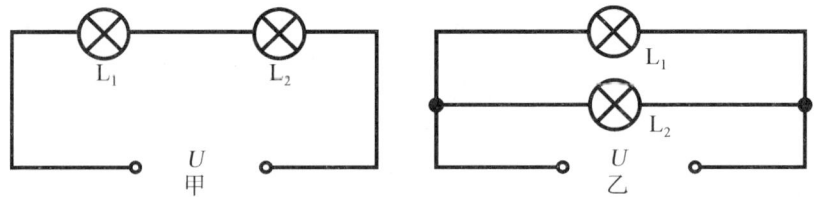

A.甲、乙两图中灯L_1两端的电压之比是2∶3

B.L_1、L_2两灯灯丝电阻之比是2∶1

C.甲图中灯L_1、L_2的功率之比是2∶1

D.甲、乙两图电路消耗的总功率之比是3∶2

24.小灯泡L的额定电压为3 V，它的$I-U$图象如图甲所示。把小灯泡接

入如图乙所示的电路中,先将滑动变阻器的滑片 P 移至 B 端,闭合开关 S,电压表示数为 1.5 V;再将滑片 P 向左移动,直到电压表示数为 3 V。已知电源电压恒定,滑动变阻器的铭牌标有"10 Ω 2 A"。下列说法中错误的是( )。

A.电源电压为 4.5 V

B.小灯泡的额定功率为 1.5 W

C.小灯泡正常发光时,滑动变阻器接入电路的阻值为 3 Ω

D.小灯泡正常发光时,滑动变阻器消耗的电功率为 2.5 W

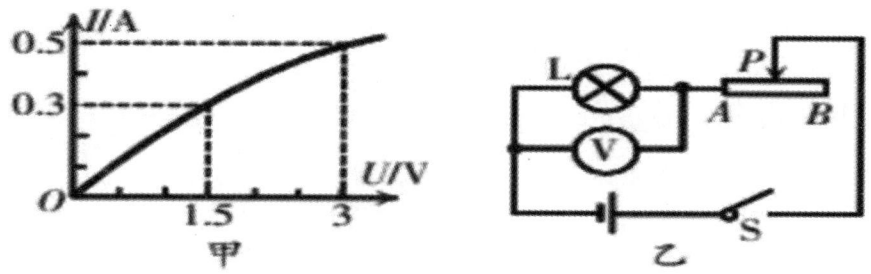

25.分别标有"6 V 6 W"和"6 V 3 W"的甲、乙两只灯泡,经实验测得其 I—U 特性曲线如图所示。现将甲、乙两灯并联在电路中,当两只灯泡的总电流为 1 A 时,两只灯泡消耗的总功率是( )。

A.3 W B.4 W C.4.5 W D.6 W

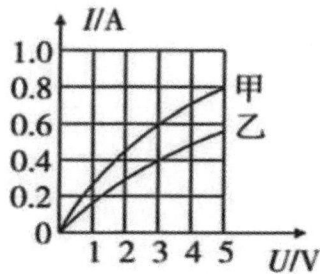

26.某同学设计了如图所示的双向开关电路,电源电压保持不变,灯 L_1 标有"3 V 3 W"的字样,灯 L_2 标有"6 V 3 W"的字样。当开关拨至 2 位置且滑片滑到 A 端时,灯 L_2 恰好正常发光。下列说法正确的是( )(不计灯丝电阻随温度的变化)(多选)。

A.电源电压为 9 V

B.L_2 正常发光时,电路中的电流为 0.6 A

C.要使 L_1 正常发光,滑动变阻器接入电路中的阻值应为 3 Ω

D.当 L_1、L_2 分别正常发光时,两种电路的总功率之比为 2∶1

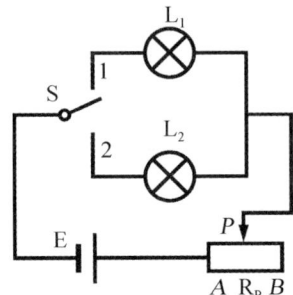

考查:单刀双掷开关,楼梯电灯开关的使用。

27.如图所示,电源电压为 12 V 不变,灯泡 L_1 标有"12 V 6 W"的字样,灯泡 L_2 标有"2 V 1 W"的字样,电流表量程为 0~3 V,滑动变阻器 R 标有"12 Ω 2 A"的字样(假设灯丝电阻不变),则下列说法正确的是( )(多选)。

A.闭合 S_1、S_2、S_3 时,电流表的最小示数是 1.5 A

B.闭合 S_1、S_2,断开 S_3 时,L 的功率为 6 W

C.只闭合 S_3,变阻器滑片滑到最右端时,L_2 正常发光

D.整个电路消耗的最大功率为 30 W

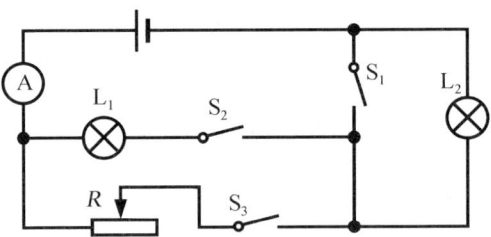

28.如图所示的电路中,当开关 S 闭合,S_1、S_2 断开时,灯泡_____串联。当开关 S,S_1、S_2 均闭合时,小灯泡____并联。此时电流表测的是_____中的电流。

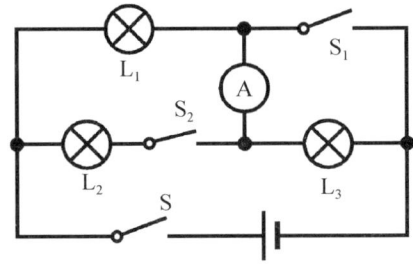

29.在测量标有额定电压为2.5 V的某小灯泡的电功率实验中,选用的电源电压为4.5 V,图乙是未连接完整的实验电路。

(1)请你用笔画线代替导线,根据图甲所示的电路图完成图乙所示的实物图连接。

(2)闭合开关前,应将滑动变阻器的滑片P置于_____(选填"A"或"B")端。

(3)闭合开关后,缓慢移动滑动变阻器的滑片P,当电流表的示数如图丙所示时,其示数为_____A。

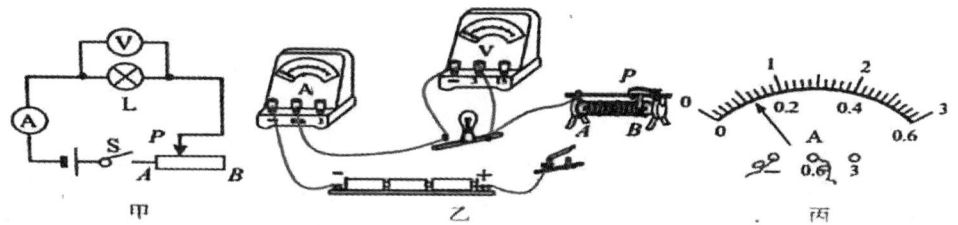

30.(中考实验必考题型)某同学做"测量小灯泡电功率"实验中,所用电源电压恒为4 V,小灯泡的螺旋套上标有"2.5 V"字样。

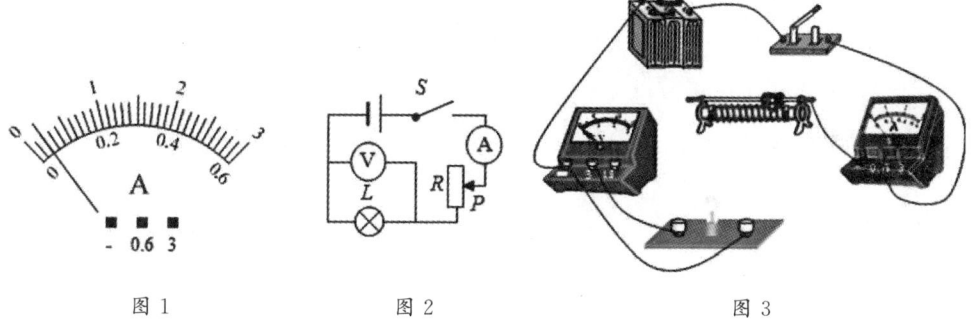

图1　　　　　图2　　　　　图3

(1)在检查仪器时,发现电流表的指针如图1所示,则他接下来的操作是_____。

(2)请你根据图2电路图用笔画线代替导线,将图3中未完成的电路连接好。要求:滑动变阻器的滑片向右移动时,连入电路的阻值变小,导线不能交叉。

(3)检查仪器和电路无误后,闭合开关,调节滑动变阻器的滑片到某一位置时,电压表示数如图4所示,现要测定小灯泡的额定功率,应将滑片适当地向_____移动,同时眼睛应观察_____。

(4)改变滑动变阻器的阻值,多次测量通过小灯泡的电流和它两端的电压,根据记录的数据画出了如图 5 所示的小灯泡的电流随电压变化的关系图象。由此可知,小灯泡的额定功率为_____W,小灯泡的电阻随电压的增大而_____(选填"增大""不变"或"减小")。

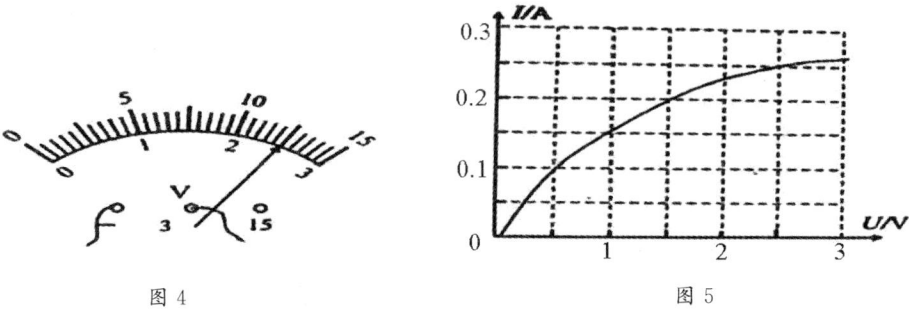

图 4　　　　　　　　　图 5

这 30 个问题,以"怎样让小灯泡亮起来"为原点问题,抽丝拉线,纵横勾连,将相关的电学知识及其具体运用一网打尽。课堂上,那一个个问题,就像充满了魔力,紧紧地牵动着学生的思维,一波又一波,一浪又一浪。这些题由浅入深,由简入繁,既独立成题,又相互关联,单开一个点,聚为一个面,在多元化、立体式的反复运用中,充分激活了学生的学科思维和探究精神。一个小灯泡让整堂课生辉,这就是围绕真问题激活真思维的课堂魅力!

激活真思维,教师不能做阻断学生思维的傻事。请看下面一篇案例。

"教学"与"钓鱼"

前两天我听了一节校内举行的公开课——《事物的正确答案不止一个》。课堂上,尽管上课教师使出了浑身解数,但整体效果却并不尽如人意。课后评课时,大家一致认为,学生缺乏学习热情,思维积极性不高,是导致这节课气氛沉闷、效果不好的主要原因。上课教师对此颇感苦恼,备课组长调侃地说:"鱼要不上钩,也怨不得老师。"

鱼要不上钩!这句话当时深深地震撼了我。在多少公开课上,或是日常教学中,学生在有意或无意之间变成了可怜的咬钩的鱼儿!我们的教师,为了上"好"一节课,绞尽脑汁,煞费苦心,想方设法,动用一切智慧,让学生上自己设下的套,咬自己抛下的钩,钻自己布下的网……课失败了,怨鱼不上钩!课"成功"

了,说"钓法"高明!

呜呼,我们的老师究竟在做些什么?请看课堂上拾到的一个片段。

师:(面对初三学生,开课之初这样导入)同学们听说过司马光砸缸和曹冲称象的故事吗?谁来给大家讲一下?

生甲、生乙分别很流畅地讲述了这两个故事。

师:假如你是司马光,遇到了这种情况,你会怎么做?

生1:我会把缸推倒,让小孩子出来。

师:你有那么大力气吗?要是推不倒怎么办?

生2:我用个绳子把小孩提出来。

师:等你找来绳子,小孩子早淹死了。

生3:我找些石块丢进缸里,让小孩子踩着出来。

师:假如砸伤小孩怎么办?

生4:我找一台小型抽水机,把缸里的水抽干。

师:用抽水机排水,好像也不现实。

…………

学生陷入了沉默之中。

师:这就没有办法了?你已经是初三的学生了,一伸手不就把小孩子从缸里提出来了吗?

让人不解的是,文章题目是"事物的正确答案不止一个",可我们的老师面对学生的不同答案却步步否定,究竟要将学生的思维逼到什么地方去?当老师的"一伸手不就把小孩子从缸里提出来了吗"这个确实是最便捷的答案出台后,我不禁哑然失笑了——难怪课后连上课教师自己都说:"今天俺的学生也真给我面子了,平时在班里上课,咱提个问题,人家连理也不理!"

这能怨鱼儿不上钩吗?我们暂且假定这个比喻还算合适,那么要想让鱼儿咬钩,我们的课堂应该如何?我们的教师应该如何?大家都知道,要想钓上鱼来,鱼儿饥饿想吞食固然是一个条件,但也要求垂钓者知鱼性、习水性、懂风向、会做饵、善抛钩……如果你坐到河边胡搅一通,除非呆鱼才会上钩!更何况每一个孩子都是玲珑剔透的精灵,岂是憨头呆脑的鱼儿可以相比!

其实上课大不同于钓鱼。如果我们硬要把学生比作鱼儿也未尝不可,但他们绝不是待咬钩的鱼,教师也不应是坐在岸边垂钓的人。要知道,钓钩之下的鱼儿必有悲剧的命运,而手制这悲剧的却恰恰是握着钓竿的人。学生应该是自由游弋的鱼儿,而教师则是给予他们大海的人。课堂上,我们的教师若能收起"自己出彩"之心,把"精彩"让给学生去上演,那么我们的课堂怎会不生机盎然,怎会不灵光迭现?而且,留给学生的空间越大,孩子们的思维之旗也就飞扬得越高;留给学生的舞台越大,孩子们的创造之光也就闪耀得越亮!

别再做阻断学生思维的傻事了,别再去故作高深地抛钩了,那样钓上来的东西连根水草都不如。从教材、学生的个性特点出发,巧借一切有利于学生学习的资源,努力创设平等、民主、和谐的课堂氛围,用我们的智慧之光把学生引上驰骋思维的道路,用我们的教育灵感引导学生去打开智慧与创造之门,才能真正实现心与心的沟通、情与情的对话,我们的课堂才会万紫千红、春意盎然,我们的学生也才会星光灿烂、喜跃龙门。

当然,这需要我们教师拥有知识的大海、智慧的天空。而要做到这一点,除了加强学习、广采博取、慎思善用,别无他途。

(范通战,原载《教育时报》,有改动)

激活真思维,课堂上,在尊重生成性真问题的前提下,也要有效防止学生思维的旁逸斜出,不要掉进所谓的"生成"的泥潭。请看下面的案例。

课堂为什么成了一堆乱麻?

请看下面这个课堂教学片段:

教学内容是鲁迅的散文《从百草园到三味书屋》,简单导入之后,老师在黑板上写下了两个小问题:①你在阅读过程中发现了哪些知识点?②读了这篇文章,你又想知道哪些问题?

师:请大家抓紧时间认真阅读课文,然后完成黑板上的两个问题。

书声骤起,但一两分钟之后,班里基本上就寂然无声了。

师:可以讨论,抓紧时间,大声地讨论。

课堂一下子又热闹起来,授课的老师也走到学生中间去,到这儿指点一下,到那儿说上两句。

（其间，我对三个学习小组进行了随机调查，结果是两组在给文章分段，一组在讨论"他虽然照样办，却总是睡不着，——当然睡不着的"这句话中破折号的用法。）

师：请大家先来回答第一个问题，谈谈你在阅读过程中发现的知识点。

生1：我发现的是作者在听了美女蛇的故事后所得到的教训——所以倘有陌生的声音叫你的名字，你万不可答应他。

师：好，倘有陌生的声音叫你的名字，你可千万别答应他哟！

生2：我发现了一个比喻句，"何首乌根是有像人形的，像小珊瑚珠攒成的小球……"

众生：错了，是覆盆子，不是何首乌根。

师：怎么是何首乌根像小珊瑚珠攒成的小球呢？有点驴唇——

众生：（应声而接）不对马嘴！

生3：我发现了一个排比句，在第二自然段，"不必说……也不必说……"。

生4：我发现了一个设问句，在第九自然段，"我不知道为什么家里的人要将我送进书塾里去了，而且还是全城中称为最严厉的书塾"。

师：这是设问吗？

众生：不是，这一段用了排比。

师沉默一会儿，说："关于这个问题，下去以后，同学们查查资料，老师也再查查资料，看看究竟是什么。"

生5："油蛉在这里低唱，蟋蟀们在这里弹琴。"这句话用了拟人的修辞方法。有学生提出反对意见，说是用了比喻修辞。结果学生争论不休。

师：好，有不同的见解，就要敢于争论。这个问题就讨论到这儿，下去以后可以再查查资料，看看究竟是什么。

……………

孩子们发现的琐碎的问题似乎还有很多，眼前可爱的小手依然如林，但老师好像已经感觉到剩下的时间不是太多了，于是说："关于这一课的知识点，同学们说得还不够全，下一节课咱们继续说。现在看第二个问题。"

孩子们的小手倒下了。老师回头看着自己写在黑板上的第二个问题，约有三四秒钟没出声，课堂上的空气仿佛凝滞了，孩子们的眼睛也一下子都定格在老师身上。

师："这个问题包含的内容是不是太广了？下课以后，大家认真想一下，下节课我们再来处理这个问题。"可以看出，说这句话时，老师的语言很闪烁，额头上好像有些亮晶晶的东西要流下来。

师：下面回想一下，我们这节课都做了些什么？

……………

课听到这儿，我的头脑中似乎也已一片空白——这节课都做了些什么呢？理来理去，始终是一堆乱麻！

下课后我和上课的老师进行了交谈，了解到她设计这两个问题的初衷，一是为了训练学生发现问题的能力，二是为了培养学生的发散思维能力。这样的初衷，不也很符合新课程改革的精神吗？为什么课堂上就出现了这样尴尬的情况呢？其根本的症结何在？也许我们会简单地说，这是教师素质低或是没有充分备课造成的。其实不然，据课后调查，上课的老师在备课上还是下了些功夫的，而且她已有七八年的教龄，平时教学成绩还可以。

细细思忖，我们就不难发现，这两个问题表面上看来似乎顺应了新课程理念，好像是体现了对学习主体的尊重及对其个性发展的关注，考虑到了课堂教学过程的自然生成，凸显了学习方式上的自我探究。其实不然，这两个问题的内涵和外延过于宽泛，致使课堂的生成变成了教学的桎梏，学生的探究结果变成了颠覆课堂的泥潭。结果自然就是教师为自己的课堂教学亲手织就了一张走不出去的网！

我们知道，学生在自主阅读一篇文章，与教师在引导学生学习一篇文章时，其认知思维的过程正好是互逆的，前者由点及面，后者则是面派生出点来。教师在预设这两个问题时，自己首先是站在全文这个"面"上的，没有充分考虑到学生可能会探究出一个个"点"来，再加上在操作过程中缺少必要的教育机智，而且又实在不愿意背上"忽视学生主体性"的罪名，不忍心"伤了学生自我探究的积极性"，于是就只好在自己编织的这张网中痛苦地绕来绕去，以致后来方寸大乱，甚至出现了极其蹩脚的知识性错误。

要真正尊重学生的学习主体地位，又避免使课堂成为一堆乱麻，我们就必须科学地面对一个问题，即课堂教学的预设和生成的关系。新课程关注课堂的生成，并不是否定预设，其本质应当是在科学预设下的合理生成。因此，我们在教学初始阶段所做的预设，一定要遵循学生的认知思维等规律，要关注学习材料的个性特点，要充分考虑到影响教学的诸多因素，然后做出科学的恰当的设计，并且在操作过程中能够因势利导，做到巧穿针、妙引线，把学生的思维及学习活动引入科学发展的轨道上来。只有这样，我们才能真正张扬学生的个性，帮助其在学习过程中实现多元发展。

（范通战，原载《中国教师报》，有改动）

真假只在一念间，"运用之妙，得乎一心"，设计好真问题，围绕真问题，在课堂教学过程中，既尊重预设，又尊重生成，并且从实际出发，得机得势，因势利导，既不被"预设"阻绊脚步，也不被"生成"迷失眼睛。这样，我们的课堂教学就会如放飞在空中的风筝，以真问题为线，以真思维为风，自由翱翔，妙趣横生。

3.真活动。

活动是教育教学的智慧之花。在《归真教育——教育本真的探索与实践》一书中，对此已有太多的论述，后文中还会谈到，在此，只就课堂教学中的真活动强调以下三点。

（1）真活动在课堂上是学科内容与教学组织形式的有机结合体。无内容教学则空，无形式课堂不活，只有二者有机结合，课堂教学才能达到"真、实、活"的境界。一般情况下，活动只是个载体，是个由头，是组织形式，是激励手段，是学习平台，而学科内容才是课堂教学的根本。抛开了学科内容的活动，在课堂上没有任何意义。

请看下面的教学设计。

五种方式学《老王》之学会用好手中的教材

活动一：课堂小调查。

假如让你自学《老王》这篇文章，你会怎样去做？请简单谈谈你的思路或想法。

活动二：我们一起来自学（五步自读法）。

1.读题目。

看到这个题目，你会产生哪些思考？

2.读作者介绍。

(1)带着关注的心情读。

杨绛(1911年7月17日—2016年5月25日),本名杨季康,江苏无锡人,中国著名女作家、文学翻译家和外国文学研究家,钱锺书夫人。

(2)带着崇敬的心情读。

杨绛通晓英语、法语、西班牙语,由她翻译的《堂吉诃德》被公认为最优秀的翻译佳作,到2014年已累计发行70多万册;她早年创作的剧本《称心如意》,被搬上舞台长达60多年,2014年还在公演;杨绛92岁出版散文随笔《我们仨》,风靡海内外,再版达100多万册;96岁出版哲理散文集《走到人生边上——自问自答》;102岁出版250万字的《杨绛文集》八卷。

(3)带着哀悼的心情读。

2016年5月25日,著名文学翻译家杨绛先生逝世,享年105岁。

(4)带着爱怜的心情读。

钱锺书心中"最贤的妻,最才的女"。

3.读课前提示。

你从课前的提示中,获取到哪些基本信息?试着谈谈你的发现。

4.读研讨与练习。

(1)怎样做好"读一读,写一写"?

将其和课下注释联合起来读。

将重要的词语放到原文中去读。

(2)朗读研讨练习一的内容,明确今天我们将要研讨的主要内容。

明确自读研讨的核心目标。

5.读课文(课下注释及作品的时代背景)。

一读,读出老王的善良。

你从文中写的哪些事上看出了老王的善良?找出来,读一读,品一品。(这些事中,所表现出来的仅仅只有老王的善良吗?)

二读,读出作者的善良。

你从文中哪些地方可以读出作者的善良?(思考,比较:同是善良,"我"和老王的表现有何不同?)

三读,读出"我"的愧怍。

对课文最后一句话,应该怎样理解?("我"为什么会愧怍?你从文中哪些地方读出来的?你从作者的"愧怍"中读出了什么?)

(范通战)

在这个教学设计中,共有两组活动,下又有若干个小活动。这里的每一个活动,都与具体的学科内容紧紧相连。例如"读作者介绍"环节,一个"作者介绍",我引导学生分别带着关注、崇敬、哀悼、爱怜的心情读,这样,学生既了解了作者,又从不同的角度读出了不一样的感受,同时掀起第一个教学高潮。在"读课文"环节,又推出三层阅读,读出老王的善良,读出作者的善良,读出"我"的愧怍,一步步将学生对文本的理解引向深处,又一次将课堂教学推向高潮。在这里,学科教学内容与课堂教学活动水乳交融、密不可分。在这里,内容就是那一湖水,活动就是那湖面上一圈圈荡漾开去的涟漪。

(2)真活动要扣住学科教学的本真。学科不同,本真不同;内容不同,本真不同。语文有语文的个性,数学有数学的不同,对理化生学科而言,实验就是最好的活动,就语文来说,却需要围绕语言在听说读写上下足功夫。教到深处是归真,以"活动"为方式组织课堂教学的最高境界就是"无活动"——当学生的兴趣被充分激发,当学生对学习的渴求和探究成为自觉,我们的课堂还要什么"活动"呢?只需要回到学科知识、学科能力本身就行了。

请看下面的教学设计。

五种方式学《老王》之学会在语言的品析中阅读

导入:品、析结合,才能洞察语言的奥妙。只有学会了语言品析,才算真正学会了阅读。

活动一:我们从语言中品什么?

课前热身:2分钟浏览课文,迅速判断文章的体裁,找出文中的主要人物、事件,看看作者在文中所表达的情感最终凝聚在哪一句话上。

一品:品出老王的不幸。

默读文章第2、3、4自然段,看看作者为什么说老王是个不幸的人。

注意：你是从哪几个主要句子中看出来的？读一读，品一品。

二品：品出事件的妙用。

请默读文章第5、6、13自然段，看看在"三送"事件中，老王面对我给的钱，在态度上有什么不同。对此，你有什么看法？

注意：找出关键的句子，读一读，品一品。

三品：品出丰富的情感和内心世界。

以组为单位，分组品读第6、8、16自然段，围绕一些关键句子，看看其表现了人物怎样的情感和内心世界。

四品：品出生命和生活的哲理。

阅读文章最后一个自然段，围绕关键词句反复品读，感受作者心灵煎熬、反省的过程，从中感悟生命和生活的哲理。你从中悟出了什么？

活动二：我们怎样去品语言？

1.从简约中品出丰富。

品读第1自然段，看看你能从中品出哪些信息来。

我常坐老王的三轮。他蹬，我坐，一路上我们说着闲话。

2.从平淡中品出内涵。

品读第4自然段，看看你能从中品出什么"内涵"（话中话）。

（1）……经过一个荒僻的小胡同，看见一个破破落落的大院，里面有几间塌败的小屋。

（2）……问起那里是不是他的家。他说，住那儿多年了。

3.从无心中品出有意。

（1）品读第7自然段最后一句话，看看你能从中品出作者的什么"用意"来。

开始几个月他还能扶病到我家来，以后只好托他同院的老李来代他传话了。

（2）看第9自然段开头一句，品读其中的"意蕴"。

他"嗯"了一声，直着脚往里走，对我伸出两手。

4.从含蓄中品出韵味。

品读文章第13、14、15自然段，看看你能从中品出什么韵味（越琢磨越感觉好，越琢磨越有味道）。

我谢了他的好香油，谢了他的大鸡蛋，然后转身进屋去。他赶忙止住我说：

"我不是要钱。"

我也赶忙解释:"我知道,我知道——不过你既然来了,就免得托人捎了。"

他也许觉得我这话有理,站着等我。

(范通战)

这个教学设计中的两个活动,豪华落尽见真淳,直击语言的品析:一指向语言品析的内容,一指向语言品析的方法。前者围绕语言,品人、事、情、理,通过不同角度的品读,引导学生理解文章的内容。后者围绕语言,从不同的角度介入,结合具体的内容,引导学生走进语言的深处,多角度体会语言的妙处。这两个教学活动,紧扣语言品析的本真,且品析的角度别出心裁,"活动"自在其中,是真活动!

(3)真活动要给予学生真正的活动时空。"让学习在课堂上实实在在地发生",现已基本成为课堂教学的一个共识。但在平时的课堂实践中,还是有不少教师"舍不得时间",结果往往导致本来设计得很好的真活动,却变得假起来。

请看下面的案例。

别拖着学生往前走

在河南省第二届汉语文教学与信息技术应用研讨会上,听一位老师讲《纸船——寄母亲》,总有一种感觉——课堂上,每一个活动均如蜻蜓点水,又似走马观花,学生总难有充分参与的时间,始终都是被老师拖着往前走!请看笔者随手拾取的几个课堂教学片段。

片段一

师:好,我们现在每人拿出一张纸,动手折一只纸船好吗?

生:好。(然后争先恐后地拿出事先准备好的纸,开始动手折纸船)

师:(一转眼的工夫——后从录像上卡定时间,实为53秒)有折好的请展示给大家。(学生纷纷举起手中的纸船,教师也从讲桌上拿出一只自己课前准备好的纸船)

有趣的是,笔者从课后的录像上却有这样一个奇特的发现:最快折成的只用了14秒钟,但她所用的纸上有明显折过的现成的痕迹;另有一个穿咖啡色T恤衫的折叠非常认真的小男孩在老师让开始交流的时候还未折好,他在镜头前很不好意思地把未折成的船儿放进了抽屉里,但很快也将一只折成的船儿拿在了手中!

片段二

师:这节课我们要以小组为单位展开竞赛,下面请每一个小组为自己的竞赛组命个名字,并请代表上来将自己小组的名字写在黑板上的表格中。

课堂上并没有出现学生小组统一酝酿、讨论确定竞赛组名字的过程,在老师的一再"鼓励"下,几个"积极分子"拥上台写下了"冉飞""雏鹰""春笋"等几个富有诗意的名字。

片段三

师:下面请大家以小组为单位,选择自己最喜欢的方式练习朗读这首诗。

布置完后,学生并没有积极地响应(后从录像上可以看出,学生们只是聚成堆谈论着朗读的方式,还有的默不作声,并没有真正练习朗读),其间老师一个劲地问学生选好了没有,选好了就大声读,结果学生无人应声,老师就一再让学生试一下,放声读,然终无多少人响应。在几近沉默的纷杂中——

师:好,我们现在已经准备完毕,哪一组先来展示?

片段四

师:在这中秋佳节之际,桂花飘香之时,天上月既圆,地上人盼团圆,我们今天何不借这个机会把我们的亲情电话打开,让我们的母亲听听我们的心声?下面我们连通王小云同学的母亲。

老师很快拨通了电话(很明显事先已有约定和准备)。然而手握电话,王小云同学却不知该给母亲说些啥,于是课堂上便出现了老师说一句学生学一句的笑话。

片段五

师:让我们把共同的祝福献给我们的母亲(请全体学生起立,跟着老师说)——妈妈,我们永远爱您!

生:(鹦鹉学舌)妈妈,我们永远爱您!

师:请把自己对母亲的祝福写在刚才折叠的纸船上。

学生认认真真地做着这件事。布置任务20秒后,老师开始拿着话筒问一学生写好了没有。30秒时,请一学生读自己写在纸船上的话。(时间均是课后从

录像上卡得,在课堂上的感觉是根本就没给学生时间似的)

生:我写的是,妈妈,我们永远爱您!(这样的回答,引来听课教师的一片笑声)

师:其他同学可能也已经写好,但因为课堂时间有限,我们就不再一一读了。

为什么在一节课上会接二连三地出现此类情况?是教师素质低,驾驭不了课堂?不对,全省的大赛,这位老师是初中组九名参赛选手之一,无疑是优中选优的人尖子!事实上,这位老师口齿伶俐,激情澎湃,知识渊博,才思敏捷,基本功相当扎实。是45分钟时间太短?不对,课堂上,这位老师有的是大段讲演、配乐范读、激情引导的时间!是课堂设计不合理?不对,从"诗文美读""质疑研讨"到"知识积累""情感升华",设计精巧,环环相扣,波折有致,水到渠成,合乎学生的认知规律!是教学理念不新?不对,自主探究,合作交流,师生互动……几乎所有目前流行的招数在这位老师的课堂上都有!

笔者以为,这位老师错在对课堂教学定位不准,迷失了自己,淡忘了学生,只追求自己教得出彩,却忘了让学生学得精彩!也许是参加全省大赛,心情激动,想要使自己的课堂充满光彩,想要使自己的才华充分展现,于是,这位老师不失时机地上演自己精彩的朗读、"绝妙"的过渡,努力地把一些好词妙语呈现给听众。然而可惜的是,每次留给学生的活动时间都显得十分仓促,好像恐怕学生抢占了自己的时间似的!于是,一切活动均成了教师的点缀、课堂的贴花,学生成了可怜的道具!试想,这样的课堂怎会有良好的教学效果?"以人为本"的新课程理念又怎能落到实处?

其实,放眼目前的课堂教学,即便是各级举行的公开课上,这样的现象俯拾皆是,绝非这位老师一个。作为教师,尤其是青年教师,若不能使自己的课堂教学"少做作,勿卖弄,去粉饰,留真意",若只是一味地追求自己教得出彩,而不能引导学生,使其学得精彩,那么,我们的课堂就永远不会成为万紫千红、百花争艳的学生乐园,我们的教师也永远不会成为鸿鹄展翅冲天!

别拖着学生往前走,给他们点时间,他们就一定会创造精彩!

(范通战)

至于真才能和真人才,《归真教育——教育本真的探索与实践》多有提及,我们就不赘述了。在此,只谈一点,这里所说的真才能,我们可以狭义地理解为学生运用学科知识解决学科问题的实际能力。当然,诸如课堂思考、回答、讨论、交流、沟通、展示、质疑、解疑等,也属于真能力的范畴。

课堂上,只要我们能够围绕真问题,激活真思维,开展真活动,学生的真才能就会与日俱增、随堂而进,就会在一节节课中稳步提升、健康发展。

武陟县实验中学归真石(背面)

实

归真课堂,一真教学无难事,一真教育皆智慧。但是,要做好课堂教学,还真离不开这个"实"字。不见校园里的"归真石"吗?正面一个"真"字,背后还有一个"实"字默默相伴,离开了这个"实"字,就不是真正的、完整的"归真"。甚至可以说,离开了"实","真"就成了无源之水、无本之木,就成了镜中花、水中月。真中有实,实中有真,二者有机统一,才是真正意义上的"归真"。

（一）一切从实际出发

"真""实""活"其实都是相对的,我认为是真的,你并不一定认同;你认为是实的,我却不一定赞成。今天是真的,明天却并不一定为真;在这个地方为真,换个地方可能就是错误。因此我们提出,"实事求是"是归真教育的行动指南,归真课堂必须一切从实际出发。唯有做到这一点,才是真正的"归真"。

归真课堂三大特点中,"实"字的第一层含义,就是一切从实际出发。怎么做?因材施教。在归真教育思想体系下,我们将"因材施教"发展为"因材导学",其内涵和外延都得到了一定程度上的扩容和改变,变"重视施教"为"重视导学",变"单一的教"为"多元的学",并明确提出"因材导学"的多元性,要求教师要"因己之材"而导学,要"因生之材"而导学,要"因教材特点"而导学,要"因教学条件"而导学,要"因客观环境"而导学,要"因课堂遇到的实际问题"而导学。这一教学原则的发展与变化,更能指导教师去综合考虑影响教育教学的各种因素,从实际出发,具体问题具体分析,充分发挥自己的教学创造性,努力激活各种因素的潜能,最大限度地为教育教学服务。

请先来看一个案例。

用自己的心儿解诗

诗是灵动的,然而我们传统的诗歌教学却是呆滞甚至充满苦涩的。学生除了读和背,好像就只剩下记写老师照着教参读出来的一些干瘪瘪的话。课堂上,没有了流淌的诗意,没有了澎湃的激情,没有了如仙似梦的意境,没有了悠长清远的乐章,学生的心笼罩在一派灰色里。——诗歌不需要这样的教学,学生不喜欢这样的教学,新课程下的教学本身也坚决摒弃这样的教学!诗是灵动的,诗的课堂也应是灵动的,读诗的学生、教诗的老师也都应该灵动起来。怎么办?引导学生用自己的心儿去解诗,就是一条值得一试的光明之路。

下面收录的是笔者在引导学生解读郑愁予的《雨说》时的一个教学片段。

师:读诗,我们要善于调动自己的生活阅历、知识经验、感情积淀,用自己对人生的感悟去与作者的思想碰撞,使自己与诗人的感情在诗句里激荡融合,只有这样才能读出自己心中的诗来。如第一节诗，作为一个教师，在我的眼里，那田圃、牧场、鱼塘、小溪都变成了学生焦渴的心田，他们在等待知识甘露的滋润，他们在渴望智慧琼浆的滋养；那种子、牛羊、游鱼，又恰似应试教育威压下的一个个可怜的学子——牛羊本来可以欢快地奔腾于牧场，鱼儿本来可以自由地在水中翔游，然而枯黄的牧场、寒浅的鱼塘却阻断了他们自由欢快的路，那喑哑的小溪歌不成调子，不正像现在的学生虽有无尽的痛楚与烦恼却无处言说吗？当然，这样的解读也许不是作者的本意，或许还会有些偏激，但它却是我自己的理解，是从我自己心底流出来的诗。下面请大家自由地选上一两节诗，也用自己的心来解读一下，争取读出具有自己独特理解的诗来。（准备五分钟，可以动笔写下自己的解读）

在我的引导下，学生心底的诗溪很快就开始淙淙地流淌。

李博颖：读了第五节诗，我多么希望，雨对我们所说的都能变为事实，让它带着我们去踩田圃的泥土将润如油膏，去看牧场就要抽发忍冬的新苗，绕着池塘跟跳跃的鱼儿说声好，去听听溪水练习新编的洗衣谣。多么希望，这一切能成为现实，让我们投进大自然的怀抱，去感受她的美，去享受她的快乐，去分享她的自由。

吴丹："我的爱心像丝缕那样把天地织在一起，我呼唤每一个孩子的乳名又甜又准。"当我读到这句诗时，第一个映入我脑海的形象就是母亲。它很形象地刻画了母亲对我们小心呵护的一种无微不至的情怀。试想一下，什么爱能把天地织在一起？只有伟大的母爱！这句诗使我感觉到，这里的雨就是伟大的母亲。"当你们自由地笑了，我就快乐地安息。"这不正是老师"春蚕到死丝方尽，蜡炬成灰泪始干"的奉献精神的又一种写照吗？

翟萌："当你们自由地笑了，我就快乐地安息；有一天，你们吃着苹果擦着嘴，要记着，你们嘴里的那份甜呀，就是我祝福的心意。"这里的雨多像我们敬爱的老师呀！他们把自己的一生都奉献给了教育事业，把无限的爱都给了我们，可当我们在尽享甘甜的时候，他们却一无所求，这是一种多么无私的精神和高尚的情怀呀！读第四节诗，听着雨说，我仿佛听到了一个智者在说，时代在不停地变化，我们要学会接受新的事物，不要把它拒之门外，我们要敢于并善于踩着时代的拍子走自己的路。

柴婕：读第四节诗，似乎在听母亲和老师深情地叮咛，她在告诉我们，有什么心事，有什么困难，应该及时和老师、家长交流、沟通，也许只有这样，我们才能更稳地走好自己的人生之路。

侯强："第一样事，我要教你们勇敢地笑啊""第二样事，我还要教你们勇敢地笑"，从这两句诗中，我体会到，我们应当勇敢地笑对生活，笑对人生，让渺茫在笑中远离，让希望在笑中切近，让理想在笑中实现，笑出自己的风格，笑出自己的品位。

陈梦慧："为什么不扬起你的脸让我亲一亲，为什么不跟着我走，踩着我脚步的拍子？"读到这两句诗，我的心中有一个疑问，雨为什么要让我们这样去做？扬起自己的脸给别人亲，踩着别人的脚步拍子，这种人是最没出息、最窝囊的人，简直是没有一点自尊！我们不能任人摆布，不能别人让干啥就干啥，我们应活出自己的个性，应敢于去选择自己要走的路。

....

在用心儿解诗的过程中，诗已不再是没有生命的文字，它成了被学生放飞的风筝，而孩子们灵动的思维就是它相依的筝线！课堂上，这一特殊的解读活动，有效地实现了师与生、生与生、生与诗、生与诗人之间的心灵对话，在师、生、诗人三者感情和思想的共融碰撞中，学生已不再是被动的读者，而成了参与创作的诗人！这样的结果，不正是新课程应当倡导的方向吗？

（范通战，原载《小窗微明》，远方出版社，有改动）

在这个教学案例中，我打破了诗歌固有的教学套路，从学生的身心特点及文本的个性化特征出发，"因材导学"，以"我说《雨说》"为活动，引领学生上演了一首精美灵动的心灵之歌，和学生一起经历了一场洗涤灵魂的诗意之旅。这节课产生的实际效果，远非读几遍诗、品几个句、写几点启示所能比拟的。

一切从实际出发，顺之，课堂则生机勃发；逆之，教学则满堂昏暗。

下面再来看一则案例。

怎样避免这样的课堂悲剧

——兼与肖培东老师商榷

2019年10月20日上午,在郑州举行的全国名家论坛"第十届核心能力视角下的深度学习研讨(系列二)与名师课堂引领培训会"上,全国著名特级教师肖培东执教《周亚夫军细柳》现场——

肖老师一贯地自信而从容,上课后,直入主题,引领学生自读、默读、朗读,引领学生去谈自己感觉最易读错和最易理解错误的地方……很快,肖老师便发现,学生的思维和课堂的氛围并没有按照自己预想的轨道发展——原来,学生手中拿着的,不是教材,而是和与会听课教师一样的由组委会印制的简易文本——没有任何注释!而这一课,若没有可以凭借的"课下注释",学生在理解疏通文义上几乎是寸步难行。尽管肖老师临时调整了教学思路,及时减轻了学习任务,但不可避免的事实是,课堂一下子掉进了由一个个生僻字词组成的黑暗漩涡,学生走不出来,老师也无法走出来!——直到下课,连最基本的字词理解、文意疏通都未达成。

之后说课时,肖老师谈到了"教材无注释"的尴尬,谈到了自己原来的设计思路和教学目标,谈到了问题发生后自己的及时调整,更是强调了自己对真课堂的追求,力争让真正的学习在课堂上实实在在地发生……但始终没有触及我们在现实的课堂实践中,假如遇到类似的问题,该如何及时有效地避免"这样的悲剧"发生。

"行至水穷处,坐看云起时。"课堂真正的精彩,往往诞生于问题生成时教师的灵机一点。从肖老师第一次抬腕看表的细微动作中,台下听课的我已经感受到了肖老师身处的困境,于是便开始思考,假如是我,该怎样化解眼前的困局?很快,头脑中闪现出三个念头。

思路一:我就是注释,不会,请向我提问。

从专家介绍中了解到,肖老师是全国首届"我即语文"教学奖获得者,况且为上这节课,应该是有备而来,区区几个字词,自然不在话下,我坚信,肖老师有这个底气和资本。如若面对当时的困境,果断地来一声:"我就是注释,不会,请向我提问。"试想,当时的课堂会出现怎样的走向?

思路二:不会,请到前边的电脑前,查一下。

电脑网络就在眼前,别说"课下注释",即便"句子理解""文章翻译",也是应有尽有。引领学生利用信息技术实现高效学习,早已成为当今课堂教学绕不过的话题。如若面对当时的困境,肖老师果断地引领学生:"不会,请到前边的电脑前,查一下。"或者,从网上搜到本文的主要注释,呈现在屏幕上。试想,课堂的走向又会如何?

思路三:从台下请上几位听课的教师,分到各学习小组中去,充当"活的注释资源库"。

听课的,是来自全省各地的千余名一线语文老师,这是一个多么庞大的优质教学资源库呀!面对当时的困境,我敢肯定,只要肖老师一个"请"字,会有无数的老师踊跃上台,临时客串一下"学习中的首席"。果真如此,当时的课堂该会呈现怎样的精彩?

遗憾的是,这些都没有发生。呈现在我眼前的,是一节"上不上都没有什么差别"的蹩脚的课。因为,在这节课上,几十位望眼欲穿想感受名师带来的精彩的孩子,不仅没有学到多少东西,或许,还会有一些失落。

"让真正的学习在课堂上实实在在地发生",是肖老师的课堂主张,也是我所倡导的归真教育、归真课堂的基本主张。但是,每一个有职业良心的教师,都有责任在课堂上,面对学习困境,巧用教学机智,引领学生智慧地走向远方!于漪老师说:"在每个孩子的成长中,每一天都是独一无二的,不会再来一次,你的每一堂课都在影响着学生的生命成长。""课堂教学质量直接影响学生的生命质量,影响他们的成长与发展。"为师者,能只说耕耘,不谈收获吗?能不时刻葆有一颗敏感的爱心吗?能不努力提升自己的教学智慧吗?

一堂堵心的课,是一剂成长的良药,我深有体会。但一堂堵心的课,往往也是一场课堂悲剧,学生细微的心能够分明地感觉到。

面对纷繁复杂的课堂,为生命成长计,为教育质量计,唯有持续提升我们的专业素养、教育智慧、教学机智,并时刻用一颗敏感的爱心去精心操作,才会少生这样的课堂悲剧。诸君努力!

(范通战,原载公众号"为灿烂生命奠基",有改动)

这篇案例发表在我的公众号之后,很快就收到了肖培东老师的回复。

读到这篇文章,更有豁然开朗的感觉,谢谢范老师,觉得您的设计比我当时的处理更有实效性,更具教学力,尤其第三种方案,特别有创意。这是活用了会场资源,让老师和学生一起学习。在教学现场,尽管我也降低了难度,确实效果还是没有范老师设计出来的课堂生成好。教学无止境,智慧无止境,课堂艺术的追求永无止境。再次谢谢范老师的点拨。

——肖培东敬拜

之后,不少老师纷纷跟帖,谈自己的看法。

首先,敬佩范校长的冷静与智慧。其次,我思忖这样的冷静与智慧的根源应该在于一个"活"字,逢山开路,遇水搭桥,只要清楚学生问题症结,妙用眼前资源,一切问题都会迎刃而解。然而,事实往往是"当局者迷旁观者清"。心理素质或情绪因素会导致败笔,哪怕你是大家。有想法,能表述;有启示,能实践。此为大家。向范校长学习。

(网友　蒲草呀)

一切从课堂实际出发不是空话,唯有灵活运用,开动教育智慧,才能以不变应万变!

(网友　万事俱备)

课堂生成与智慧,有时就是在某个时间点,及时采取了一个恰当的方法,那节课就上得比自己预设的还要舒服,昨天的物理课上青蛙观天的试题评讲,经过改变条件变换成几种类型,学生听得豁然开朗,一道题、一拓展、一变五,老师上得开心,学生听得入神。很享受。

(网友　郭为学)

当肖老师这样闻名全国的大家都会因一时的思维卡壳造成课堂尴尬的时候,我们又怎能不认真琢磨、不认真对待"一切从实际出发"这一条归真课堂的基本指导原则呢?恰如上面的网友们所言:"智慧的根源应该在于一个'活'字,逢山开路,遇水搭桥,只要清楚学生问题症结,妙用眼前资源,一切问题都会迎刃而解。""一切从课堂实际出发不是空话,唯有灵活运用,开动教育智慧,才能以不变应万变!"更如肖老师所言:"教学无止境,智慧无止境,课堂艺术的追求永无止境。"一切从实际出发,是教育教学的本真使然,只有将其融入我们的血脉,时时刻刻用教育的智慧和心血滋养,它才会让我们的课堂教学绽放出生命的花来。

一切从实际出发,究竟怎么做,也许你还可以从下边这篇小文中找到一些答案。

创新课堂——只眼须凭自主张

清代赵翼有一首小诗:"只眼须凭自主张,纷纷艺苑漫雌黄。矮人看戏何曾见,都是随人说短长。"本意是指文艺评论应该有真知灼见,反对人云亦云、鹦鹉学舌的恶劣风气。在全面推进新课程改革的今天,重读此诗我觉得颇受启发——只眼须凭自主张,犹如一针清醒剂,提醒我们去直面如今的创新课堂。

也许是国人都好追风赶潮的缘故吧,面对教育改革中如雨后春笋般涌现的这理念、那模式,我们的许多老师一下子显得手忙脚乱,今天还在宣传"和谐",明天又去玩弄"创新",一会儿学"成功",一会儿练"激励",结果是"乱花渐欲迷人眼",死套模式者多,活用精神者少,"四不像"的时髦创新课于是生焉!如今新课程的春风乍到,君请看,全国上下,"暖风熏得教师醉",有人说东,有人道西,有人在数学课上领着学生去赏雪,有人在语文课上带着学生逛大堤,孰优孰劣,谁是谁非,"绕树三匝,何枝可依"!

其实,每一位教师如能静心思忖,不难发现,真正的"创新"之路不在别人手中,而在自己脚下!——"和谐"是什么?是关系:教师与学生、教师与教材、学生与教材、教师与教法、学生与学法、教法与学法……将这诸多影响教学效果的关系理顺了,岂不就是"和谐教育"?"激励""成功"是什么?是手段。教师若能想办法激发起学生学习的兴趣,让他们变"要我学"为"我要学",让他们不断地享受到"成功"的体验,然后一步步前进,不就是"激励教育""成功教育"吗?本质抓到了,何愁没有方法呢?更何况,"和谐""创新"也好,"激励""成功"也罢,尽管其理念能让人耳目一新,但哪一种提法不是在自选角度以偏概全呢?我们有必要去生搬硬套其模式吗?新课程改革倒是从教学过程的本质出发,喊出了振聋发聩的清音——新课程就是活动!其实施的重心就是要实现师生角色的转化,实现学生学习方式的根本转变。但是,让我们的课堂教学一夜之间都变成"先自主探索,再小组合作,最后来个拓展性活动",合适吗?

柳斌说:"我们的教育应当是创造一种适合每一个学生的教育,而不是选择适合教育的学生。"毫无疑问,新课程改革"以人为本"的理念,就是要寻找这种"适合每一个学生的教育"。那么,这种"适合每一个学生的教育"从何而来呢?一句话,从教师的广采博取、厚积薄发中来,从教师强烈的责任感和敏锐的洞察力中来,从教师的创造性劳动中来。要找到这个适合学生的最佳方法,我们绝不能把希望只寄托在某一种教学思想或教学模式上,而应在传统教育,尤其是当今百花齐放般的先进教育思想群落中广采博取、含英咀华,将各种先进思想和方法的精粹化为己有。只有这样汇百川于一海,酿百花而成蜜,在设计和运作教学活动时,我们才能够得心应手、信手拈来,该用"和谐"就用"和谐",该用"成功"就用"成功",该用"讲授"就用"讲授",才能够找到这种"适合每一个学生的教育",因人、因时、因势利导,才能有效地把学生培养成为一个真正有知识、有能力的成功的人。

"删繁就简三秋树,领异标新二月花。"面对新课程,只有敢于"只眼须凭自主张",又能从自己面临的教学实际出发,对各种教学思想及方法大胆进行"删繁就简",设计出具有自己独立个性的教学活动来,我们的课堂教学才能开出领异标新之花。

(范通战,原载《中国教师报》,有改动)

一切从实际出发,这才是真正的归真!

一切从实际出发,就从"这一节"课开始!

只有一切从实际出发,才能解决好教学乃至教育的问题。请看下面一篇小文。

复学后,送给老师们三点建议

一、回头看,更要往前走。

疫情防控期间线上教学,留下的问题太多。每一个负责任的老师,心中都系着一个个"疑问疙瘩"。前面学过的内容,学生掌握的情况到底如何?要落实的任务,究竟打了多少折扣?经过这一个漫长而又特殊的"冬眠"式的寒假,学生的思想、心理、行为、习惯等都发生了哪些变化?我们似乎心里都没底,似乎都需要做一次较为系统的"回头看"。事实上也的确有这种必要。但是,时光在往前走，岁月不可重来。丢下的已然丢下，迎来的更值得珍惜。复学后，我们的教学，不能在对过去的"不放心"中停滞，也无须做太多的温习与巩固，更不可能将线上教学的内容重新来过，我们只需大胆地往前走，一往前走，你就会发现，所有欠的、缺的、该补的东西就都出现了，然后针对问题，见招拆招，落实三步思维（勾连知识，总结规律，反刍运用）就行了。尤其是九年级，目前第二轮复习已临近尾声，接下来，我们需要以综合模拟训练兼适当的专题强化训练为基本策略，具体的操作方法我已在备课组长会上进行了解读，大致是选一套编写较为系统的综合模拟试卷，引领学生在做题中去暴露问题、发现问题，然后围绕问题落实三步思维，展开针对性专题强化训练。七、八年级，在复学初期，我们倒是可以适当地"停一停""缓一缓"，设立一个"反刍期"，灵活地借鉴九年级现阶段的复习策略，花一点时间，选几套综合试卷，让学生做一做，然后围绕暴露出来的问题进行针对性补益训练，从而引领学生对前期线上教学过程中遗留下来的夹生问题进行二次消化，反刍吸收。这样一来，既能让"回头看"切实落地，更能使往前走具备底气，非常有利于实现后疫情时期线下教学与之前线上教学之间的有机过渡与联结。

二、抓落实，不算老米账。

疫情防控期间线上教学的效果，普遍来看，很多老师都会多少有点"感觉心里没底"，尤其是对一些在线上教学过程中"表现不好"的学生，现在开学了，检查一下他们平时作业的情况，甚至采取一些必要的针对性补益措施，很有必要。但是，老师们需要切记一句话："抓落实，不算老米账。"说实在的，我们的学生能够安全地渡过这一场大疫，已是他们人生中的最大收获，在此面前，作业算得了什么？学业又算得了什么？检查作业应该，落实任务必要，但要清楚，每一个孩子家庭情况不一样，在疫情防控期间面对的生活境遇也各不相同，这次孩子完不成作业，也许真的有"充分的理由"！这一次，我们对学生"所找的理由"，要给予足够的理解、尊重和包容。能够安全地渡过疫情期，每个孩子都不容易！因此，复学后，我们对于前期作业、任务的检查与落实，要淡化，了解情况即可，不要盯着不放，更不能算老米账，板板见血，坚决避免"回家补，补不完不要来学校"之类现象的发生。在疫情面前，每一个孩子都不欠我们什么！现在开学了，他们只需要健康地往前走，不需要补什么作业，清什么旧账！当然，若我们的老师能够智慧一点、温情一些,和特殊的学生"算算账",也可能会产生更加积极的效果。但若是为了"落实"而剑拔弩张,甚至造成一些不愉快的后果,那就适得其反了。

三、多关爱,做好因势利导。

教育的秘诀全在一个"爱"字,最好的方法便是能"因势利导"。怀揣大爱,从学生的生命成长、幸福生活出发,善于挖掘、利用一切可以利用的资源,因势利导,教育的智慧之花才会绚烂绽放。这几个月的特殊经历,一定会使每一个学生从生命、成长、生活、学业、人生态度、行为习惯等多个维度,产生不同程度的思考、启迪和感悟。积极与消极、乐观与悲观、严谨与散漫、上进与消沉、阳光与阴暗、进步与落后等诸多情绪、诸多问题也都可能会存在。复学后,迅速了解学生目前的学业状况固然重要,但其在大疫之后的生命状态、身心健康更须得到足够的关注。因此,在认真落实好"开学第一课"的基础上,建议各位班主任、课任教师,积极围绕这一段特殊的生命经历,通过开发班级课程、开展特色活动、组织主题论坛等形式,多管齐下,迅速引领学生回归校园生活,融入班级,融入团队。现阶段的工作中,我们要多肯定、表扬、理解、鼓励,少否定、批评、怀疑、打击,要力争以最快的速度让学生感受到校园的温馨和班级的温暖,感受到老师的博爱和同学的亲切,要力争引领每一个孩子以最阳光最积极的心态去拥抱我们的校园,去投身丰富多彩的学习生活。

(范通战,原载公众号"为灿烂生命奠基",有改动)

严格意义来讲,这篇小文所谈内容,已经不仅限于课堂教学,而是在特殊时期的课堂教学策略。事实上,面对疫情后教学所面临的特殊情况,这篇小文的出现,为当时学校整个教学工作指明了方向,引领全校教师从实际出发,使课堂教学迅速步入了正轨。

(二)脚踏实地

做教育,要敢于"异想天开",要"敢探未发明的新理,敢入未开化的边疆",要有创新意识、创造精神,但更需脚踏实地,求真务实,一步一个脚印。急功近利,好高骛远,空中楼阁,是教育教学的天敌!

请看下面一篇区域课改实践反思。

新课改:行到深处是归真

宋代禅宗大师青原行思提出参禅的三重境界:参禅之初,看山是山,看水是水;禅有悟时,看山不是山,看水不是水;禅中彻悟,看山仍然是山,看水仍然是水。笔者所在县域的新课改历程,也曾暗暗契合了这三种境界。

2009年之前,县域课改基本处于"自由发展"的状态。各类新课程培训有序开展,倡导新理念,引导新课改。但现实情况是,纸上谈兵的多,深入实践的少;强调概念的多,指导方法的少。再加上之前出现的南京课改回潮等事件的影响,闹得基础教育界对新课改的看法与走向莫衷一是。于是,县域课改与全国很多地方一样,因为找不到明确的发展方向和有效的操作模式,就基本处于"应付上边检查"的状态。2009年冬,随着山东杜郎口中学、沁阳永威学校、江苏东庐中学等一些课改名校的兴起,县教育局时任领导旗帜鲜明地推出了"高仿促转变,实践谋发展,创新求特色"的课改思路,开始投入大量资金,先后组织县教研室各学科教研员、全县中小学校长及数百名教师前往山东杜郎口中学观摩学习,以"课改飓风行动"为抓手,开始了县域真正意义上的新课程改革。

杜郎口中学的课堂教学,给县域所有参与观摩学习的教师带来了前所未有的视觉冲击和思想洗礼——噢,原来这就是新课改,新课改的课原来应该这样上!于是,几乎是一夜之间,全县中小学的"排排坐"变成了"对脸坐","老师讲"变成了"学生展示"。县域课改在2010年春学段达到了空前的热闹和繁荣——这一阶段,人人看山是山,个个看水是水,谈课必提杜郎口,"对脸座"与"学生讲"就是"课改课"!

然而,表面的喧闹与繁荣并没有带来人们所期望的大面积的质量提升,相反,在不少学校却出现了学生基础知识掌握不牢、自主学习能力弱化、课堂行为问题百出等一系列的不良反应,教师与教研人员在这样那样的问题面前,心中充满了困惑,眼里写满了迷茫——这看山不是山,看水不是水,到底什么才是符合县域实际情况的"课改课"?

学习杜郎口的教学模式与课改经验,的确给我们带来了诸多收获,尤其是师生课堂生命状态的激活,这种变化写在脸上,含在话中,体现在师生的一举一动里。但是,杜郎口的教学模式与课改经验,照抄照搬,并不能解决县域教育实践中的众多实际问题。既然是在"改"中出现了问题,我们还必须在"改"中寻求解决问题的有效方法。2010年秋,县教研室在认真厘清课改实质,充分调研课改现状的前提下,在县域范围内推出了一项重要的教研举措——"区域联动",将十余个乡镇按地域划分成几个大组,以公开课为抓手,以观议课为纽带,以探讨真正有效的课堂教学为目的,为区域间教师搭建起一个相互交流展示的平台、理论实践研讨的平台、教育教学反思的平台。在反复的实践交流中,泥沙渐渐沉淀,思路慢慢清晰,实践日趋于理性,操作渐向于归真。

其间,武陟县实验中学在巩固前期课改成果的基础上,适时地推广了本校语文组实践多年的"归真教育",有效实现了由"杜郎口课堂"向"归真课堂"的平稳迁移,更是迈出了由"课堂教学改革"向"多元课程构建"的坚实一步。归真教育,坚持"以人为本,育人成才"的社会主义教育核心价值观,尊重和弘扬人文精神,让教育教学回归符合生命、生活及教育教学最本质的规律上来。归真课堂以"张扬生命灵性,追求智慧闪光,做到重点突出,落实学用结合,达成教学目标,实现拓展延伸"为基本理念。在操作中,以三大课标细化体系(专题复习体系、教材分析体系、课堂教学体系)为指导,要求教师"厘清课标上明白课,落实课标上有效课,科学活动上精彩课",组织学生"以问题为航标,以活动为方式,先学后用,学用结合",力争做到"静下来学得扎实,动起来学得精彩"。归真课堂的出现,一下子让老师们眼前亮堂了起来:"这才是我们真正需要的课改课!"

回看归真课堂,看山还是山,看水还是水,与之前不同的是,多了一份新课程改革的真意在,用县教研室原主任马汉君的话说就是:"教育民主性得到彰显,教学自主性得以确立,这是一种真正建立在成功教育前提下的有效教学。"

新课改,行到深处是归真,尽管前路漫漫,但只要方向对了,还怕我们不能走到远方?

(范通战,作于2011年2月,有改动)

我在《归真教育——教育本身的探索与实践》这本书中写下了这样一句话:"任何科学的实验,都可以以失败为代价,唯有教育教学实验例外。因为任何鲜活的生命都不可复制,无论哪个教师都没有将学生作为教学实验牺牲品的权利。"也正因为这样,在归真课堂10多年的实践中,我们只是倡导、引领,只是以"随风潜入夜,润物细无声"的方式感染、熏陶,从不以行政手段强行推进。当师生慢慢体会到归真课堂的好时,已经没有人想退出去了。

再看下面一篇课后杂谈。

梦老师和实老师

在刚刚结束的市数学优质课上,第一天中午的两节课,内容均为"不等式及其解集",分别由梦老师和实老师(均为化名)任教。同样的内容,课堂设计的指导思想、操作思路以及实际的教学过程与教学效果却截然不同。

梦老师的课以所谓的"思维"训练为核心,由一元一次方程的学习内容,引导学生类比猜想不等式及其解集的学习内容,并在此基础上,引领学生一步步"探寻"概念的形成过程。这节课从 8:55 开始,至 9:15,方引出不等式的定义,至 9:30,用时 35 分钟,尚未完成不等式概念的教学,9:38 开始涉及不等式及其解集,之后草草而过,上至 9:45 结束,用时 50 分钟。在这节课上,教师一路清谈,未用多媒体课件,不让学生翻看教材,未安排学生动手做一道练习题。学生枯坐应答,引而不发,思维迟滞,氛围沉闷,我在第一排就座听课,时见身边几位同学在众目睽睽之下竟心不在焉、游目四骋,有几位回答问题"积极"的同学,偶尔偷偷地翻看一下教材,又赶紧合上。

实老师的课围绕具体的数学问题,在自主探索概念形成过程的基础上,立足学用结合,落实三步思维,一步一个脚印,在用中学,在用中提升,在用中实现对概念的探寻、理解与灵活运用。实老师的课,每一个环节的教学,均能围绕在用中暴露的问题,引领学生勾连知识,琢磨概念,在理解的基础上,进一步去探寻运用概念解决实际问题的方法、规律和注意事项,并及时地进行反刍性训练。在这节课上,教师轻松引导,精准点拨,学生积极思考,分析探究,用得灵活,练得扎实;课堂氛围和谐,生命状态灵动,师生课堂幸福,学习实效显著。

教学内容相同,课堂风格迥异。苦于不懂数学,不知孰优孰劣。

在此,我只想向梦老师和实老师,以及其他一线数学教师同人提几个问题,不知会得到怎样的回答。

梦老师,平时的概念课,你也这样上吗?这节"优质课"的设计,真的出自你的本心?假如是你的学生,你真的忍心看着他们像"梦"一样地枯坐一节课?你如何看待实老师的课?实老师,假如让你自己再次做出选择,你会不会也去选择梦老师的设计思路?各位数学同人,假如不是上市优质课,回到现实教学中,这两种教法,你会选择哪一种?在平时的课堂上,你是否自始至终都不让学生翻开教材?你是否自始至终都不让学生动手做一道题?数学课堂的思维训练,到底是做一些"在外围打转的由此及彼的不费多少脑筋即可回答的类比思维训练"好呢,还是"围绕具体的数学问题,在分析问题、解决问题的智慧碰撞中放飞学生的多样化思维"好呢?离开了"具体的数学问题"的解决,你的数学课堂到底还剩下些什么?概念课非得就概念说概念,就不能转化为具体的数学问题型的课吗?

　　这只是一次"优质课活动",似乎不必当真,故可以不论优劣。但常态课,我们必须得弄清到底该怎么上!

　　要想真正提升课堂教学质量,少些空谈,多些落实,别的无路可走!——不管你搞的是什么教育,运用的是什么模式!

(范通战,原载公众号"为灿烂生命奠基",有改动)

　　为打造一节高大上的"优质课",梦老师以所谓的"思维"训练为核心,不顾教学实际,想方设法赶鸭子上架,结果事与愿违,不仅学生启而不发,思维凝滞,连最基本的教学任务都无法完成;实老师立足课堂需要,围绕"真问题",激活"真思维",开展"真活动",引领学生脚踏实地,学用结合,洞察规律,反刍训练,一步步走近知识的本原,一步步运用学科知识去分析,去思考,去探索,去解决学科问题,课堂上生命飞扬,智慧闪光。孰优孰劣,不言自明。

　　亲爱的老师,脚踏实地吧,这既是一种态度,更是一种智慧,因为我们所从事的工作中,有神圣的职业良知在。

　　要做到脚踏实地,既需要尊重客观实际,还需要教师真正放下自己心中的那种所谓的"自尊心""荣誉感"。请看下面一则案例。

放下尊严,才能赢得尊严

今天公共自习,在南楼,遇一物理老师在辅导学生,我就停下来,静静地站在旁边听。我想看看,这次辅导会经历怎样的过程。

老师似乎感觉到我站在了身边,晃了晃肩,坐在凳子上的身子不自然地向前挪了挪,看看学生手中资料上要问的题,然后拿出自己配套的"教师用书"(和学生的题编排方式完全一样,只是上面有现成的用绿色的字体标注的答案),找到相应的题,用手中的笔指着,一行行地划过,认真地看起来,时不时就题中的条件向学生发问。其间,又一学生来问一道填空题,我眼见学生填的答案是2.6,老师翻开"教师用书"查了查,答案显示2.2,只听老师说:"算错了。"来问问题的学生低着头,捧着书,一脸懵懂地走了。老师又回转身来,继续看资料上的题。一会儿,先前那个学生也郁郁地走了。

这时,我的脑中一片空白。我不知道,老师是怎样给这位学生讲题的,讲清楚了没有。但我清楚,一个学生一脸懵懂地走了,又一个学生一会儿也郁郁地走了。我的眼中,似乎只剩下了老师手中的笔,在纸上一行行地划过,划过,直划到我的心上,生疼,生疼。

见老师的身边没学生了,我和他交流起来。

"这两道题,你事先没有准备?"

"这题我还没有布置,学生先做了。"老师的脸上明显写满了不自然。

"哦——那就这样糊弄学生?"我盯着这位老师,笑着说。

老师左边脸颊上的肉抽了抽,似乎有点挂不住了。

一些自觉的学生,做了老师没有布置的题,这是多好的事呀!现在遇到问题了,来问老师,结果——却是这样一种结果!

遇到这种情况怎么办?只需要我们放下身架,开诚布公地对学生说,老师还没有做这道题,来,咱俩一块研究研究,争取攻克它!然后,师生俩一块读题、研究,各自发表观点……那该是多么和谐、多么美好的一幅画卷呀!

无独有偶,在北二楼(11)班门前,见几位学生围住史主任问历史题,我便有意地停下来,站在一旁,想听听史主任怎样去辅导这些学生。史主任今年没有担任九年级的课,学生问的题,他事先肯定也没有做过。

"来,咱先把题读一遍,注意题中你认为重要的关键词。"学生读,老师一边认真听,一边积极地思考。

"你是怎样想的?"

那男孩 ABCD 地讲起来。

"你想想,这种现象背后的本质是什么?"

男孩的眉头拧了起来,眼睛盯着手中的试卷,那神情,分明在认真、飞速地思考,却又一下子找不到丁点头绪。

"我给你打个比方……"

男孩的眉头渐渐舒展开来,眼中溢出笑意。

"去,再找一道这样的题练一练。"

男孩要走时,我叫住了他:"小伙子,老师让你再找一道这样的题练一练,能找到吗?"

"能!"男孩坚毅的眼神告诉我,他一定能做到。

学生满意地走了,我会心地笑了。

同样是学生来问问题,同样是事先没有准备,结果,咋就差别这样大呢?

一个是端着架子,不想让学生看出自己没有准备;另一个是变身"学习中的首席",引导学生读题、思考、点拨、譬喻,直至领悟——末了,再来一个反刍训练,而且这个反刍训练题还是让学生去找!

放下尊严,才能赢得尊严!

我想,智慧的老师,再遇到类似的问题时,一定会懂得该怎么做。

(范通战,原载公众号"为灿烂生命奠基",有改动)

为了维护自己的尊严,在学生面前,用拙劣的操作掩盖自己的准备不足,其实是一种很可笑、可怜、可悲的行为。事实上,在教学实践中,教师面对学生的问题,思维卡壳的时候也并不鲜见,只要我们能够像案例中的史主任那样,因势利导,与学生共思考、同探究,一般情况下都会得到不错的结果。若是你能够开诚布公,勇于向学生示弱,然后再引导学生一起思考、一起探索,效果可能会更好。

脚踏实地,杜绝急功近利,既不好高骛远,也不虚浮飘飘,我们的教学才能实中有真味,才能稳步健康前行。

(三)落实是最好的方法

落实是最好的方法。如果说教育教学上还有一条捷径的话,那一定是落实。再好的规划,再好的措施,再好的方法,离开了落实,等于零。其实,在一线工作的老师,大都有一套自己的"落实之道",如若真正有效,大可继续执行。在此,结合归真课堂实践中的一些体会,谈几点供大家参考。

1.明确落实方向。

课堂落实要过三关:(1)识记关。知识的识记是课堂教学的基础,无论哪个学科,概莫能外。语文的字词、文学文化常识、古诗文,英语单词、短语、句式、语法,政史地生学科知识,数理化概念、公式、公理、定理等,均需一定程度的识记。这是筑基的工程,须持之以恒、点滴积累,忌一曝十寒、粗枝大叶。(2)理解关。归真课堂以思维为主轴,核心就在于训练学生运用学科知识分析问题、解决问题的能力。在课堂上,要在感知知识的基础上,进一步理解、探究、分析、综合,最终洞察规律,明确方法,掌握步骤,了解注意事项等。通过这一关,学习才能由感性上升到理性,由表象深入内核。(3)应用关。在新课改背景下,单就考试而言,变"考知识"为"考能力"已是大势所趋,更不要说从人的成长与发展的角度来论,能力与智慧的提升,必将成为新课改背景下的课堂教学主题。知识只有在理解的基础上,通过多元立体化的应用,才能真正转化为能力,升华为智慧。因此,"无用不学""无学不用",过好应用关,就成了归真课堂的必备元素。

2.厘清过关内容。

数年来,我们一直引领教师构建课标细化三大体系(教材分析体系、课时教学体系、复习迎考体系),其本真就是在构建一个"知识—规律—运用"三位一体的教学"过关图谱"。力争通过我们的努力,让每一个学科教师对自己任教的学科从"点"到"面"做到"心中一盘棋",真正厘清我们在课堂上引导学生去学什么、怎么学、怎么用、用什么资源、用到什么程度等问题。以语文学科为例,纵到"一课一张过关图",横为"一个专题一张过关谱"。如下面所选的就是我校九年级语文组初次所做的复习迎考体系中的一个小专题"书写"的相关内容。

课标细化复习迎考体系(一)书写

一、课标陈述。

《义务教育语文课程标准(2011年版)》对7～9年级学生汉字的书写目标要求有:写字姿势正确,有良好的书写习惯;在使用硬笔熟练地书写正楷字的基础上,学写规范、通行的行楷字,提高书写的速度;临摹名家书法,体会书法的审美价值。

二、内容细化。

根据课标的要求,中考语文书写试题的要求为:正确、端正、整洁。"正确"指的是不写错别字;"端正"指的是字的间架结构合理,横平竖直,大小适宜,不潦草;"整洁"指的是没有随意涂改的现象。具体可以细化为:

(1)综合评价全卷书写。

(2)指定具体的语言材料让考生用正楷字规范、端正、整洁地书写。

(3)学写规范、通行的行楷字,体会汉字的优美。

(4)临摹名家书法,体会书法的审美价值。

(5)了解书法文化常识。

三、考题类型。

直接抄写;根据拼音书写;欣赏书法,然后书写;结合积累、概括信息、仿写续写、口语交际等进行书写。

四、方法指导。

汉字的书写,功夫在平时。平时识记字词要认真,准确识记字词,养成良好的书写习惯,了解一些书法知识,尤其要熟悉楷书、行书等字体,并要把楷书写好。考场上,遇到这类题,要认真审题,看清要求,不要急于求成。先在草纸上书写,拿准后再在卷纸上书写,力争一次完成,避免出错后涂改。

五、中考链接。

1.(2005河南)请用楷书写一句你喜欢的或自创的人生格言。(3分)

2.(2006河南)仿照下面句子,在田字格中续写一句话。书写要规范、端正、整洁。(3分)

留心生活,处处都有风景:晨风中一株带露的小草是风景;校园里一声亲切的问候是风景。

3.(2007 河南)将下面的文字抄写在方格中,要求正确、端正、整洁。(3分)
知识改变世界　阅读丰富人生

4.(2008 河南)(材料略)读拼音写汉字,要求正确、端正、整洁。(3分)
Rèn zhēn xiě zì, yǎng chéng liáng hǎo de shū xiě xí guàn

5.(2009 河南)(材料略)结合上述材料共有的话题,从材料二中提取一条主要信息。要求书写正确、端正、整洁,不超过16个字。(3分)

六、配套练习。
《巩固与提高》第9、10页。

七、考题预测。

从2005～2010年这六年的河南省中考试题中可以看到,六年时间里书写题考了五年,而且分值都是3分,形式有直接书写、根据拼音书写、仿写续写、信息概括等。从课标的要求来看,"临摹名家书法,体会书法的审美价值"很有可能成为2011年书写题考试的内容。

1.能写一手好字,可以让人赏心悦目。请将下面句子抄写在田字格中,充分展示你的才华。

路漫漫其修远兮,吾将上下而求索。

2.四季如歌,古今许多文人墨客流连自然,写下为数众多的优美诗篇。请将你最欣赏的描写春景的诗句写在田字格中,要求规范、美观。

_____,_____。

3.依据拼音写出汉字,然后用正楷或行楷把成语抄写在田字格内。
气冲(dǒu)牛　(jiá)然而止　鞠躬尽(cuì)

4.在下列成语中,共有四个错别字,请找出来,然后用正楷或行楷改正在田字格中。

　　脍制人口　　锋芒必露　　沥尽心血　　义愤填鹰　　毛骨茸然　　触目惊心

　　5.欣赏下面两幅书法作品(略),请用楷书把作品内容准确地抄写在横线上。
_____

　　6.中华民族勤俭节约为本,自古就有提倡节俭的训言。请将下面这句话任意选择半句书写在空格内。力求做到准确、规范、美观。

　　一粥一饭,当思来之不易;半丝半缕,恒念物力维艰。

　　这个专题,备的过程就是教师研究课标、研究中考、研究试题、研究教学的过程,通过这样的多方位研究,教师对课堂教学就有了相对精准的把握;用的过程,就是引导学生去了解书写规则,明白做题规律,并在规则、规律指导下,运用、实践、训练的过程。这样的专题训练,实践证明是能够收到实效的。

　　3.用好过关工具。

　　(1)集锦本。教师在平时的备课、教学过程中,发现好的习题,围绕教学示范点,从基础题、提升题、综合题,到反刍题,或抄写,或打印,或裁剪粘贴,及时收集,分类整理,逐步建立起自己的习题资源库。在实践过程中,也有部分教师引导学生利用自己的试题集锦本,收到了良好效果。

　　(2)纠错本。学生在作业时、考试后、练习中,针对出现的错误,按要求整理在纠错本上:①错题原形收录。将错题原形收录,并标清错误之处。②错误分析。针对出现的错误,从知识、规律、思路、步骤等多个维度进行分析,明白问题症结,找到解决办法,并改正。③及时反刍。找一道相关的、变式的题再做一做,完成二次消化。

　　(3)过关记录本。以班级、学科为单位,每个教师都要有自己的过关记录本,对学生当天的学习任务完成情况,做好过关落实登记,并针对出现的具体问题,积极采取相应的措施,最终实现人人过关、课课过关。

　　集锦本、纠错本、过关记录本,是教学落实的利器和有效抓手,用好了,不仅可以有效提升教学质量,更可以不断丰富自己的教学资源库,为日后的教学奠定坚实的资源基础。

4.搭建落实平台。

(1)早读课。早读课重点做好识记性内容的过关落实。可分两步操作:第一步是主动背记,第二步是过关落实。在具体的组织过程中,要力求做到任务清、方法明、形式活、突出"写",人人过关。

(2)自习课。要根据学科特点,安排适当的自习课。自习课上,可以预习、作业、复习。自习课是培养学生独立自主探究能力及学习习惯的最好阵地,同时,引导学生在自习课上善于发现、梳理、总结自己在预习、作业、复习过程中遇到的问题,为进一步的二次消化奠定基础。

(3)辅导课。每天下午的最后一节公共自习,又叫公共辅导课。全科教师都到班,学生各问各的问题,教师展开针对性点对点辅导。辅导课上,我们要求,认真落实三步思维,勾连知识,总结规律,反刍运用。强调"无反刍不辅导",意在真正将问题解决、落实到位。这样的辅导课,真正实现了因材施教。

5.掌握过关方法。

(1)识记性内容会背会写。针对文科类识记性内容,充分利用早读或边角碎片时间,要求学生不仅要背会,更要能精准默写。尤其是语文的古诗文和英语的单词、短语等,更要认真落实。理科类识记性内容,要求在理解的基础上精准记忆。

(2)应用性内容三步思维。针对各学科应用性内容,要围绕学生出现的错误,认真落实三步思维,勾连知识,总结规律,反刍运用,一步一个脚印。尤其是第三步反刍训练,必须落实到位。无反刍不纠错,无反刍不落实,没有反刍训练的辅导是无效辅导,没有反刍训练的教学解决不了学生出现的实际问题。

6.坚守过关制度。

(1)课上有体现。落实的思想,在归真课堂中的最好体现,就是围绕问题进行的反刍训练。"无问题不教学""有问题不放过""围绕问题,三步思维"应成为归真课堂教学操作过程中的基本指导原则。

(2)常规有检查。在业务常规检查中,将过关落实情况作为一项必检内容,不仅要查看学生作业中的纠错及反刍训练落实情况,还要查看师生的习题集锦本、纠错本和过关记录本。同时,为保证辅导质量,要求凡给学生布置的作业,教师需要"下水"做题,感受习题难度,预测可能问题,明白解题思路,挖掘做题方法,准备辅导策略。教师的"下水"做题情况,在常规检查中,与教案同等重要。

(3)评价有落实。将过关落实情况纳入多元层次化考核,与教师的工作贡献值及学生的成长值直接挂钩。

教育教学追求优质高效发展,落实是最好的方法、唯一的捷径。落实需要奉献,落实需要耐心。落实需要持之以恒,落实需要一丝不苟。把想做的、该做的、正在做的工作落实好,我们才可以收获想要收获的美好。

活

"把课上实"和"把课上活",是一线教师内心深处最本能的愿望,更是归真课堂最朴素、最本真的追求。尤其是后者,如果教师在课后感觉"把这一节课上活了"则会浑身舒畅,仿佛每一个毛孔都欣悦;反之,则会感到无比郁闷。什么是"活"?怎么把课上"活"?下面我们也从三个层面进行简单解读。

(一)课堂教学应充满生机和活力

"这课上得太死了,要力争活一点!"对这句话最直观的理解,就是课堂氛围不"活",学生的生命状态不在线。的确,课堂氛围的营造、学习兴趣的激发,是课堂教学首先需要考虑的事。前面我们提到,"张扬生命灵性,追求智慧闪光,让生命之花在课堂灿烂绽放,是归真课堂的永恒追求。这一层面的真,是归真课堂的第一要义"强调的也是这个意思。在这里,"真"即"活","活"就是"真",就是对学生生命状态的课堂关注!离开了这一点,课堂教学不会收到好的效果,更勿谈什么能力提升优质发展了。

营造课堂氛围,激发学习兴趣的方式和方法很多,但关键的一点在于构建和谐、民主的课堂师生关系。只有学生从内心深处真正感觉到自己被尊重,其学习兴趣才会勃发,其智慧之火才会点燃。

我在《归真教育——教育本真的探索与实践》中曾写过一个案例,因其典型性,引录在此,也许能说明一些问题。

  2010年12月5日,河南教育报刊社的赵鑫、朱亚娟、郭文辉等几位老师到学校采写课改情况,非要听我一节课。当时是下午,我的课已经在上午上过了,可盛情难却,就只好答应了。于是,临时向别的老师调了一节课,在没有备课、没有预习的前提下,这节课开始了。

  师:今天这节课,因事出突然,老师没有备课,同学们也没有预习,面对这样一篇新课文,大家说说,咱们第一步该怎样来学习?

  生:(纷纷回答)先读一读。

  师:好,咱就先来读一读。请大家拿起笔,一边默读,一边把文中的生字词画下来,并思考解决,同时揣摩作者在文中流露出来的情感。(学生很快投入了学习状态,其间,我也投入了对文本的阅读,同时兼顾查看学生的阅读批注情况)

  师:大家在默读的过程中,读得很认真、很仔细,现在咱们再来朗读一遍看看大家读音、情感把握得怎么样。(在学生自告奋勇的朗读过程中,我感觉到孩子们对"看见一棵结实累累的柚子树"一句中的"结实"一词没有理解到位,于是就围绕这一词语引导学生——)

  师:同学们请想一想,这里的"结实"是什么意思?

  生:(纷纷回答)是树长得很结实,是树显得很强壮,是很牢固的意思……(我知道,孩子们没有真正理解这个词语)

  师:先别忙着下结论,俗话说"文读百遍"——(我说到这儿,学生就把后半句接过去了)"其义自见!"(我们的孩子就是这样可爱)咱们再来读一读这句话。(结果,一读,孩子们就发现自己错了,纷纷说道:"是结了果实的意思。")

  师:学习到这儿,接下来我又不知道该怎么做了,大家说说,咱接下来干什么?

  生:思考处理课后题。(接下来,课堂教学自然而然进入了阅读、思考、独立解决问题、讨论、交流、学用结合的流程中)

  课后,赵鑫老师激动地说:"这是真课改,是一节原生态的本真课!"县教研室的马汉君科长也给予了高度评价:"这是真正的高效课堂!"

  这节课,就是这样自然天成,却收获了无限的精彩! 由此可见,真正决定课堂走向的,绝不是事先设计好的各类框框,而是教师的教学理念及其指导下的课堂行走方式。在这节课上,我就坚守了两个原则:一是在民主和谐的氛围中,把学生推到学习的前台;二是以学定教,该怎样学,就怎样引导,循着语文学习的基本规律去做。

这就是我们倡导的归真课堂!

现在回看这个案例,当时的课堂可谓"豪华落尽见真淳",无刻意的活动设计,无特别的氛围营造,就是坦诚相对,教师没备课,学生没预习,有朋自远方来,盛情难却,且有领导陪同,怎么办?师生商量着一起往前走,逢山开路,遇水搭桥,碰到什么问题解决什么问题。一堂课上下来,赢得了满堂彩。为什么?恰如课后反思中所言,这节课坚守了两个原则:一是在民主和谐的氛围中,把学生推到学习的前台;二是以学定教,该怎样学,就怎样引导,循着语文学习的基本规律去做。细细品析,这里有对学生的充分尊重在,这里有对学生的无限信任在,这里有对课堂本真的透彻理解在,当然,这里更有我与学生长期形成的和谐、民主的师生关系和良好默契在。这就是"真"而"活"的课堂,这就是我们倡导的归真课堂!

"教育的本质意味着一棵树摇动另一棵树,一朵云推动另一朵云,一个灵魂唤醒另一个灵魂。"(雅斯贝尔斯)"教育的艺术不在于传授本领,而在于激励、唤醒、鼓舞。"(第斯多惠)而能不能摇动、唤醒的根本,则要看教师能不能打心底真正地、彻底地、纯粹地尊重、理解、信任学生!这是教育、教学过程中一切美好的本真原点。除此,无法可想,别无他途。

当学生的兴趣真正被激活,当孩子们的生命之火被充分点燃的时候,我们的课堂就会迸发出无限的生机和活力。

课堂上,人"活"了,一切就都活了。课上"活"了,教师脸上有笑,学生眼中放光,思维灵光迸现,智慧火花碰撞,整个课堂就会氤氲在一派温暖、祥和的阳光里。

(二)灵活,是课堂教学的真魂

在前期的归真课堂实践中,常碰到教师说:有的课用"一点两步四环节"的模式很好,有的根本就套不上;有的课可以"先学后用",有的课"先学后用"就行不通;有的课"活动让课堂无限精彩",有的课"活动让教学变得一塌糊涂";有的课"三步思维"用得很顺,有的课用起来就很别扭;有的课"围绕一个教学示范点"上得充实高效,有的课则显得非常单薄,简直是在浪费时间;有的课考虑到"真"但忘了"实",有的课做到了"实"却丢了"活";有的课"在这个班上得心花怒放",同样的设计"到那个班却弄得灰头土脸";有的课"以问题为航标"能够充分激活学生的思维,有的课"任你提问千百遍",学生却是"我自低头没听见"……随着教师们对归真课堂理论及操作方法本真的深入理解,这种言论慢慢地少了许多。

"归真课堂"是一种理念、一种思想,它有模式,有方法,但它从诞生的那天起,就绝不"囿于模式"。这一点,《归真教育——教育本真的探索与实践》一书中曾反复阐述,在此只强调一点,即"模式和环节是相对固定的,如果我们运用不好,那是非常可怕的,它可以让我们的课堂变得僵死"。只有"走进模式""厘清本真",然后"守住本真""跳出模式",面对千变万化的教学情况,"运用之妙,得乎一心",真正做到灵活运用的时候,才是本质意义上的归真课堂。任何基于简单模仿与套用的操作,都不是真正的归真课堂。

打个比方,犹如学太极拳,一般都是从套路练起,不管是36式、48式还是72式,不管是陈氏、杨氏、孙氏还是武氏,其本质都是一个"套路"、一个"模式"。但练着练着,虚灵顶劲,气沉丹田,含胸塌腰,屈膝松胯……这些要领都掌握了,慢慢地,内气运转,丹田显现,"身上有了东西""松灵圆活,刚柔相济"的太极劲出现,始悟太极之妙。至此方知,太极需要从"套路"练起,但"套路"并不是太极的本真。

回到教学中来,以语文为例,我们的语文课堂是丰富多彩、个性特异的,我们的每一节语文课都可以找到它独具个性的东西。事实上,每一位教师也是独具个性的,其知识、素养、特长也是千差万别的。独具个性的教师,独具个性的文本,为什么要用一个僵死的模式去硬套呢?所以在这儿,我们要注意,模式是死的,但人是活的;文本是死的,但人对文本的解读是活的:咱们要用活的人、活的文本解读把死的模式用"活"。但关键是,你要用支撑模式的理念去支配行为,你要用模式承载的思想去运转课堂。课堂"归真"才是真的,模式只是个形式而已。

前面谈到,"真"是"实事求是","实"要"一切从实际出发",在这一点上,"真、实、活"三位一体。归真课堂要做到"活",就需要"实事求是",就需要"一切从实际出发",根据自己面临的教学实际,扣住本真,灵活运用,眼中有学生,心底有质量,上出

"真、实、活"的课，才是真正的归真课堂。

那么，在课堂上怎么才能做到"灵活"呢？这就要因材导学。要"因己之材"而导学，要"因生之材"而导学，要"因教材特点"而导学，要"因教学条件"而导学，要"因客观环境"而导学，要"因课堂遇到的实际问题"而导学。要综合考虑影响教育教学的各种因素，从实际出发，具体问题具体分析，充分发挥自己的教学创造性，努力激活各种因素的潜能，从而找到最适合自己、最适合学生、最适合这一课的教学方案来。这一点，前已谈到，因其重要，赘言重提。

这方面的案例太多了。

李昊男老师擅长朗读，他的很多课都有意无意地突出朗读的示范与引领；贺小燕老师画地图的基本功很扎实，在她的地理课上，常见她随手在黑板上画一幅地图；刘福田老师的动手制作能力很强，经常见他拿着自制的物理教具走进课堂……这都是教师"因己之材"而导学。教师凭着这"一招鲜"，就可以在自己的课堂上收获很好的效果。

很多教师在课堂上组织小组合作学习时，都习惯给不同的学生分配不同的任务，这就是"因生之材"而导学；分层教学，分层作业，实质上也都是"因生之材"而导学。

同样是叙事类回忆性散文，在《藤野先生》一课的教学中将"通过几件事写一个人的方法"作为教学示范点，教授《回忆我的母亲》则将"学习叙事中的议论"作为教学示范点，而《背影》的教学示范点就变成了"品析叙事中的感情、感受和感悟"，《走一步，再走一步》的教学示范点又成了"体悟叙事中的哲理启示"，这就是"因教材特点"而导学。只有这样，我们的课堂教学才更有针对性，更科学，更高效。

听一位年轻的语文教师教《背影》，在学习过字词、文学常识后，第一个教学活动，就是让学生齐读课文，同时思考本文写了什么内容。学生读时声音洪亮，但在读后回答问题时，对课文内容的概括情况却很不理想。课后评课时，针对这一操作环节，我分析了其中的原因，并提出建议，要善于根据教学活动的目的及内容，灵活选择合适的阅读方式。一般来讲，齐读营造氛围，朗读表现（体会）情感，默读概括内容，速读提炼信息，品读推敲语言。如果不看实际，随便乱用，就很难收到想要的效果。

其他的无须多举例了，结合自己的教学情况想一想，不难理解。在此，再分享一个我认为比较经典的案例。

见面课，我给新来的同学测字

班里一下子来了十个新同学，师生、同学互不相识，这新学期的第一节课可该怎么上？

早读时，我一直在思考着这个问题。作为一名有16年教龄的教师，我深知这第一节见面课的重要。多年来我已养成了一种习惯——凡是新学期的第一周、每一周的第一节，或是班里添了新同学的时候，我都会最大限度地去精心备课、上课，用自己的课堂教学艺术去感染、影响、征服学生。可别轻瞧了这些看起来好像少不更事的孩子，其实他们心底清着哪。尤其是新来的学生，他们都瞪着眼瞅着老师哩。作为教师，只有用自己的学识、课堂征服了学生，才能真正赢得他们的心。

看着一张张陌生的面孔，我心里涌上一种冲动——我要先认识他们！于是，我找来纸和笔，先后走到每一个新同学跟前，弯下腰，微笑着说："请写下你的名字好吗？老师很想认识你。"孩子们一个个书写着自己的名字，我认真地观察着他们运笔的姿势和每一个细微的动作，头脑中蓦然浮现出一个清晰的思路——第一节课上，我要先给这十个同学测测字。

我就这样和新来的同学见面了——

"各位老朋友，今天咱们共同迎来了十名新同学。早读时，我请他们在这张纸上分别写下了自己的名字。虽然是初次见面，互不相识，但字如其人，现在我想试着通过这些字把他们介绍给大家。"听我这么一说，新来的同学都睁大了眼睛。

"石鹏，"石鹏同学应声站了起来，面向大家。"从这两个字可以看出，这个同学有岩石般的性格、大鹏般的志向。他的字写得有棱有角，硬挺端正，显得坚决刚毅，正气凛然。老师坚信，只要他发奋努力，日后定能如鹏高飞。"石鹏脸上浮着笑坐下了。

吴琦，一个看起来很腼腆的女孩，但她的字却分明露出一种刚气。我这样说："这个'吴'字，上面的'口'大，下面的'天'长，合起来大有吞天气势。再说这个'琦'字，左边的'王'小而工整，犹如小家碧玉，右边的'奇'悠长挺拔，尤其是最后一笔竖钩，骨力突现，颇显英挺之气。我觉得吴琦同学外柔内刚，品质如玉般高洁，志向似天般奇伟，将来必成大器。"

班里所有的同学都用一种异样的眼睛定定地看着我，脸上个个溢满了惊奇与笑意。尤其是剩下的几个新同学，他们的眼睛里还闪烁着一种殷切的期盼。

介绍于俊杰的时候，我先引导同学们观察他的外貌，并说说自己对他的第一感觉。结果同学们一致认为，于俊杰同学忠厚、老实。然后，我谈了自己的看法："的确，从外貌看，于俊杰同学忠厚、老实，但他的字却又告诉我们，他聪颖内秀。请看前面的'于'和'俊'，写得清秀俊逸，充满才情。但有一丝遗憾的是，'杰'字上面的'木'写得稍微有点小而歪斜。因此，老师衷心祝愿俊杰同学能够珍惜自己的这份才气，刻苦努力，奋发向上，且做事一定要站稳立场，持之以恒，善始善终。"

············

说到翟萌萌同学了，我发现她神情有点低落。这是一个刚刚经历了失败的复读生，也许还未从失败的阴影中走出来。于是，我便有了下面的话："'翟'字上面为'羽'，下面为'隹'，'隹'乃一种鸟，这个字含有大鸟展翅高飞之意，意味着日后定能青云直上，壮志得酬。但'萌'字上为'草'下为'明'，'明'乃'日''月'相合，日月都藏到了草底下，说明这位同学遇到了暂时的挫折，但日月同辉，岂是区区小草可以遮蔽，只要振作起来，很快就能渡过难关，迎来光明前途。"萌萌的头抬起来了，眼里开始闪烁着一种亮光。

二十多分钟过去了，我没有给学生上新课，但孩子们的神情告诉我，他们已经有了很多的收获，我的心底也升腾起一种欣慰的感觉。

（范通战，原载《中国教师报》，有改动）

案例叙述的"测字"片段，纯属于课前的"爱心一动"，它本不在计划中，但却实实在在地在课堂上发生了。也许它不是一节纯粹意义上的语文课，而且或许会有人认为这与课堂教学内容无关，属于"歪门邪道"，但是从实际产生的效果来看，通过这短短的二十分钟、一个小小的教学片段，为十个新来的同学点亮了心灯、打开了心门、照亮了前行的路，其价值已非一般的学科内容可比。再者，这样的拆字解字活动，谁又能说它不会激发孩子们学习语文的热情呢？

活,就是"实事求是",就是"一切从实际出发",就是"因材导学",就是"因势象形",使课堂教学"各具情态"。

(三)活动,是课堂教学的智慧之花

归真课堂由活动式训练课型演变发展而来,归真课堂倡导活动,依托活动,运用活动,因此,我们说无活动不课堂,有活动方归真。前边已谈到了"真活动",在第二辑中还会围绕活动详细解说,在此通过几个案例,引领大家对课堂活动建立起初步感知。

1.活动是激发兴趣、营造氛围、激活课堂生命状态的良兵利器。请看下面的活动。

老师,让我来吧
——《阿长与〈山海经〉》教学侧记

"老师,让我来吧,我打字快!"

"老师,让我来吧,我分析得全!"

…………

一个小活动,激起千重浪。看着一张张充满渴望的小脸,望着眼前如振翅欲飞的小鸟般的学生,一种声音不由得在我心底激荡起来:让孩子们动起来吧,只有打开禁锢其心灵的镣铐,引导他们亲自参与到丰富多彩的活动中去,让他们如鱼儿般自由畅游,似鹰般搏击长空,他们尘封的思维才会迸发灵光,他们僵硬的十指才会轻巧灵活……

为引导学生理解阿长这个人物,我设计了一个"畅所欲言话阿长,帮助老师制课件"的小活动。

指导语:读过课文后,每个同学或多或少都会对阿长这个人有一些感觉,现在请大家畅所欲言,谈谈自己对她的看法,最好能从文中找出点根据。

活动刺激物:谁说得好,老师将聘请他前来帮助老师完成一个课件制作。

于是,一句句闪着灵光的话从孩子们口中喷薄而出:

她淳朴、善良,因为……

她乐于助人,因为……

她小毛病很多……

　　她封建迷信……

　　当自己概括出来的词语，经同学的手指在键盘上敲击出来并显现在大屏幕上时，心中的那份喜悦哟，在孩子们脸上溢了出来！

　　谁说孩子笨？你让他参与活动了吗？

　　谁说孩子学不会？你让他参与活动了吗？

　　谁说孩子不善言辞？你让他参与活动了吗？

　　创设一个能够运载知识和能力的活动情境，让学生参与其中吧！

　　因为，参与才有灵性！只有真正地参与活动，才能在活动中得到知识的启迪、能力的提高、意志的磨炼、感情的熏陶……只有引导学生真正地参与活动，我们的教学才会与枯燥告别、与乏味分手。

2.活动是运行学科知识、学科思维、学科能力的智慧载体。请看下面的案例。

"活动"不仅仅是"快乐作料"

　　读赵治于老师的《给学习加点快乐作料》一文，头脑中不由得浮想出他在这堂课上经历的截然不同的两段场景：前一阶段，任凭老师百般启发，可学生发言了，气氛沉闷，思维凝滞，仿佛可以看见学生脸上的愁苦、老师心底的无奈……后一阶段，一架纸飞机，生发出无穷的魔力，激活了思维，点燃了智慧，闪耀着生命，张扬着个性，似乎我也开始置身于赵老师的课堂，伴着师生的智慧律动，一起分享着生命的精彩，体验着教育生活的那份幸福。

　　这样的课堂我实在是太熟悉了；有前者，更有后者。前一阶段的教学，正是传统课堂教学标本式的缩影；后一阶段的教学，恰是新课程理念指导下"活动式训练课型"的经典范例！

　　"活动，是课堂教学的智慧之花！"我一贯坚持并努力践行着这个观点。赵治于老师这后半节课，也因之激起了我深深的共鸣。尽管这节课的精彩来源于赵老师的"顿时灵感、临场发挥"，但毫无疑问，当他在课堂上找到了具有鲜明学科特点的活动时，他就为学生和自己打开了一扇充满生命之光的智慧之门！

　　赵老师在文中说："认真反思这节课，我感觉它不同于往常课堂的唯一之处就是，我改变了学生的学习方式。"诚然，正是缘于学习方式的改变，才有了后半节课的精彩！但是细读此文，我隐隐地感到，在赵老师的心底，对这节课"改变了的学习方式"尚存于一种浅表层的感觉，并没有一个深入本质的认识，这从文章的题目及结尾两句话就可以看出一二。很显然，在赵老师眼里，这种学习方式只不过是给学习加的"快乐作料"而已！果真如此吗？正如文后编辑所问——这节课上学生学习方式的实质到底是什么？我认为，只有洞悉这一问题，赵老师的这一教学案例，才会生发出更大的示范、指导意义。

究其实质，就是"活动"，就是承载了学科训练内容的课堂教学活动。这个活动，绝不仅仅是一种"快乐作料"，更是一个饱含着教学智慧、具有无限训练弹性和生命张力的成功载体，是一个富于情感涌动的幸福生活平台。

下面我们不妨借赵老师的这节课加以详细解读。

活动，是激活师生课堂生命状态的有机因子。在这节课上，前后两个阶段，两种生命状态，对比十分明显。"活动"前，学生无精打采，启而不发，老师虽心有不甘，却不免流露失望；"活动"后，学生兴高采烈，教师轻松愉悦，课堂生机盎然，智慧灵光迸现。师生生命状态的激活，直接改变了课堂教学的走向——这就是"活动"的魅力！找到了"活动"，就找到了激活师生生命状态的金钥匙。

活动，是承载学科训练内容的弹性智慧载体。这里的"活动"，不是单纯的"快乐作料"，若是其内涵仅限于此的话，就失去了其在课堂上存在的价值。请看，赵老师是这样设计的：

请你在折好的纸飞机的一个机翼上写出自己读课文后了解的信息，在另一个机翼上记录下自己不明白的问题；然后在教室里放飞你的纸飞机，谁捡到了你的飞机就回答你提出的问题；如果有解决不了的问题，最后我们进行汇总，共同来解决。

我们来分析一下这个活动设计。很显然，这个活动分三个步骤进行。学生要完成第一步，最起码需要做好两项与学科教学相关的工作，一是认真阅读文本，概括文本信息；二是学会质疑，提出自己的问题。在这一过程中，因为学生真正从内心里想完成自己的"制作"，因此他的阅读、他的质疑，也一定是出于本心。毋庸置疑，这样的阅读和质疑才是我们追求的高效阅读。在第二步活动中，学生要回答飞机上的问题，同样需要认真地阅读、深入地思考、精确地表述。

这一过程,对训练学生的解疑和口头表达能力都很有好处。在第三个环节,"问题的汇总,共同来解决",使课堂教学自然而然地回归合作、探究性学习的正确轨道上来。这一看似简单的活动,其实充满了教育者的智慧,单从学科教学的角度来看,也是具有极强的训练弹性和张力的。

活动,是整合三维教学目标的高效学习方式。这一点是显而易见的。新课程下提出的三维目标,在常规课堂下的实际操作过程中,能够落实的往往还是"知识点",对于能力、方法过程及情感态度目标而言,活动不过是个摆设而已。但在活动式训练课型中,实现三维目标的有效整合却是非常自然的事。从赵老师的这节课中我们不难看到:学生"兴高采烈,积极性很高",学生"折纸飞机,读课文,写着画着",学生"交流探讨",学生"对问题的理解好于往常",这些不都在向我们昭示着课堂教学的多维高效吗?

活动,是提高师生课堂生活质量的最佳选择。迄今为止,我还没有发现哪一种方法能够取代活动在提高师生课堂生活质量中的地位和作用。无须多讲,我们来看看赵老师和他的学生们在课堂上的行为表现,来听听他们的课堂生活感受吧:"刚才无精打采的学生现在都兴高采烈地行动起来……不承想学生表达的积极性很高……就这样,我们快乐而轻松地结束了这篇课文的学习。"如果我们的师生每节课都能这样度过,那么我们的师生该是何等阳光,我们的教学生活该是何等幸福呀!

用充满学科智慧张力的"活动"来运载我们的课堂,实践证明,是完全能够实现自觉预设的,不要仅仅把它当成"灵感"迸发时的"快乐作料"。

(范通战,原载《教育时报》,有改动)

随着"真活动"概念的提出,若我们设计出来的活动还是仅仅停留在"激发兴趣""快乐调料"甚至是"图个热闹""为活动而活动"的层面,不能智慧地运载学科知识、思维、能力的有效训练,那就没有存在的必要了。

3.活动是课堂教学的智慧之花,是简洁实用的教学艺术。请看下面的案例分析。

试析余映潮《记承天寺夜游》举轻若重的课堂艺术

《记承天寺夜游》全文85字,精美短小。如何引导学生学得深入、学得精彩,是值得我们一线教师深思的问题。大凡语文老师,或多或少都会有这样的感觉,越是短文章越不好教。余映潮老师在《记承天寺夜游》的教学设计中所呈现出来的举轻若重的高超艺术,为我们如何解决短文章教学的问题提供了极好的范例。

请看这节课的导入阶段活动:

师:你从标题中发现了什么?

生:时间、地点、事件。

师:还有什么?

生:这是一篇游记。

这一活动过程,平中见奇,精巧快捷,简洁自然,而又内容充实,在引领学生观察、思考的过程中,不仅厘清了标题的组成元素,更是充分激活了学生的思维,营造出积极向上、平易和谐的良好学习氛围。

接下来,余老师利用白板呈现了一组三则"助读资料",一是苏轼的文学常识,二是关于"乌台诗案"的相关背景,尤其是第三则助读资料的提供(见下),成为这一教学活动的精妙之笔。

(在黄州)他给天下写出了四篇他笔下最精美的作品。一首词《赤壁怀古》,两篇月夜泛舟的前、后《赤壁赋》,一篇《记承天寺夜游》。单以能写出这些绝世妙文,仇家因羡生妒,把他关入监狱也不无道理。(林语堂:《苏东坡传》第16章)

这一则助读资料,引证规范,出处权威,似乎出于无意,实则别蕴匠心,它为学生学习资料的引用做出了一个简洁而直观的示范。更具价值的是,中间一句话,将苏轼"一首词、两篇赋、一篇文"这一核心知识,在一读一点之间,巧妙地传递给学生。

这两个小活动,只是这节课精彩活动的序幕。随着一组四板块阅读训练活动的次第展开,余映潮老师举轻若重的课堂教学艺术,在一波又一波的美妙活动涟漪中荡漾开来,弥散在每一个听课教师的心间。

自读自讲。这一活动,要求学生根据课下注释及补充注释,自读自讲。在操作过程中,首先,余老师利用屏幕,为学生提供了几个必要的补充注释。然后给学生充分的自主活动时间,读课文,看注释,理解字词句意,完成自读自讲。在此基础上,余老师没有置身事外,而是作为一个课堂活动的积极参与者,和学生一起融入活动之中——"我来读,你来讲"。听余老师一句句读来,轻重缓急,抑扬顿挫,那浑厚而不失清越、多变又不显矫情的男中音,似金声玉振,直透每一个孩子的心房。孩子们呢?个个自觉,人人投入,自讲自说,音韵饱满。师生合作,为我们呈现出一曲自然和谐的课堂活动交响乐。这一活动的设计与操作,紧扣课标"能借助注释和工具书理解基本内容"这一要求,一读一讲之中,尽显教者智慧,落实学者主体。

朗读体味。这一活动,称得上整节课的精华之笔。在操作过程中,余老师随着教学活动的推进,依次在大屏幕上推出了三个小环节:读出一点文言的味道,读出一点夜游的兴致,读出一点复杂的情愫。一石激起千层浪,学生参与朗读活动的热情一下子被充分点燃:"念"字传达出伤感的味道,"盖"字可见作者的欣喜,"但"中饱含无限的感慨⋯⋯在师生的反复共读中,对文本的品析、体味,已经不知不觉地融入那逐渐"找到感觉"的朗读声浪里。这一活动的设计,既在"课标"之中,又在意料之外,读中品味,读中理解,构思之巧,臻于化境,着实令人叹服。

趣味分析。这一活动的设计,意在探究文章的美妙结构,最能体现余老师举轻若重的课堂艺术。但见他利用白板,一会儿呈现"两层",引导学生明"叙述描写",知"议论抒情",一会儿变成"三段",让学生看"记叙—描写—抒情",一会儿又变魔术般将文章化为四节,"起承转合"的文化、"带月四字格"的概括又开始冲击学生的视觉、心房⋯⋯这一活动的操作,将"积累、感悟"的课标要求,落实在无形无声的教学活动中。

背诵积累。余老师一句简单的"开始吧",将教学活动引向文言文学习的核心中去。

扣住课标,巧设活动,看似无中生有,实则训练充分,大巧若拙。

让我们慢慢地体味余老师举轻若重的短文课堂教学艺术。

(范通战,2015年国培作业)

这节课上,从导入开始,余老师先后设计运行了六个小活动,每一个小活动都平中见奇、别具匠心,单看似珍珠,洒满课堂,熠熠生辉,合起是珠链,贯通前后,满堂光彩。更妙的地方在于,这些小活动,经意不经意间,均与实实在在的学科训练内容水乳交融,活动就是训练,训练也是活动,既生机盎然、趣味灵动,又根植文本、训练扎实,是地地道道的"真、实、活"的好活动。

活动是教育教学的智慧之花,是知识能力的载体,是学生发展的平台,是教育教学的方法,是课堂组织的艺术,也是课堂归真的大道,值得我们上下求索。

真、实、活的有机统一

归真课堂太极图

通过前面的介绍,我们已经初步认识到归真课堂三大特点之间水乳交融、有机统一的关系,为了方便大家进一步理解、琢磨、拓展、延伸,我觉得有必要把《归真教育——教育本真的探索与实践》一书中提到的归真课堂太极图再次介绍给大家。

归真课堂太极图是归真课堂思想体系的文化符号。当我们把这一文化符号装在心中、融入血脉的时候,我们的思想便丰富起来,我们的教育教学行为便自然地"真、实、活"起来。

大道至简,衍化无穷。思之愈深,得之愈多。

归真课堂,太极无极。随机应变,因材导学。

归真课堂,以"活动"为核心,头顶"真",脚踏"实",左手握"学",右手持"用",胸中含"静",心中有"动",处处求"美",时时弃"丑"。

归真课堂,以思维为主轴,思维一活,一切便都活起来。

归真课堂,人活了,一切便都活了。

归真课堂,学生幸福了,教师也就幸福了。

归真课堂,围绕"教学示范点","先学后用,学用结合",学学用用,用用学学,"运用之妙,得乎一心"。

归真课堂,以"为灿烂生命奠基"为天,以"为幸福生活铺路"为地,关注生命成长,引领幸福生活,努力实现"天、地、人"的有机统一。

归真课堂,时时处在一种科学动态的变化之中,它既可以起于静,又可以起于动,静中有动,动中有静,动静结合,相融相生。静下来学得扎实,动起来学得精彩。一味地静,课堂即显呆滞;一味地动,师生就会浮躁。

归真课堂,围绕真问题,激活真思维,开展真活动,提升真能力,培养真人才。

归真课堂,引领每一个师生成为真、善、美的使者。

归真课堂,教育要走在教学之前,先明教育之理,再通课堂之法。

归真课堂,要深入思索影响课堂教学效果的各种关系。真与实、学与用、动与静、美与丑、主与次、收与放、大与小、虚与实、疏与密、繁与简、师与生、本与辅、内与外、近与远、进与退、巧与拙、有与无,凡所应有,无所不有。

归真课堂,教室小世界,社会大舞台。

归真课堂,生命真内容,生活活资源。

归真课堂,教到深处是育人。

归真课堂,真做假时真亦假,假做真时假亦真。

归真课堂,"弟子不必不如师,师不必贤于弟子"。

归真课堂,要实现备、上、评、研、辅一体化。

…………

归真课堂,追求"真、实、活"的有机统一。

第二辑　归真课堂的四个支撑

很长一段时间,在校内谈到归真课堂,许多教师不由自主就会提到"一点两步四环节"活动式训练课型,尤其是校内举行公开课时,教师们对激趣导入、感知求疑、探究内化、拓展延伸这四个环节好像都情有独钟,开口四环节,闭口四环节,听得我都感到别扭了,还兴致未减,津津乐道。

从 2014 年开始,我就有意识地回避"一点两步四环节"的提法,开始引领教师拨开"一点两步四环节"的表层,深入探求归真课堂的内核。一年一个主题,2014 年"归真课堂普及年",围绕基本理念和操作方法的普及,引领教师探索实践;2015 年"归真课堂成长年",围绕"一个重点",引领教师上好"专题课",深入领会归真课堂的真意;2016 年"归真课堂成果年",围绕"先学后用,学用结合",引领教师全方位探索归真课堂的各种变式;2017 年"归真课堂常规年",开始将归真课堂的操作常规化;2018 年"归真课堂展示年",引领教师多层面展示归真课堂探索与实践的成果。在持续的探索与实践中,归真课堂的内核与本真,逐步地被教师们认知、厘清、理解、活用。

目前,教师们再谈起归真课堂,就专业多了,谈"教学示范点"的设置,谈"先学后用,学用结合"的灵活选择与运用,谈"三步思维"的落实,谈"学科活动"的设计与操作,谈"真问题、真思维、真活动、真能力、真人才",很少再浮于"一点两步四环节"的表层了。

不过,"一点两步四环节"活动式训练课型,是归真课堂的滥觞,我们淡化这种提法,并非其不科学,而是为了避免教师们在运用过程中因过度依赖模式而陷入"模式化",那样的话,就不是我们倡导归真课堂的本意了。其实,"一点两步四环节"在归真课堂的探索中一直都存在,而且会永远存在下去,因为其背后起支撑作用的知情意行的基本规律和教育教学的基本规律不会消失。我们接下来要谈到的归真课堂的四个支撑,事实上都是"一点两步四环节"活动式训练课型的操作内核,它们本都隐含其中,只不过我们这几年来随着对归真课堂的深入研究,又将其提炼、修正、概括得更完善、更明晰、更贴近其本质而已。

概括起来，归真课堂有四大支撑，即教学示范点、"先学后用，学用结合"、三步思维和活动，接下来我们一一阐述。

第一个支撑：教学示范点

教学示范点，是一节课的行动方向和围绕核心，它不是什么新东西，它在我们的日常教学中一直都存在，无论是传统课堂还是新课改情境下的课堂教学，它都起着至关重要的作用。

如果感觉教学示范点听起来比较陌生的话，那么重点、难点、易错点、易混点、考点、训练点、教学点、教学目标，你一定非常熟悉。其实，教学示范点与它们密不可分，但又不尽相同。用一句话来概括二者的不同与联系就是，前面列举的"它们"都是"知识点"，均指向知识本身，而教学示范点则是以"知识点"为基础，指向思维与运用，即如何运用"知识点"来思考、解决与之相关的实际问题，它是方法，是规律，是步骤，是程序，而不是"知识本身"。

传统教学情境中，教与学的重心在"知识"，师生围绕着"知识点"转，但不可否认，即便是这样，传统的教学中也大量存在着"知识的运用"，大量存在着"规律、方法与步骤"，尤其在数理化学科，我们不是一直在进行着"先讲后练"吗？讲的是什么？练的又是什么？细思之，讲的就是个"例子"，就是在"做示范"，就是一个"建模""入模"的过程。练的呢？就是"运用知识解决实际问题的能力"，练的过程就是"用模""出模"的过程。

在新课改背景下，教与学的重心已经由"教知识"变为"练能力"，自然而然，"知识的运用"就被推到了前台，处于更加突显的地位，于是，"先讲后练"变成了归真教育倡导的"先学后用，学用结合"。但是，"建模—入模—用模—出模"的本质过程同样存在。只不过，前者更注重"教"，后者立足于"学"，前者的"练"相对单一，后者的"用"更加丰富而已。

这里的"模",就是教学示范点。

(一)什么是教学示范点

通过上面的简单介绍,什么是教学示范点就不难理解了。教学示范点就是"举个例子",就是在"做示范",它以"知识"为基础,但却指向"思维和运用",它是运用知识解决实际问题的"方法、规律和步骤",它是一个"方法点""规律点""运用点",不是一个静态的知识点、重点、难点和考点。数理化学科是这样,语文、英语、政治、历史、地理、生物也是这样。

在实践中,全体语文教师普遍反映,语文学科的教学示范点最难确定,其难度要远远高于数理化学科。的确如此,因为学科及教材编写的特殊性,决定了语文学科与其他学科之间的不同。数、理、化、英、政、史、地、生等各学科,其教材的编写虽以能力、素养为导向,但基本上还是以"知识点"为基本元素,一个知识点一个知识点编排得很明晰,这样,我们在确定教学示范点时就容易多了,只需"围绕知识点的运用"做文章基本上就行了。但语文学科不行,其教材以"文选"的形式呈现,且以"主题与体裁"相结合的体例编排,尽管现行的部编版教材也提出了"一课一得"的说法,但整体来看,教材上并没有十分明确的知识点、训练点,这样,语文教师在备课时,看看这也可教,那也可学,就大大提升了确立教学示范点的难度。实践证明,只要语文学科解决了教学示范点的确定问题,其他学科就都不在话下了。

语文教材既然由一篇篇文本编排而成,那么什么是文本的教学示范点呢?一句话概括,就是文本最具教学示范价值、最具个性化特征的写作特点。

下面,我们就先从语文学科的几个例子来直观感知一下。

《变色龙》这篇小说,最具教学示范价值、最具个性化的特征是什么?很多教师可能会认为是多变的情节。这篇小说的情节的确可以给人留下深刻的印象,但"多变的情节"却不是它独有的个性,很多小说都是靠引人入胜的情节站立起来的。事实上,只要我们认真揣摩,不难发现,这篇小说的情节发展是通过一组组极具个性的"人物对话"来步步推进的。由此可见,"运用人物对话,推动情节发展"的方法,才是《变色龙》区别于初中教材中其他几篇小说的个性化特征。因此,在设计、组织这篇小说的教学时,我们应该有意识地围绕"运用人物对话,推动情节发展的方法"这一

"教学示范点"展开。

《孔乙己》这篇小说,可教学的点很多,如独特的叙述视角、在对比中塑造人物的方法、自然环境和社会环境描写的作用等,但这些显然都不是《孔乙己》最具个性化的教学示范点。我们知道,这篇小说与教材中所选的其他几篇小说相比,最大的不同就是没有完整的故事情节,它是通过撷取孔乙己生活中的几个场面来塑造人物形象的,因此,引领学生学会"在场面描写中塑造人物形象的方法",才是这篇小说最佳的教学示范点。

《中国石拱桥》作为一篇说明文,足够经典,可以这样说,凡是说明文教学中涉及的各类训练点,如说明对象及其特征、说明方法及其作用、说明文语言的准确性、说明顺序、结构方式等,通过这篇文章的教学,均可一网打尽。但是,我们需要思考,这篇文章最突出、最具个性化特征的写作特点是什么?部编版教材将其放在初中阶段首篇说明文的位置,作为教师,我们最应该引导学生学什么?运用举例子来说明事物特征的方法,应成为本文首选的教学示范点!为什么?就因为人们在日常介绍事物的时候,最基本,最常用,也是最重要的方法,就是通过举个例子来说明。因此,围绕这个教学示范点,通过一节课的教学,让学生了解、掌握一种最基本、最常用、最重要的介绍事物的方法,不仅是我们的不二选择,更是我们在进行说明文教学时的基本责任和义务。

由此可见,语文学科一篇文本的教学示范点,就是这篇文本语言形式的"一招鲜",就是由这篇文本可以学到的"独特一招"。阅读时,引领学生认真体会作者是怎样运用"这一招"来构思行文的,感悟、学会"这一招";写作时,揣摩、借用"这一招",通过"这一招"练出能力来,就是我们语文教学活动需要做的核心工作。

文本的教学示范点,不仅解决了语文教学教什么的问题,也解决了怎么教的问题,更为打通读写结合的"任督二脉"、全面提升语文课堂教学质量,找到了一把智慧的钥匙。

但语文教学涉及的内容不仅仅是教材的问题,在文本之外,还有很多需要学习的内容。例如,部编版教材就将阅读方法的教学纳入了教学目标,还有整本书的阅读问题,辩论、演讲等各类语文实践活动问题等,都需要在实践中予以考虑。不过,文本教学示范点的确定是重中之重、难中之难,这个问题解决了,其他的只是一个"专题"而已,操作起来不应该有什么难度。

至于其他学科教学示范点的确定,咱们举几个例子就行了。

数学:谈娜老师上"实际问题与一元一次方程——配套问题",将这一节课的教学示范点定为"准确找到配套问题的等量关系并列出方程",而不是"配套问题"本身;牛琳静老师上"单项式与单项式相乘",将教学示范点定为"单项式乘单项式法则的理解与运用",而不是"法则本身"。这就非常好。

物理:郭为学老师上第1节"透镜",将教学示范点定为"探究理解透镜对光的作用规律及其应用",而不是"认识透镜对光的作用"。

地理:贺小燕老师上"地势西高东低,地形多种多样"第1节,将教学示范点定为"根据图文资料,分析我国地势特征对气候、河流、交通的影响",这一教学示范点指向运用知识分析问题,也很不错。

化学:张志红老师上"酸和碱的中和反应",围绕"探究中和反应的实质及应用"展开教学,取得了很好的教学效果。

(二)教学示范点的确定

在确定教学示范点的实践中,尤其是文科教学,曾产生过许多争议性问题,最突出的就是,那么多知识点,到底该怎样来确定教学示范点呢?怎样取舍呢?下面还先从语文学科谈起。

有人质疑一篇文本,听、说、读、写可训练的点很多,为什么偏偏就将教学示范点定格在"写作特点"上呢?围绕"写作特点"设计、组织教学,会不会偏重语文的工具性而忽略了人文性呢?会不会让语文教学的路走得过于狭窄呢?

这些问题,的确需要厘清。

阅读与写作,是语文教学的两翼。实现读写结合,打通读写结合的"任督二脉",是当代语文人的追求。但怎样实现?怎样打通?为什么我们从小学教到初中,从初中教到高中,学生还是不会阅读,不会写作?叶圣陶先生在《学习语文很重要》一文中说,"阅读和写作,吸收和表达,一个是进,从外到内;一个是出,从内到外";在《略谈学习国文》中说,"语言文字的学习,出发点在'知',终极点在'行'"。我们现在不妨将二者结合起来去思考,阅读教学"进"去干什么?学生能"知"什么?写作教学要"出"、要"行"凭什么?靠什么?反复一琢磨,我们就会发现,阅读与写作,其实是一组互逆的思维过程；通过阅读，知晓为文之道；运用为文之道，进行写作实践。我们还会发现，阅读是"行知"，写作是"知行"，前者是学，后者为用，学用结合，才是真正的、完整的语文教学。而连接阅读与写作的桥梁，正是阅读之后的"知"——为文之道，也就是我们前面谈到的"写作特点"。厘清了这一道理，基本上就应该明白我们为什么要将文本的教学示范点定格在其"写作特点"上了。

将文本的教学示范点定格在写作特点上，并以此设计、组织教学，不仅不会偏废文本的人文性，反而更有利于实现人文性与工具性的统一。从叶圣陶先生提出的"我主张学习国文该着眼在文字的形式方面"（工具观），到于漪老师发表的《弘扬人文　改革弊端——关于语文教育性质观的反思》一文成为"人文观"的标志，再到现在语文学界基本公认的"统一说"；从王荣生的"教学点"，到王君的"瞄准文本的核心价值来教"，语文同人对语文性质及语文到底教什么的追求就从未间断过。而且有趣的是，这些看似矛盾的观点之中，从来就没有那种"有我没你"的剑拔弩张的味道，反而隐隐包含着"我中有你"的成分，只是主张的侧重点不同而已。站在语文学科专业的角度，我是赞成"统一说"的——无"人文"，文章就没有存在的价值，语文教学就无法彰显育人的功能；无"工具"，文本就没有学习的必要，语文教学就会失去"专业"的尊严。在教学实践中，我更主张语文教学一定要在怎样实现人文性与工作性的"统一"上下功夫。因为，语文教学存在的专业价值，不仅在于用文本的"人文"去影响学生，更在于能够引导学生探究发现这篇文本是用什么样的"工具"来运载"人文"的，通俗一点说，就是看这篇文本是运用什么样的"语言形式"来"运载内容，表情达意"的。只有这样，学生"入"文本才会有"知"，"出"文本才会能"行"，读写结合的"任督二脉"才能真正打通，语文教学的两翼才能够迎风翱翔。文本教学示范点的提出，正是解决这一难题的关键和密钥。

至于会不会让语文教学的路走得过于狭窄，一句话，多虑了。试想，走进文本，探究"教学示范点"的过程中，听、说、读、写、思、做，哪一种语文活动能少得了呢？这一点，在下文谈到运用时还会谈及，在此不再赘述。

类似的争议性问题，在政、史、地、生学科也大量存在。翻开政、史、地、生教材，到处都是细碎的知识点，乍一看，都很重要，哪个不教哪个不学好像都不行，再看一看，哪个好像都可能考到，不讲一下真不放心。这个问题咱不再讨论，因为在新课改情境下，这已经没有讨论的必要了。在此只举一个例子，供大家参考、体悟。

生物学"鸟"一课,翻开教材,稍一浏览,我们不难发现,"知识点简直是一地鸟毛",怎么办?杨靖远老师只定了一个教学示范点——"探究鸟为什么能飞",就将所有的知识点一网打尽。

"形成专业化核心思维的自觉",是归真教育的一条重要理念,无论哪个学科,无论哪节课,无论有多少知识点,只要我们深入教材,找到核心问题,然后围绕核心问题确立教学示范点,展开教学,便会发现,当核心问题得到解决的时候,其他枝节性问题早已迎刃而解。

具体来说,怎样确定教学示范点?还从语文谈起。

首先,要有课程意识。确定文本教学示范点的过程,实质就是国家课程校本化、个性化的过程。我们要真正确立起课程意识,站在课程的系统的教学视角下去看教材、用教材,不要眉毛胡子一把抓。在确定文本的教学示范点时,要做到宏观调控、总体把握,绝不能把目光仅仅定格在一节课上,而应在学期初分课教学前,根据课程标准的要求,对整个单元、整本书乃至初中阶段几本书的内容做到系统性的了解,应该明确每一册教材的重点、每一单元的重点,应该明确册与册、单元与单元之间知识上的联系。这样做到了胸中一盘棋,我们在针对一节课设计和运作教学活动时,就可以高屋建瓴,就能够实现宏观调控,总体把握,不至于抓了这一点,漏了那一处,或是出现不必要的重复性训练。我在《归真教育——教育本真的探索与实践》一书中对归真课堂如何确定"一点"的论述,同样适用于文本教学示范点的确定。

其次,要做到"三个尊重"。一是尊重课程标准。尽管课程标准的编写还有诸多不尽如人意的地方,但其基本的理念和精神还是能够代表当代语文学科的发展方向的。因此,我们在确定文本的教学示范点时,要充分尊重并用好课程标准。将课程标准中对阅读与写作(口语交际、综合实践等与之同理)的相关表述精研细磨,以文体为单元,细化切分为若干个示范点,然后根据教材中所选文本的个性化特征,实现一一对接,这样基本就可以形成一个相对系统的教学示范点序列。二是尊重教材。教材的编写体现着编者对课程标准的理解、把握和落实。尤其是现行的部编版教材,王本华老师在做教材培训时旗帜鲜明地提出了"一课一得"的观点,虽说在教材的编写中并未明确标注出"哪一篇文本实现哪一得",但如果细心查看单元提示、预习提示、阅读提示、思考探究和积累拓展,还是不难发现编者结合文本所提出的训练指向的。这是一种最简洁的提炼文本教学示范点的方法。三是尊重文体。新一轮课程改革对"淡化文体""文体不限"的提法,其本真是为了给学生提供更多元的选择空间和更自由的表达方式。但是,这种提法在实践中的的确确产生了一定的消极影响,甚至一度被简单地异化为"不要文体""模糊文体"。从某种程度上来说,这种异化课标精神的做法,是语文学科教学的倒退,是对中国文章学的亵渎,是对语文学科专业化的大不敬。小说就是小说,戏剧就是戏剧,童话就是童话,诗歌就是诗歌,记叙文、议论文、说明文均有不同的个性特征,把童话当成新闻消息来教,行吗?因此,在确定教学示范点时,以文体为单元,从教材所选文本的个性化写作特征出发,精准提炼,系统安排,应成为我们的基本思路。

最后,要能够瞻前顾后,大胆取舍。传统的语文课之所以常常上成一节大杂烩,很大一方面原因就在于教师对教学内容的选择不能做到大胆取舍,仿佛漏掉哪一点,天都会塌下来一般。于是东抓一把,西挠一下,到头来好像什么都教了,实际上什么也没教好。而归真课堂只围绕一个重点展开教学,其根本出发点在于利用有限的时间使学生将重点知识学会、学透,力争当堂举一反三、融会贯通,让有限的时间发挥无限的效用。因此,我们在确定文本的教学示范点时,一定要瞻前顾后,尤其要关注教材中同一类文体的各篇选文之间写法上的异同,力争做到"取其异,知其同"。这样,"取其异"确定教学示范点,"知其同"又有利于实现文本与文本间的资源整合,互补利用,一举多得,岂不美哉?

这三点,无论在哪个学科,道理都一样,细细揣摩,不难理解。一句话概括,以核心知识点为基础,指向思维与运用,就可以准确地找到教学示范点。

在实践中,最好不要单打独斗,要学会抱团取暖,充分发挥学科备课组的力量,运用集体智慧,构建学科教学示范点操作体系,这样质量、效率会更高。

(三)教学示范点的表述

教学示范点指向思维,指向知识的运用,指向规律、方法和步骤,是"方法点""规律点""运用点",是"一招鲜""独特一招"。它不指向静态的知识点、重点、难点和考点,因此,我们在找到教学示范点之后,该怎样正确表述,就成了一个需要我们关注、思考的问题。

核心在选好常用的表述词语,如分析、概括、探索、探究、方法、规律、应用、步骤等。

一般有以下几种情况。

1.指向思维的教学示范点,常用分析、理解、探索、探究等词语来表述。如:

①孙利娟老师上"二次函数的图象和性质",以"概念的理解、辨析和应用"为教学示范点,轻点慢引启思维,在学用结合中,引领学生逐步走进概念深处。

②张长军老师上《天上的街市》,以"体会并运用联想与想象"为教学示范点,引领学生在反复的品读中体会、感悟联想与想象的运用,继而实现对全诗的理解与把握,并在此基础上指导学生运用联想和想象即兴创作小诗,一时间诗兴灵动,情满课堂。

③郭芳辉老师上"学习长征精神,勇担青春使命",以"理解长征精神,探索时代意义"为教学示范点,引领学生"讲长征故事""论长征精神""讲时代风采""谈当代使命",使每一个孩子沐浴在长征精神的圣光里。

2.指向方法和步骤的教学示范点,常用方法、规律、应用、步骤等词语来表述。如:

①孙丹老师教《人民英雄永垂不朽》时,将教学示范点确定为"外在特征与精神内涵相结合的写法",为"纪念性建筑物"的读写教学提供了很好的借鉴。

②千里莎老师教《动物笑谈》时,将教学示范点确定为"用好旁批学自读",并围绕"读旁批""学旁批""析旁批""写旁批"几个活动,引领学生学得无限精彩。

③张益民老师上"地图·比例尺",以"用比例尺解决实际问题"为教学示范点,引导学生识图、用图、画图,学用结合,生趣盎然。

3.用自己概括出来的"独特一招"作为教学示范点,虽无以上词语,但却直接指向思维、方法、规律、应用等。如:

①郭为学老师教"透镜"时,将教学示范点凝练为12个字——"过心不变,平行过焦,过焦平行",平实明白,简易实效。

②程丽梅老师教"因式分解"时将教学示范点概括为"一提二套三分组";吴荣花老师复习二次函数时用"铅锤法求面积"作为教学示范点;李明娟老师用到的"构造'手拉手'模型"、栗小利老师用到的"将军饮马"等,精准简明,操作性很强。

教学示范点的表述,其实没有什么固定的格式,但却有"一定之规",那就是需要指向与知识点相关的思维、规律和运用,不能指向知识点本身。请看下列几个教学示范点的表述。

①题目的含义和作用(语文)。

②三角形角平分线定理(数学)。

③奶昔的制作(英语)。

④压强公式(物理)。

⑤二氧化碳的制作和性质(化学)。

⑥亲情之爱(思政)。

⑦三国鼎立(历史)。

⑧世界气候的分布(地理)。

⑨地球上生命的起源(生物)。

严格意义上来说,这些都只是知识点,而不是教学示范点。

(四)教学示范点的应用

语文教学中,怎样运用文本的教学示范点?

一句话,围绕"一点",以点生发,先学后用,学用结合。

首先,课堂教学要紧紧围绕"一点",即文本的教学示范点设计、组织、展开教学活动。例如,我校李昊男老师教学《梦回繁华》一文,围绕"条理分明、细腻具体地介绍名画的方法"的这一教学示范点,课堂操作如下。

(1)自读"阅读提示",勾画关键词语。通过自读,学生很快就从内容、写法、学法、拓展等四个方面做出了归纳提炼。这一环节的设置,意在引导学生学会围绕关键词语,锁定本课"条理分明、细腻具体地介绍名画的方法"这一教学示范点。

(2)浏览课文,了解文章每一段的主要内容,并用一句话概述自己的发现。这一教学活动的设置,是学生探究、理解"条理分明、细腻具体地介绍名画的方法"的基础和前提。因为任何语言的形式、写作的方法都是为表达内容服务的,其不可能独立存在于内容之外。换句话说,离开了内容,形式与方法就没有存在的必要了。围绕教学示范点展开教学活动的一个核心目的,就是引领学生去发现"文章是用怎样的语言形式、写作方法来运载相关的内容的",只有解开"形式与内容联结的奥秘",学生才能学到"真正的语文"。

(3)细读文章第4自然段,感悟条理分明、细腻具体的写法。这是本节课核心的活动环节。李老师首先请同学们找出本段的三个中心句(画面开卷处描绘的是汴京近郊的风光;画面中段是汴河两岸的繁华情景;后段描写汴京市区的街道),然后齐读两遍,初步感知段中层次间的"条理分明"。接着,李老师引导学生逐层细读,通过景、物、人、行等多个角度的感触与分析,去体会、理解行文的"细腻具体",尤其是中段漕船驶过拱桥的细节描绘,李老师引领学生走进语言深处,从人物的变化(船夫、行人、其他的人们)、空间的切换(桥上、岸边、桥头)到细致入微的状貌描摹,或读,或品,或思,或悟,既有段中的"条理分明",又有句中的"细腻具体",真语文的美妙滋味陶醉了学生,氤氲着课堂。然后,李老师又引领学生寻找文中的四字格词语,读一读,品一品,进一步体悟行文的"细腻具体",同时领略文章典雅而富有韵味的语言之美。课堂上,"守住了语言品析,就守住了语文的本真"。围绕"教学示范点",慢读细品,引领学生走进语言深处,去体悟文章内容与语言形式的结合之美,是归真语文的追求,更是语文学科专业的要求。只有这样,学生感知、理解、运用祖国语言文字的能力和素养,才能真正得到有效提升。

(4)回看全文,体会它是怎样做到"条理分明、细腻具体"的。这一环节的设置,使教学活动从精品细读第4自然段,回到整个篇章上来,这样,课堂训练既能在细微处用力,又能从宏观处着眼。因为有了上面的学习积淀,课堂上,学生很快就厘清了本文整体的写作思路,并做出"背景—动机—内容—价值"等相对精准的梳理与概括。

(5)课后作业:假如让你赏析与《清明上河图》齐名的南宋珍品《中兴瑞应图》,借鉴本文的写作特点,你会有怎样的行文思路?请在课余时间查找资料,赏图,构思,行文。

这几个教学环节的设置,紧紧围绕"条理分明、细腻具体地介绍名画的方法"这一教学示范点展开,不蔓不枝,既有第4自然段品读的集中用力,又有回看篇章的整体把握,既有对内容的感知理解,更有对语言形式、行文方法的深入揣摩和体悟,学生在课堂上学得真、学得实、学得活。

其次,要落实"先学后用,学用结合"的基本思想。"语文课程是一门学习语言文字运用的综合性、实践性课程。""学用结合,是归真课堂的行动指南。先学后用,先用后学,在学中用,在用中学,学学用用,用用学学,本节课学,下节课用,一节课学,几节课用,随机应变,灵活取舍,运用之妙,得乎一心。""一切与听说读写思做相关的语文实践活动都是'用'。"我们之所以提出"文本的教学示范点"并主张围绕其展开课堂教学,就是为了更好地落实"先学后用,学用结合"和"在用语文中学语文"的基本指导思想。就语文学科而言,只有实现了学用结合,才能真正打通读写结合的"任督二脉"。如果我们的课堂教学离开了"先学后用,学用结合",文本的教学示范点就没有存在的必要和价值。

上文所选李昊男老师这节课,步步是学,处处在用,第三步先学,第四步后用,课上训练是学,课后作业为用,灵活多变,得心应手,活动科学,效果明显。

确定并用好文本的教学示范点,就会发现,你的语文课堂教学迎来了春天。

触类旁通,举一反三,其他各学科在运用教学示范点时,要把握两个要素:一是围绕教学示范点去设计、组织、展开教学活动;二是落实"学用结合",围绕教学示范点去学,围绕教学示范点去用。

第二个支撑:先学后用,学用结合

"先学后用,学用结合",是归真课堂最重要的支撑,没有之一,因为它是归真课堂教学质量的最重要的保证。我们可以没有教学示范点,可以没有三步思维,可以没有活动,可以没有"一点两步四环节",但不能没有"学用结合"。离开了"学用结合",知行难以合一,知能无法转化,能力无从提升,质量无法保证,课堂失去意义。

(一)先学后用

在传统教学实践中,教师们对"先讲后练"很熟悉,对"先学后教,当堂训练"也并不陌生。乍一看,二者与"先学后用"也颇相似,但其实,大有不同。

由"先讲后练"到"先学后教,当堂训练",是教学理念的一次跨越,从实践操作的层面将学生在课堂教学中的主体地位真正推到了前台,一改传统教学中"老师讲,学生听"的旧习。但从归真课堂的视角来看,"先学后教,当堂训练"改革并不彻底,也还是在一个相对狭隘的圈圈里打转。而"先学后用",则在其基础上直指课堂学习的本真,也是自古以来所有教育者的追求——"学以致用",一下子解开了课堂操作的本真密码。

学以致用,从孔子、王阳明到陶行知,历代先贤,多有论及,无须多谈。叶圣陶先生认为,学生对学习的内容"懂得了,说得清了",以至"记住了",但这还不能说学生已经把所学的东西掌握了、化为"自身的东西"了,必须进一步"让学生把学到的种种东西运用到实践里去"。陶行知先生强调"教学做合一""行是知之始,知是行之成""使受教育者都能实践力行,从行动上去求得真知识"。吕叔湘先生也说语文的使用是一种技能,一种习惯,只有通过正确的模仿和反复的实践才能养成;学习语文的过程是一个正确模仿、反复实践、养成习惯的动态过程。归真课堂在继承传统教育理论的基础上,进一步突出"用"的地位,强调在学习每一项新知之后,必须进行相应的"用的训练",意在使学到的知识在应用当中进一步活化为能力,从而有效促进学生多方面和谐发展。

"用"的价值,2001年版的语文课程标准中有一句话可谓是最有力的回响,即"语文是实践性很强的课程,应着重培养学生的语文实践能力,而培养这种能力的主要途径也应是语文实践。不宜刻意追求语文知识的系统和完整。语文又是母语教育课程,学习资源和实践机会无处不在、无时不有。因而,应该让学生更多地直接接触语文材料,在大量的语文实践中掌握运用语文的规律"。2022年版课标更是一锤定音,从语文学科的性质上做了如下界定:"语文课程是一门学习国家通用语言文字运用的综合性、实践性课程。"语文为用,不必多言了。

其他学科,又何尝不是如此呢?

李政涛先生说,未来的高考,由"考知识"变为"考能力"。能力从何来?只有从用中来!实践出真知,真知生智慧。一用教育无难事,一用教学皆通途。

1."学"分三种:(1)自学,学生自主探究性学习,一般始于课堂教学启动之后,由学生自主阅读,自主思考,自主探究,自主尝试解决问题。在此阶段,教师可以设置导学问题,也可根据情况将学习自主权完全交给学生。要给予学生足够的静心学习的时空,要避免学生受到不必要的信息干扰,保证自主探究学习在课堂上实实在在地发生。(2)互学,就是合作交流性学习,对于学生独立解决不了的问题,教师可以组织学生展开互学,将学生分成二至四人不等的小组,组内相互讨论,相互帮助,集思广益,群策群力。(3)导学,不同于教学,强调教师的适时点拨与引导。对于那些互学依然无法解决的问题,教师可以适时地点拨与引导,激活学生思维,帮助学生打开思路,但一般情况下,不要直接讲给学生听。导学要力争做到适时(问题出现,学生思维卡壳之时)、适度(激活学生思维,帮助打开思路,切近问题本质)、适当(方法科学、简单、有针对性)。当然,在课堂上若是真遇到那类"启而不发"的问题,归真课堂并不反对教师的讲,但要讲得精、讲得巧、讲得适可而止。

2."用"分两类:(1)狭义的"用"就是练习。学了新的知识,就要做几道相关的题练一练。在这一点,传统教学也好,现代课堂也罢,概莫能外,这就是归真。(2)广义的"用",我们可以理解为"实践",理解为"操作",理解为"自主探究""合作研讨""交流展示"……而且学科不同,其"用"的内涵及外延也有所不同。如语文,一切与听说读写思做相关的语文实践活动都是用,朗读是用,背诵是用,演讲是用,辩论是用,采访写作是用,模拟记者招待会是用,演课本剧是用,制作电子报刊还是用;又如物理,观察是用,探究是用,测量是用,各类实验是用,科技小制作是用,运用物理知识解决生活中的实际问题更是用。用无定形,亦无定式,但凡能够引起学生思考、探究、合作,能够引导学生去质疑、析疑、解疑,能够引导学生去动手、动脑、动口实践的学科活动,均为我们所说的"用"。

3.重视学,突出用。学很重要,一定要让真正的学习在课堂上实实在在地发生。尤其是自学阶段,要舍得给学生时间,让孩子们安安静静、认认真真、专心致志、一丝不苟地去学一会儿,去自主思考,自主探究,自主琢磨,自主发现,自主分析,自主梳理,自主总结,自主质疑、析疑、解疑,不要干扰他们,不要打断他们,不要动不动就想给他们来个提示、做点引导。只有自学得扎实,才会有互学、导学及运用阶段的智慧碰撞和灵性闪光。但归真课堂更强调用,突出用,一用教学无难事,一用教学皆智慧。归真课堂教学始终围绕一个"用"字展开,以用代法,由用得法,靠用固法,在用中学,在用中巩固,在用中内化,在用中提升,在用中创新。

以用代法:"在反复的练习中掌握知识、提高能力",本身就是一种最朴素的最有效的教学方法。归真课堂就是要引导学生去练习、去实践、去操作,在练习中掌握知识,在实践中提高能力,在操作中实现发展。

由用得法:通过练习、实践、操作,找到解决问题的方法、步骤、思路、规律,为下一步解决问题提供思维和行动指南。

靠用固法:在由用得法的基础上,再进行下一步的拓展、创新性训练,不仅可以使已经掌握的方法得到巩固,更能实现由掌握知识到发展能力的有效转化。

4."先学后用"的一般操作范式。举例来说,牛林静老师"单项式与单项式相乘"一课在导入新课之后,有以下一个教学片段。

请自学课本第98~99页。

思考单项式与单项式相乘:

①系数怎么办?

②同底数幂怎么办?

③只在一个单项式里含有的字母怎么办?

(学生认真自学,勾画主要信息,思考导学问题,教师巡回查看,了解自学情况。教室内安安静静,孩子们专心致志。自学结束后,牛老师推出了一个"自查自纠"学习活动,通过大屏幕呈现了5道小题。)

下面的计算结果对不对? 如果不对,应当怎样改正?

(1) $3a^3 \cdot 2a^2 = 6a^6$ (　　　) 改正:

(2) $(-2x^2) \cdot 3x^2 = 6x^4$ (　　　) 改正:

(3) $4y \cdot (-2xy^2) = -8y^3$ (　　　) 改正:

(4) $(mn)^2 \cdot (-m^2n) = -m^3n^3$ (　　　) 改正:

(5) $(-3x^2y) \cdot (-3xy) = 9x^3y^2$ (　　　) 改正:

(孩子们的思维一下子活跃起来,争先恐后,踊跃回答。)

从这个教学片段我们至少可以看出三个方面的信息:一是牛老师在引导学生自主学习时,围绕单项式与单项式相乘的法则,设计了三个导学"真问题"。她没有简单地让学生从书上找出单项式与单项式相乘的法则,而是用了三个"怎么办",以引起学生对法则中关键信息的关注,从而有利于触发学生的深入思考。二是在学生自主学习期间,牛老师只是巡回查看,了解自学情况,并没有出一言"引导",为孩子们营造了一个安静学习的良好空间,且给足时间,保证自主探究性学习在课堂上实实在在地发生。三是在自学之后,牛老师没有围绕三个导学问题去提问,而是直接开始"自查自纠"活动,呈现5道习题,引领学生尝试做题。这一个教学活动,跳出常规性教学的俗套,暂时将导学问题放在一边,直接通过做题检查自学成果,诊断自学问题,并且针对暴露的问题及时引导学生"改正"。这就是归真课堂下"先学后用"的一般范式,即学即用,在用中暴露问题,在用中改正反刍,在用中加深理解,在用中提升能力。

还是上面这节课,接着往下看。

现在我们回头看这三个"怎么办"。

有了前面的自查自纠、改正反刍做铺垫,孩子们非常轻松地总结出三个导学问题的答案:系数与系数相乘,同底数幂相乘,相同字母移下来。

这三个问题的解决,实际上等于引导学生明确了单项式与单项式相乘的法则。教学至此,牛老师没有针对法则过多地强调,而是随即推出了一个"针对性训练"。

计算:

(1) $-4y \cdot (-2xy^2)$

(2) $(-2a)^3(-3ab)$

通过这2道题,提醒学生注意:有乘方运算,先算乘方,再算单项式相乘。

(3) $(-\frac{1}{2}x^2y)^3 \cdot 3xy^2 \cdot (2xy^2)^2$

(4) $-6a^2b(x-y)^3 \cdot \frac{1}{3}ab^2(y-x)^2$

通过这2道题,提醒学生注意:一个式子中出现了多项式,应把它看成一个整体。

这次"针对性训练"的设置,是在明确法则基础上的即学即用,且针对性强,既是对前面所学知识的及时巩固,更是对法则运用的有效提升。

这就是归真课堂的"先学后用"的一般范式,先学后用,用用学学,学学用用,步步学用,步步落实,一波一浪,波浪前行。

(二)学用结合

从上面先学后用的介绍中,已经可以初步感知到,学和用其实是一个密不可分的有机整体,不能僵硬地将其截然分开。在具体的实践中,先学后用固然重要,也是一般常规操作,最常用,但学用结合才是关键,才是核心。

学用结合是归真课堂的行动指南,其本真就是要根据教学实际需要,灵活地处理好学和用,就是要落实"课堂应凸显'用',要坚信只有在用中才能提能力,必须将学和用结合起来"的课堂基本指导思想。

1.无学不用。所有的学都需要用。这适用于以下两种教学情境。

(1)新授课初学新知之后。面对新的课程内容,自主探究也好,合作交流也罢,抑或是教师点拨、引导、讲解,无论采用什么样的学习方式,在归真课堂理念下,都还只是"学"的过程,到这一步,学习还仅限于对知识本身的感知、理解,要想实现思维、能力的有效提升,非得"用"不可,无"用"则无用!听会了,听懂了,理解了,不等于会做了,能做对了。学到知识了,不等于能力上去了,更不等于智慧的产生。例如前面提到的先学后用的一般范式,就属此类情况。

请看司艳玲老师上"因式分解——完全平方公式"的一个教学片段。

师:通过刚才的学习,我们已经初步掌握了利用完全平方公式分解因式的有关知识,下面有几道练习题向我们同学提出了挑战,看你掌握知识的情况。

练习1.将下列多项式分解因式。

(1)a^2+2a+1

(2)$24x^2+8x+4$

(3)$4x^2-4x+1$

(4)$-2xy-x^2-y^2$

我们请4个学生板演,其他学生在练习本上做。

这个教学片段,就是非常典型的学习新知后的即学即用。

(2)当学生出现"错误"之后。归真课堂主张"无问题不教学""有问题不放过""真正的教学从问题开始""围绕问题,三步思维"。学生在学习过程中出现"错误",无论采用什么方式帮助其理解,引导、点拨、讲解都行,但要想使问题彻底得到解决,必须进行相应的反刍训练,"无反刍不教学",就是这个意思。还是司艳玲老师上"因式分解——完全平方公式"的一个教学片段。

(学生在对$-2xy-x^2-y^2$因式分解时出现了错误,司老师引导学生改正,并分析错误原因,之后——)

师:通过以上学习,我们来试着总结因式分解的一般步骤。

一提——提公因式;

二套——套公式;

三查——检查分解是否彻底。

(紧接着,司老师推出了一组反刍练习)

练习2:分解因式。

(1) $3ax^2+6axy+3ay^2$

(2) $(a+b)^2-12(a+b)+36$

师:先观察,再选择适当的方法。(学生板演,教师点评)

这一个教学片段,就是一个非常典型的"围绕问题,三步思维"的操作过程。当学生在课堂上出了问题之后,司老师首先引导学生自己改正,并分析错误原因,在此基础上,引导学生总结因式分解的一般步骤,接着,又及时推出一组反刍练习。这两道反刍练习题,一易一难,既有梯度,又极具代表性。从课堂实际效果看,当学生解决了这两道反刍练习题后,就基本掌握了用完全平方公式进行因式分解的方法。

2.无用不学。对此可以有两种理解,一是先"用"后"学","用"在"学"前。这种操作,非常适用于各类复习课,没有"用"的诊断,就不要开始所谓的复习——"学";二是和"无学不用"同一个意思,所有的"学"都必须经过"用",才能实现由知识到能力再到智慧的升华,没有"用"就没有真正的"学"。可结合下面这篇文章进一步加深理解。

复习课,无"用"则无用!

在九年级首轮复习中,我们将复习策略由原来的"纵向知识点梳理"调整为"纵向知识点靶向训练"。这不只是几个词语的调整,更是课堂教学策略及操作方法的转变。

"梳理知识"型的课,指向"掌握知识",它基于"预防错误",源于两个假设:一是假设学生不会,需要梳理知识;二是假设教师梳理过后,学生就一定会。在现实中,我们往往听到老师这样说:"不梳理梳理知识,学生咋会做题呢!"由这句话稍做推论,不难得出:只要梳理梳理知识,学生就会做题了;或是只有梳理梳理知识,学生才会做题。可事实是什么呢?一堂课,老师梳理来梳理去,喋喋不休,累死累活,学生随声附和,热热闹闹,剩下几分钟,一做题,却又漏洞百出,错误不断。实践已经证明,"梳理知识"型的课,解决不了复习的问题,当前的中考,考查的是学生综合运用知识的能力!而"靶向训练"型的课却不同,它指向"提升能力",基于"校正错误",源于课堂诊断,突出知识的运用:通过做题,暴露问题,围绕课堂生成的问题展开针对性三步思维训练——勾连知识,总结规律,反刍运用,从而真正达到举一反三、融会贯通的目的。

那么,我们在备课时、上课中究竟怎么做才能真正变"梳理知识"为"靶向训练"呢?举一个案例:一位语文老师,引领学生复习八年级上册的字词——

老师将课下注释中的重点词语展示在大屏幕上,让学生齐读两遍,然后针对一些易错的词语进行听写、校正。

这种复习方式,就是"梳理知识"。这样的复习,只是简单重复识记,也许对这些词语的掌握会起一定的作用,但与"靶向训练"相比,效果就差多了。

我们可以这样做——

备课时,首先,精心挑选课下注释中的重点词语,以河南中考1、2题的形式,分别按考查字音、字形编写成若干道靶向训练题。或者直接从一轮复习资料中,精心选择几道相应的习题,作为靶向训练题(所选、所编的靶向训练题,要基本能够涵盖八年级上册的重点字词)。其次,自己先"下水"做一下这几道题,切身体会习题的难度,发现易错点,总结解题的基本方法和规律。最后,围绕易错点,再精心编写或挑选几道反刍训练题,以备反刍训练使用。

上课时这样操作:首先,请学生完成"靶向训练"题,要求像考试一样做题(限定时间、认真书写、独立完成、安静做题、注意卷面、格式正确等)。教师巡回查看,及时收集学生做题信息,尤其要关注发生错误的地方。其次,围绕错题,展开三步思维训练。第一步,勾连知识。围绕错题,弄清错在哪个字词上,校正,识记,做好积累。第二步,总结规律,引领学生做到四个关注:关注多音多义字,关注同音异义字,关注形近形似字,关注特殊易错字。第三步,请学生完成"反刍运用",仍要像考试一样做题。

其他考点、各类学科的复习皆同于此。备课时,先定靶(即确定要训练的考点),再精选靶向训练题,并"下水"做题,体会习题难度,预测学生做题时可能出现的问题,研究解题思路、方法、步骤、规律、易错处、注意事项、满分标准等,在此基础上围绕学生可能出现的问题,精选反刍训练题。上课时,先请学生做靶向训练题,诊断问题所在,再围绕问题展开三步思维训练:勾连知识,总结规律,反刍运用。

"靶向训练"型的复习课,从"用"开始,以"用"完成诊断,到"用"结束,以"用"实现反刍。其间"三步思维"起到了决定性的桥梁作用。需要进一步强调的是,有问题,必勾连知识,必总结规律,必反刍运用。尤其是反刍运用这一环,切不可忽视。"用"则复习有效,无"用"则复习无效。

复习课,无"用"则无用!小"用"有小成,大"用"有大成。

(范通战,原载公众号"为灿烂生命奠基",有改动)

3.学用一体,灵活切换。用中探问题,用中找方法,用中明规律,用中见智慧,用中增能力,用中有情感,用中有发现,用中有创造,用中自有教育教学的一片新天地。离开了学用结合,就没有真正的教学。

学用结合的方式,不拘一格,关键是要确立"用"的意识,落实"用"的行动。请看下面这篇教学设计。

教学活动目标:感知、探究茨威格"画眼睛"的方法

教学活动过程:

一、激趣导入,感知文段内容。

屏幕展示:要极省俭地画出一个人的特点,最好是画他的眼睛。

——鲁迅

引导语:在这篇文章里,茨威格挥如椽巨笔,将"画眼睛"的方法运用得出神入化。请大家速读课文,找出文中集中描写托尔斯泰眼睛的文段,并试着借用文中的词语概括其描写的主要内容。

(答案参考:第6自然段,目光犀利的眼睛;第7自然段,最富感情的眼睛;第8自然段,集中天赋的眼睛,闪光珠宝般的眼睛,看清真相的眼睛。)

二、研读第6自然段,看看文中是怎样来写"目光犀利的眼睛"的,突出了其怎样的特点,并试着探究本段"画眼睛"的方法。

操作提示:1.找出关键词;2.找出三个比喻句;3.朗读每一个比喻句,读出文字背后蕴含的那种感觉:无法动弹、无法躲避、控制、乖乖地忍受、穿透、切开、入木三分等。4.试着给这种方法取一个名字,并用简洁的语言概括。

三、研读第 7 自然段,比较本段在写"最富感情的眼睛"时所用的"画眼睛"的方法,与第 6 自然段有什么异同。

操作提示:1.找出描摹不同情境下眼睛所含感情的句子,读一读,注意体会同一句中感情前后的变化。2.琢磨高尔基的心里话:"托尔斯泰这对眼睛里有一百只眼珠。"谈谈你的看法。3.试着概括本段所用的"画眼睛"的方法。

四、研读第 8 自然段,厘清作者的行文思路,重点揣摩本段是如何在多方位的对比中来刻画"看清真相的眼睛"的。

操作提示:1.默读本段,厘清作者的行文思路。2.找一找,看看文中用了哪几组对比,分别是从哪个角度来刻画"看清真相的眼睛"的,试用简洁的语言加以概括。

五、研讨:

(一)透过"目光犀利的眼睛""最富感情的眼睛""看清真相的眼睛",你能感觉到作者笔下的托尔斯泰是一个怎样的人? 试着用一段话概括。

(二)比较第6、7、8三个自然段中"画眼睛"方法的异同,谈谈你对作文时怎样进行"画眼睛"的理解。

操作提示:1.分组研讨,一半学生研讨(一),另一半学生研讨(二);2.答案多元化,不必强求统一。

六、作业设计:用茨威格"画眼睛"的方法描写一个人,突出其友善、乐于助人的特点。要求至少从两个角度设喻,写一段不少于100字的话。

(范通战)

这个教学设计,从大的方面来看,前五个环节,都是在"学",而且是"在用中学",紧紧围绕"目光犀利的眼睛""最富感情的眼睛""看清真相的眼睛",去读,去品,去析,去悟,逐步走进文本,走进语言深处。这里的读、品、析、悟,都是语文的"用",这样的学习过程,就是实实在在的"在用中学",是"在用语言中学语言"。第六个环节,则是"用",而且"用中有学"。这一个环节,以作业的形式呈现,其实质是"在课内学,在课外用,在用中巩固学,在用中提升学"。学用结合的方式,就是这样灵活。

我们再来看一个数学课堂全景式教学案例。

"实际问题与一元一次方程——配套问题"教学案例

一、导入语。

师:上课,同学们好!前面我们已经学习了一元一次方程的解法,接下来我们学习利用一元一次方程解决实际问题,本节课重点讨论配套问题。

二、激趣导入:生活中的配套关系。

师:以大家喜欢吃的汉堡为例,若1块鸡肉和2块面包可以配成一个汉堡,则要用几块鸡肉才能和10块面包刚好配套?

生:5块。

师:若现有 a 块鸡肉,则应需多少块面包呢?

生:$2a$ 块。

师:你能找出这道题的等量关系吗,也就是鸡肉数量和面包数量之间的关系?

生:鸡肉的数量×2=面包的数量。

[通过生活实例中的汉堡配套问题,学生体会了从特殊到一般的过程,并总结出数量(等量)关系,初步理解了配套的含义]

师:回答得很好!生活中还有很多这样的配套问题,接下来小组合作列举生活中的配套问题,并列出等量关系。(小组活动,合作交流)

师:好,哪一组组长代表发言?安丰代表第2组回答。

生:一个眼镜框配两个眼镜片。等量关系为镜框数×1=镜片数×2。

师:(板书)有没有不同的想法?宋睿康,你来说一下你

> 这是"在用中学",用生活中的配套问题,引导学生通过数量关系来初步理解配套的含义。

> 这是"先学后用",即学即用,以小组为单位,让全体学生都参与进来,列等量,说理由,学生们方法各异,思维活跃,更深一步理解了配套的含义。

的想法。

生：等量关系为镜框数×2＝镜片数。

师：你是如何想的？

生：镜片的数量是镜框数量的2倍。

师：还有不同的想法吗？

生：我们组举例3个人吃两盘菜，等量关系为人数×2＝菜盘数×3。

师：你是如何想的？

生：我们是根据比例推导出来的。人数∶菜盘数＝3∶2，利用内项积等于外项积得到的。

（通过小组活动交流列举出生活中的配套问题，孩子们兴趣极高，思维活跃，更深一步地理解了配套的含义）

三、探究新知：用一元一次方程解决配套问题。

师：通过刚才同学们的举例，我们已经理解了配套的含义。你能否运用一元一次方程来解决配套问题呢？请同学们结合这三个问题自学例1并完成表格。（3分钟自学后）谁能回答第一个问题？如何设未知数？

（让学生根据问题自学，借助表格分析，这样一目了然，更易厘清题目中的等量关系）

生：设生产螺栓的有 x 人，那么生产螺母的有（22－x）人。

师：第二个问题，这道题中的等量关系是什么？你是从哪句话中得到的？

生：找关键句，关键句是一个螺栓配两个螺母，所以等量关系是螺栓的总量×2＝螺母的总量。

师：非常好。第三个问题，如何列方程？

生：根据等量关系式列方程。根据题中的已知量和未知量得出螺栓和螺母的总量。

师：接下来请同学们借助表格，利用等量关系来解决这

自学探究，这是"先学"，一边自主探究，一边思考问题，这是"学中有用"。

这是"在用中学"，在前边学的基础上，引导学生写出完整的过程，加深对解题过程的认知。尤其是对简便方法的探求，更是典型的"在用中学"。

个问题。写出完整的过程。(王志琳板书,生做完师随时改并指出学生错误)

师:王志琳的过程很棒!解方程的过程有没有更简便的方法呢?

生:系数较为复杂时,可以先化简再求解,可以简化运算。

(让学生列出并解出一元一次方程。在解方程的过程中,让学生认识到,由实际问题列出的方程,有时系数较为复杂,先化简再求解,可以简化运算)

四、拓展应用。

师:同学们已经帮甲车间分配好任务了,乙车间也想使每天生产的两种零件配套,应如何分配呢?阅读题意,思考题中的等量关系是什么。

生:关键句为每3个甲零件与2个乙零件配成一套。等量关系为甲零件的总数×2=乙零件的总数×3。

生:甲零件的总数:乙零件的总数=3:2。

生:甲零件的总数×2/3=乙零件的总数。

师:同学们的方法都很好,这几种方法你最喜欢哪一种呢?

生:整数的方法。

(学生利用不同的方法列出不一样的等量关系,孩子们的思维在此刻又进一步提升,然后引导孩子们分析得出用比例的方法得出的等积式列方程最简单)

师:利用整数的方法列方程在解方程时更简便。请同学们借助表格分析,并写出完整的过程。(学生板书)

师:经过刚才两个问题的学习,大家小组讨论总结一下解决实际问题的基本过程。(小组活动)

生:先根据问题设未知数,然后根据等量关系列方程,然后解方程、检验、答。

这部分,承前是"后用",单看又是"在用中学",学生们在用中体会,在用中琢磨,在用中探求,在用中总结,一步步切近用一元一次方程解决实际问题的基本步骤,并逐步明白关键点,体会易错处。用得实在,学得扎实。

(此时此刻,孩子们通过两道例题的学习,经历了用一元一次方程解决实际问题的完整过程,也明白了关键点在何处,易错点在哪里)

师:同学们总结得很好,我们把用一元一次方程解决实际问题的基本过程归纳为5步:设—列—解—检—答。

五、反刍训练。

师:请同学们利用刚才总结的方法解决丙车间的问题。(生独立做题)

谁能说一下本题的等量关系是什么?

生:我从3个大齿轮与4个小齿轮配成一套得出等量关系为大齿轮总数×4=小齿轮总数×3。

(安排一道反刍训练,旨在让学生进一步巩固配套问题的核心所在)

六、解决问题。

师:刚才的零件配套问题同学们掌握得很好,那你能解决课桌配套问题吗?请同学们分析题意,独立完成。(学生板书)

(解决生活中的实际问题,题目很长,但要学会提炼问题中的关键语句。此题中关键就是一配四的等量关系。通过此题的训练,让学生明白遇到大题、字多的题,要勇于去想,去找关键,就会有一种"山重水复疑无路,柳暗花明又一村"的感觉)

七、课堂小结。

师:说说本节课你有什么收获。

生:我学会了利用一元一次方程解决实际问题的方法——设—列—解—检—答。

生:我学会了解决配套问题的方法。先找配套问题的关键句,列出等量关系。

八、课后作业。

五、六环节都是典型的"学后用",在用中巩固,在用中提升,在用中发展能力。

小结的过程,其实质是"用后学",梳理,总结,强化所学。

师:1.课本106页2、3题。　　　　　　　　　　课后作业,则是
　　2.选做:结合身边的实例,自己编一道符合实际意义的　"课外用"。
应用题。

(案例提供者:武陟县实验中学谈娜　解读:范通战)

这是我校谈娜老师的一节课例。本节课上,学用一体,灵活切换,该学则学,该用则用,学学用用、用用学学,学中有用、用中有学,为我们做了一个很好的示范。"先学后用,学用结合""运用之妙,得乎一心"。操作本无模式,只是以模式载之,当悉心体会。

第三个支撑:三步思维

归真课堂,真正的教学,始于"问题",达于"能力",而中间的桥梁,就是三步思维。三步思维在归真课堂中无处不在,新授课、习题课、小结课、复习课、自习辅导课,即便是一个问题的解决、单个学生的辅导,都离不开三步思维。三步思维是"支撑中的支撑":"先学后用,学用结合"、"一点两步四环节"活动式训练课型,其操作本质上都是三步思维在支撑。

(一)什么是三步思维

三步思维的产生,基于问题的解决。归真课堂,以问题为航标,真正的教学从问题开始,经过问题的解决,达于解决问题能力的提升。要实现能力提升这一目标,传统的基于知识的教学,是无法完成的。在解决问题的各种实际能力中,思维能力居于轴心地位,归真课堂在钱梦龙先生"三主"思想的基础上,又提出了"思维为主轴,活动为方式"的课堂主张,正切中了课堂教学的轴心和"七寸"。但在归真课堂理念下,思维不是简单的思考,而是沟通知识与能力的桥梁、方法和路径,于是,三步思维

便应运而生。

所谓"三步思维",是指在解决问题的过程中,师生需要经历的三步思维过程。

第一步,勾连知识。请注意,这里我们用的表述语是"勾连知识",而不是"讲解知识"或"梳理知识",为什么?因为,真正的教学从问题开始。问题未出现之前,不要去点拨、引导、讲解、梳理什么所谓的知识!我们不是不让点拨、引导、梳理、讲解知识,而是在强调点拨、引导、梳理、讲解知识的时机——不愤不启,不悱不发,只有当学生出了错误、有了问题之后,知识才能也必须站到前台。我们要无限地相信,学生在做题时出现的所有问题,都是因知识有缺陷或是知识运用不熟练造成的,几乎与马虎无关,这就是我们在三步思维中提出的"勾连知识"的本真所在,由问题勾连出相关的知识,这时候的点拨、引导、梳理、讲解才更易入学生的心,才更有针对性,才更能激活学生的"真思维",继而才更有利于实现由知识向能力再向智慧的演变与提升!由问题勾连出知识的缺陷,继而引导学生探明知识的真相和原貌,既是一种学习的方法,更是一种教学的智慧。

第二步,总结规律。在掌握知识、初步运用的基础上,引领学生探究、发现、总结、提炼运用知识解决相关问题的规律、方法和步骤,明确注意事项、规范标准等。这一过程,引导学生向课堂教学的更深、更远处探求,既是知识的内化过程,更是思维的训练和提升过程。通过这一过程的教学,知识更加融通,思考更加理性,方法步骤清晰,规律标准明确,为后续灵活运用知识解决实际问题架起了"思维"的桥梁。

第三步,反刍运用。反刍,来源于反刍动物将半消化的食物从胃中返回嘴里重新咀嚼的行为,其本质是进行二次消化。我们在课堂上实施反刍训练,其本真就是在运用中实现对知识的二次消化,继而培养、训练、提升运用知识解决实际问题的能力。归真课堂,无学不用,无用不学,无反刍不教学,无反刍不落实,不经反刍的辅导是无效辅导。反刍训练在新授课、复习课、辅导课中,无处不在。

在实践中,我们习惯上将上述三步思维过程,简化为"知识—规律—运用",简称"三步思维"。

(二)三步思维的运用

"围绕问题,三步思维",是归真课堂教学行走的基本方式。问题与三步思维相伴相生,归真课堂理念下,只要有问题的地方,就有三步思维。

1.三步思维在新授课中的运用。请看下面的教学案例。

《动物笑谈》教学案例

一、导入。 师:自古以来就有不动笔墨不读书的习惯。这是名人在读书时留下的痕迹。 生:批注。 师:今天老师引领大家学习一种新的阅读自读课文的方法——用好旁批学自读。一起走进《动物笑谈》。把书打开,6分钟结合旁批默读课文。 二、读旁批。 师:在刚才默读的过程中,你觉得编者设置的旁批对你的阅读起到了什么作用? 生:我认为起到引领我们去阅读、去思考并理解文章内容的作用。 师:说得好!如果把这些旁批分成问题式和点评式旁批,你会怎么分? 生:1、5、7、8为问题式,其他的是点评式。 师:请看第一个旁批——"逗笑""怪诞不经""疯子",这位动物观察者会有怎样奇怪的行为?谁来谈一下你的理解? 生:做水鸭子实验时,作者在地上又蹲又爬又叫。 师:还有吗?谁来补充? 生:在公共场合,模仿可可的叫声,换回可可。 师:(顺势问学生)那你们能用旁批的方式概括出动物的恶作剧吗?(1分钟准备) 生:可可咬扣子。 生:可可把母亲的毛线缠到柠檬树上。 师:同学们,再看这个旁批,想想编者为什么会在这个地	上课之初,直接点明本节课的教学示范点:用好旁批学自读,教学指向性非常明确。 扣住旁批,展开教学。适时融入旁批的分类知识。 利用旁批,概括内容。(即学即用,在用中学)

方做旁批呢?

生:"逗笑""怪诞不经""疯子"是外行人对作者的评价,编者读到这里心中有了疑惑,因此写了一个问题式旁批?

师:一个善于发现的郝歌!我们可不可以概括为在我们读到有疑问处时可做旁批?

(学生信服地点点头)

师:第2~5自然段是作者做水鸭子实验的过程,从文中找出具体的实验步骤。提示:关注":"前面的核心词,思考1分钟。

生:我找到的第一个词是第2自然段第二行,那里有一个冒号,它的前面那个词——疑问。然后第4自然段第一行——清晰的结论。

师:找到了一个关键词叫结论。

生:它后面说,如果我要小凫跟着我走,我得学母凫一样叫才行。

师:(拿着书,走到孩子身边亲切地问)发现了什么?

生:我尝试着说说,这里有一个"如果",说明这个结论是他假设性的结论。还有第三个词是在第5自然段的倒数第四行——证实。

师:用什么证实?

生(齐):实验。

师:这个同学好像遗漏了一段,谁来补充?

生:第3自然段的关键词是"猜想"。

师:嗯!其实同学们,刚才金一博在回答时给我们暗示有答案,大家发现了吗?看第5自然段"证实"前有个句子——用实验把猜想得到了证实。读书时要关注关键词。

师:编者在第2~5自然段给我们设置了这一组旁批,他的意图是什么?

生:正好是实验步骤的概括。

发现规律:有疑问处可做旁批(此规律若是在教师引导下,由学生总结出会更好)。

循着旁批,走进文本,理解内容。

回归旁批,引发思考。

师：一个大拇指送给你！编者放在这里，是要我们关注实验步骤，一切科研都需要这样一步一步来，体现了科学家什么样的精神呢？

生：严谨求实。

师：这一处的旁批意在告诉我们在关键信息概括时可做批注。

三、析旁批。

师：老师带领大家学习了两个批注。接下来，小组合作，3分钟小组交流，选择其余六则旁批中的一个。

1. 谈谈理解。

2. 说一说作者是从什么角度做的旁批。

师：时间就在大家激烈的谈论中流去了。谁来分享你的见解？

生：我们这一组分享第六个旁批。我的"暗自得意"是因为小鸭子对我的信服让我感到暗自得意。人们的"脸色煞白"是因为园子南边的一排人看到我怪诞的行为而"脸色煞白"。两者形成了对比，体现出科研工作者不顾自己的尊严，为科学而献身的精神品质。

师：编者这里旁批的意图是什么？

生：有对比的修辞手法处做了旁批。

师：哪一组再来分享？

生：我们组读懂了第七个旁批，但不会总结方法。

师：（先肯定他们的实事求是）没关系，先说说你们的理解。有疑问处我们帮助你。

生：从第10自然段中找到了有关可可状态的词语，在刚被我收养时，可可从"被禁锢""精神虐待"中恢复过来。从这一点中我们可以看出它被收养前非常可怜。

师：收养后呢？

生：第10自然段结尾处，我发现了在被我收养后，可可

发现规律：在关键信息概括时可做批注。（从学用结合的角度看，前为学，此为用）

在理解中发现规律：在有对比的修辞手法处做旁批。

问题暴露，有感知，但不会概括。

循着问题，慢读细品。

的精神状态变得活泼而神采奕奕,对我恋恋不舍。

师:"恋恋不舍"有具体的事例吗?

生:每天早上一起来就找我,在车站接我。

师:提炼信息很准确!还有吗?

师:第15自然段。

第15自然段的开头说"又有一次,这只鸟的恶作剧把我吓了一大跳",说明可可非常喜欢恶作剧。然后第18自然段写了可可的"犯罪"现场:不但把这位老教授身上的扣子全咬下来了,而且还整整齐齐地排在地上,袖子上的扣子作一堆,背心上的作一堆;另外,一丝不错地,裤子上的扣子也排作一堆。从中可以看出可可非常调皮。

师:可可是很调皮哦!可咱们现在是让分析可可对我的恋恋不舍呢,不过郝歌给我们指明了一个方向。我们就看这个恶作剧,大家来齐读第15自然段开头三句。

(生读,谈发现)

师:任何人都改变不了父亲的习惯,这时可可来了,那大家有没有想到些什么?

生:(恍然大悟)来帮我改变老父亲的习惯。

师:很到位!再读第19自然段前三句。恒润,你说说。

生:可可来帮母亲了,不想让母亲劳累。

师:由此我们发现,可可与我们全家的关系是什么样的?

生:和谐。

师:对。从这一部分,我们读出了人与自然和谐相处。这样解决,你们能接受吗?

(一声声"可以""可以",老师顿时幸福感满满)

师:再回到旁批,编者的意图是什么?

生:让我们想到人与自然的关系。

师:对,这就是有联想感悟处做旁批。

师总结:文章中可做旁批的地方很多,刚才我看大家讨论得也非常激烈,老师没有全给大家打出来。

问题解决,回归旁批:在有联想感悟处做旁批。

四、写旁批。

　　下面呢,我们来练一练。作为一个读者,读了这篇文章之后,你一定有自己的见解、看法对不对?你可以提问,可以点评。下面4分钟时间,从第6自然段、第7自然段、第9自然段、第18自然段中任选一段,写一个旁批。

五、互评旁批。

　　A组说,B组评。

　　云果:我做的是在第7自然段。需要蹲在地上爬行,还得不停地嘎嘎地叫,他为什么还要继续做这件事呢?

　　师:你抓的关键词是?

　　生:累人的差事,蹲在地上爬行,不停地嘎嘎地叫,这真不是好玩儿的。

　　师:冠宇,来给他点评。

　　生:第8自然段中写了作者的心理,可以看出他对科学的热爱。

　　师:云果的旁批对你阅读文本时起到提示或理解的作用了吗?

　　生:可以帮我理解品质精神。

　　师:很棒!看来今天的学习是有意义的,希望今天学会了旁批,你的阅读理解能力会越来越好!下课!

明确规律之后的运用。

运用效果的检查反馈。

(案例提供者:武陟县实验中学千里莎　解读:范通战)

　　千里莎老师这节课围绕"用好旁批学自读"这一教学示范点,设计了"读旁批""析旁批""写旁批""互评旁批"四个教学活动,先学后用,学用结合,收到了非常好的教学效果。在这节课上,"三步思维"发挥了积极作用。"读旁批",适时融入旁批的相关知识,运用知识,思考,探究,发现,总结出做旁批的两条基本规律。"析旁批",其实是对前期学习成果的运用和提升。在这一阶段,学生借旁批深入文本,在品文本的过程中,又探究出几种做旁批的方法与规律,既拓宽了对旁批规律的认知,更锻炼提升了思维能力。"写旁批"和"互评旁批",是在掌握了规律之后的反刍运用。从这篇案例可以看到,"先学后用,学用结合"与"三步思维"水乳交融,共同支撑着师生在课堂教学中自由行走。

2.三步思维在习题课上的运用。请看谢占洲老师"共筑生命家园"的一个教学设计片段。

(1)老家焦作。

因煤而兴,因煤而困
黑色谢幕,绿色崛起

思考:比较一下,两条道路有什么不同?

反刍小训练:

结合焦作情况,运用课本85页第一段话,理解习近平总书记"绿水青山就是金山银山"这句话:①焦作的"绿水青山"指的是什么?②焦作的"金山银山"是什么?③从"卖煤炭"到"卖风景"实现了哪两者的协调发展?

(2)国家大力扶持发展光伏发电,有何重要意义?

反刍小训练:武陟县大力推进煤改电,开展农民用电补贴活动,有什么重要意义?

谢老师的这一个教学片段,设计了两组训练,每一组中都包含一道基础题和一个反刍小训练。在课堂操作时,通过基础题找到思路和方法,然后通过反刍小训练巩固提升。这样的设计,每一组训练都很好地运用了"三步思维"。

3.三步思维在复习课上的运用。先请看一篇文章。

三步思维:复习阶段备上辅本真解密

大道至简,归真课堂以三步思维为支撑,追求用最简单有效的方式,创造最大的教学效益与价值。尤其在九年级复习迎考阶段,只要你洞明、活用好三步思维,备课、上课、辅导的一切问题都可以迎刃而解、事半功倍。

知识,规律,运用——三步思维是学习认知的基本规律,是习得能力的操作程序,更是备课、上课、辅导取得实效的科学方法和基本保证。

在实践中,我们具体该如何正确运用呢?

复习阶段,课堂教学的基本课型我们概括为三类:考点突破课、习题练习课和试卷讲评课。三者虽各有不同，但究其本质，都是围绕"问题"展开的三步思维训练。

备课时——

首先，厘清考点，精选靶向训练题。一节课，要训练哪个考点，在备课时，就围绕这个考点，精选靶向训练题。所选习题，要力争能够承载考点涉及的基本知识与能力训练要求，要尽可能题型多样，考查角度覆盖到考点涉及的方方面面。

其次，"下水"做题，研究习题。每一道靶向训练题，教师在备课时均需"下水"试做，体验习题的难度，弄清易错的地方（预测"问题"），并在此基础上，认真研究、挖掘解决此类问题的规律、方法、步骤、注意事项及满分标准等。

最后，锁定易错点，精选反刍训练题。针对每一道易错题，围绕可能出现的"问题"（错误），精心选配相应的反刍训练题，以备课堂上学生二次训练、消化选用。

一句话概括，备课就是围绕考点（靶向训练点）精选习题，"下水"试做，研究习题，并根据预测出的"问题"选配反刍训练题的过程。

上课时——

首先，诊断做题，暴露问题。引领学生独立完成靶向训练题，要求像考试一样做题（安静独立、认真思考、注意格式、卷面整洁等）。教师积极巡查，及时收集"问题"（错误）信息。这一过程，意在诊断，本质是在"查漏"。

其次，围绕问题，落实三步思维。第一步，勾连知识。由"问题"入手，引领学生弄清楚本题所涉及的相关知识，并对知识进行系统复习，讲、点、背、记，灵活落实。第二步，总结规律。在复习知识的基础上，引领学生探究、发现、总结、提炼解决此类问题的规律、方法、步骤、注意事项、满分标准等，达到融会贯通、举一反三。第三步，反刍运用。独立完成反刍训练题。这一过程，落实真正的复习，本质是在"补缺"（知识之缺、思路之缺、能力之缺）。

复习课，无"用"则无用！只有落实三步思维，尤其是反刍训练的复习，才是真正有效的复习。

辅导时——

首先，勾连知识，查漏补缺。引导学生弄清楚"问题"所考查的知识，并通过查、看、讲、点、背、记等方式,补"知识之缺"。

其次,讲述思路,总结规律。先让学生讲解错误思路,找出问题症结,然后引导其发现、提炼正确的规律、方法、步骤、注意事项、满分标准等,补"思路之缺"。

最后,反刍运用,训练提升。让学生做一下反刍训练题,围绕"问题",落实针对性反刍训练。

这样看来,细心的你一定会发现,复习阶段的备、上、辅等教学活动,其实是一种"三位一体"的存在。我们甚至可以说——真正高效的复习课,就是针对具体的人、具体"问题"展开的针对性反刍训练!——这样一来,上课就是辅导,辅导也是上课,备、上、辅的"任督二脉"打通,而三步思维就是其中"周流不息"的浩然内气!

(范通战,原载公众号"为灿烂生命奠基",有改动)

这篇文章条分缕析,详细介绍了三步思维在复习阶段备、上、辅中的具体操作。其实,只要洞明了三步思维的本真,在实际的操作中,完全可以更加自由灵活,不必拘泥于一定要三步,如在方法、规律比较明朗的前提下,就可以变成"问题+反刍""问题+校正";在知识缺陷比较明显的情况下,又可将"勾连知识"作为重点,兼以适当的反刍训练。归真课堂,"一切从实际出发""教学示范点""先学后用,学用结合""三步思维"及"活动"等,都是这样——真、实、活,才是总纲。

再来看一节复习课教学案例。

次要人物的作用

师:电影奖项设有最佳配角奖,可见配角在影视文学作品中的重要性,今天我们就来一起突破高频考点——次要人物的作用(齐读)。

同学们!《孔乙己》还熟悉吗?《孔乙己》中的次要人物都有谁呢?

生:"我"、短衣帮。

师:《范进中举》呢?

> 围绕教学示范点"次要人物的作用",教学立足课内,起于知识,引导学生通过课内名篇,复习次要人物及其作用。

生:张乡绅、众乡邻、胡屠户等。

师:说得真好！千金,你来说,《变色龙》中谁是次要人物呢？

千金:巡警和周围人。

师:如果把这些次要人物出成中考题,我们该如何应对呢？(出示PPT温故——经典作品)给同学们4分钟,分成3大组,一组一个问题进行讨论。选出代表发言。

(4分钟后)

师:激烈的讨论可以碰撞出智慧的火花。谁来充当第一人？好,千金你来第一题。

千金:《孔乙己》中的"我"是孔乙己整个命运的见证者,是叙述者。

师:第一人称叙述的作用是什么？

生齐答:真实亲切。

师:好！文中和孔乙己相关的生活片段由"我"串联起来。换句话说,我是本文的——？

生:线索人物。 | 情节上的作用。

师:很好！千金的回答我们可以概括为情节上的作用。短衣帮呢？

生:他们一直在笑,通过写酒店看客反映了人们的愚昧无知、麻木,体现了社会的一种真实情况,表达了作者对这种封建社会的不满与批判,以及对人们麻木愚昧的讽刺。

师:这个回答很明显是从文章主旨的角度思考的。谁还有补充？ | 主旨上的作用。

生:短衣帮的冷漠麻木,暗示了孔乙己的悲剧命运,侧面烘托了孔乙己自视清高、迂腐不堪的人物形象。

师:可见,短衣帮的形象对主人公有衬托作用。有见解的第一组,掌声送给第一组。第二个问题,第二组的同学们,你们准备好了吗？有请赵慧彩。 | 对主人公的衬托作用。

赵慧彩：从众乡邻在范进中举之前，对他冷漠、置之不理，中举之后，送来米、面，款待那些报录人，看出当时人们冷漠麻木、阿谀奉承，他们这样是当时的黑暗社会造成的。

师：第三个问题志毅来试试。

志毅：因为"变色龙"是由于狗的主人而展开了"变色"，巡警两次对狗的判断使得奥楚蔑洛夫开始"变色"，因此推动了情节的发展。

师：谁再来补充？翻开书第10自然段和第20自然段，再来思考。

生：他表现得很驯服、忠诚。

师：从中反映当时俄国警察制度的虚伪和反动，暗示了文章的主旨。周围人呢？绍恒你来。

绍恒：第3自然段最后一句。"很快""一下子""钻"，点明社会环境——人们精神空虚，寂寞消沉。

师：从大家的回答中，老师可以看出次要人物对情节发展有作用，对结构上，对主旨，对人物都有作用。这里我也帮大家梳理了一下，下面全体起立，方法出来了，给大家时间，看谁背得又快又准，谁背会就请坐下，挑战开始。（出示PPT知新——方法技巧）

（大约3分钟的方法背记）

师：同学们真的很棒，用极短的时间收获丰富的知识！接下来同桌互相检查一下。

有了方向，我们在大海中行船就不会迷路。接下来我们走进"中考练兵场"。拿出来我们的《河南中考命题非常解读》第264页《父亲的长笛》，在做第四题之前，我让王毅恒来给大家读一下题干。

（生读题干）

师：好，你告诉大家读这个题干你抓的关键词是什么。说说你的理由。

> 在理解的基础上，教师集中呈现解题的方法、技巧、规律，然后组织一个挑战背记活动，也可以。但最好的操作是直接进入下边的"中考练兵场"，直接去用，在用中将各种问题暴露出来，然后再引导学生发现、总结规律，反刍运用，效果会更好。

王毅恒:母亲。她是个次要人物,结合全文内容,告诉我们写出来的答案必须有依托,4分的意思是要分条作答。

师:说得好,4分钟开始。

(4分钟之后)

师:找两个同学把答案写在黑板上。

好,考生已经交卷了啊,下面把我们手中的答案交给我们的同桌,需要两个评分人来给他们俩打一下分数。(仕轩和宇琦评分)(PPT展示标准答案)

> 让王毅恒同学读题干这个"提示性"的操作多余了,直接让学生自己去做。

师:你的给分点一定要用笔在他的那个答案上画出来。答对一点1分,两点3分,三点满分。

宇琦:我觉得他少写了一点,因为前面文章里面还说了一点——母亲训斥他的时候说了一句"要不是你……你爸……"有省略号,所以这里母亲的形象还有一个作用就是设置了一个悬念,所以我觉得这儿应该扣1分。

师:还有吗?我如果是个评卷老师的话,我要再减1分,为什么呢?昊天你来猜一猜老师的意思是什么。

> 用标准进行评判。

昊天:没有分条作答。

师:中考时我们的答案首先要条理清晰、语言流畅,所以在答题的时候,首先要看分,分条作答。

再看标准答案,情节、结构、人物关系、主题,那么你分析的时候要有指向性,所以我们在答题的时候要改进,把指向性的词语给答出来。还有补充吗?在文中找出描写母亲的句子。

生:第1段和最后1段。

师:母亲听父亲吹笛。她还有什么表现?

生:此刻的母亲感到幸福。

> 在用中学,在用中明确,在用中提升。

师:原因是什么?有请赵慧彩。

赵慧彩:是因为家庭氛围温馨和谐。本文主旨在表达父亲对女儿这种深沉的爱。因此这里突出了家庭的和谐温馨,丰富了文章的主旨。

师：分析得很到位,请坐。对于慧彩的答案,大家还有补充吗？

生：在训斥之前,母亲有一个动作——打,这个动作也得写上,才完整。

师：你来试着说说。

生：母亲的打和训斥与父亲的沉默形成对比,突出父亲对她隐忍的爱。

师：在此老师给大家补充一下答题步骤。(PPT展示答题步骤)

在用中补充,在用中完善。

师：刚才大家在评分的过程中,谁是3分的举手。很多啊,有4分的吗？4分的举手,满分的只有仕轩,掌声送给仕轩！到此刻啊,老师感觉大家练习得意犹未尽。我们再来进行第二次挑战,翻到《河南中考试题精编》第30页第9题。

二次反刍,精题精练。

(4分钟做题)

师：(幻灯片展示千金的答案)大家一起来评分。

虔豪：3分,条理清晰,指向性明确。

师：为什么不是满分呢？

生：主旨上分析得很好,就是丰富了文章的主旨,她却写成了点明主旨。

知其然,更知其所以然,能力上来了！

师：有区别吗？

生：丰富是在原有的主旨上增加了新的主旨。

师：通俗易懂。通过大家透彻的分析可以看出大家掌握得很不错。最后我们通过知识小挑战来回顾本节课的知识。(PPT展示挑战内容)

回顾知识,运用于课外。

(准备2分钟)学生们谁会谁站起来回答。

师：今天我们的学习到此结束。作业为《河南中考命题非常解读·中考精练册》58页第3题。

(案例提供者：武陟县实验中学 千里莎　解读：范通战)

这节课将三步思维与学用结合运用得灵活自如,为我们做出了很好的示范。各位教师要认真品析,慢慢思悟,然后在自己的课堂上尝试使用,一用,你就会发现其妙处;一用,你就会为之着迷;一用,你就会体会到什么叫大道至简、简单高效。

4.三步思维在日常辅导中的运用。请看下面两段文章节选,从中用心思悟三步思维在日常辅导中的妙用。

"辅导,先从解决好一个问题开始"节选

面对众多的问题,我们到底该怎样去落实"从解决一个问题开始"呢?

第一,师生都应确立"敢舍弃"的思想,舍去其他,找到"这一个问题"。敢舍,才能得。每一个问题确实都很重要,确实都需要解决,但在一节课时间内,我们不可能将所有的问题都解决好。与其平均用力,不如集中时间与精力,解决好"这一个问题",将其学通、学会,学到能举一反三,学到能触类旁通,学到能灵活运用。

怎样找到"这一个问题"呢?很简单,引导学生从弱势学科入手,找到自己当天遇到的、给自己带来最大困扰的、自己最迫切要解决的那一个问题。

第二,围绕"这一个问题",认真落实三步思维。

勾连知识,这一步很重要,尤其是对于复习来说。出问题了,一定是知识掌握有缺陷,最起码是对这一道题相关的知识不熟练,辅导时需引导学生对与这一道题相关的知识进行系统复习,最好能总结个1、2、3来。

总结规律,这一步是关键。造成错误的本质是知识掌握有缺陷,但表现往往是思路混乱与无序。只有通过这一步,学生的思路才能由混乱变得清晰,由无序变得有条理,学生的思维才能真正得到锻炼与提升。

反刍运用,这一步是保证。复习课,无"用"则无用,不能落实这一步,学生就无异于入宝山而空返。只有通过反刍训练,对有缺陷的知识进行二次消化与吸收,对刚厘清的规律、方法进行强化训练,学生运用知识解决实际问题的能力才能实现质的提高。归真课堂"先学后用,学用结合"的本质,在辅导时怎能忘了呢?

(范通战,原载公众号"为灿烂生命奠基",有改动)

"九年级现阶段复习教学策略及操作要求"节选

要用好三步思维。课堂的起点是"问题",终点是"会运用问题涉及的知识,灵活解决变式的、综合的,甚至从未碰到过的新问题",连接起点与终点的桥,就是三步思维。归真课堂的核心,就是三步思维。一个问题,一个三步思维;一个问题,又一个三步思维。无论是考点突破课、习题训练课,还是试卷评析课,都是这样。在操作时,要注意以下三句话。

第一句话:知识勾连清楚。尤其是今年,现阶段的复习中学生知识夹生情况严重,在做题中暴露出来的问题,一般都与知识掌握有缺陷有关。因此,在课堂上,教师一定要引领学生,做好知识勾连,将"这个问题"涉及的知识勾连清楚,最好让学生做好笔记。

第二句话:规律提炼明白。老师们在多年的教学过程中,积累了许多做题的"好方法""小窍门""金口诀",这都是我们的"智慧财富",大家一定要用好。同时,我们还需要弄清楚一点,三步思维的第二步,其本真的内核,其实是在训练并提升学生的思维能力。因此,在教学过程中,我们更要善于引领学生自己去发现、总结出更多、更好、更简明的"规律、方法、步骤"来。

第三句话:反刍落实到位。没有反刍训练的落实,就没有问题的真正解决。课堂教学、课外辅导,我们绝不能满足于"讲过了""听懂了",一定要做好"反刍运用"这一步,要追求"做会了""练活了"。

重复强调:"问题"从"用"中来,到"用"中去。无"问题"不课堂,有"问题"不放过。"问题"从"用"(诊断性训练)中来,一"用""问题"自然现,课堂从"用中产生出来的问题"开始。一旦有了"问题",就是一个三步思维:勾连知识,总结规律,最后一定要回到"用"(反刍运用)中去。这在一来一去中,"知识勾连清楚"是保证复习质量的基础,"规律提炼明白"是思维能力提升的关键,在教学过程中,需认真操作、把握。

掌握辅导"三要诀"。

一要先善于倾听。辅导从倾听学生的想法开始,尤其要善于倾听学生错误的思路。"当时你是怎么想的?""请谈谈你当时做题时的思路",学生只要一说,真正的"问题"就会暴露,教学诊断才会准确,教学辅导才能做到有的放矢。更重要的是,学生说着说着,其思路慢慢就会变得清晰,思维能力在不知不觉中就会得到有效的提升。

二要变"告诉"为"引导"。辅导时,不要直接"告诉"学生"这道题怎么做怎么做""先怎么后怎么然后怎么",而要善于将你想讲的内容转化为几个具有引导性的提问,如"看一看,这道题考查的知识点有哪些?""你为什么会这样想?""你觉得是到哪一点思维被卡住了?""还有没有其他的思路?"一"告诉",学生的思考就会停滞;而相反,只有"引导",学生的思维才会被激活。只有思维能力提升了,学生的综合能力才会水涨船高。

三要真正落实反刍训练。讲得再透,听得再好,没有切切实实的反刍训练,学生解决实际问题的能力就无法提高。辅导的终点,不是"听懂了",而是"做对了",不是"原来的错题"会做了,而是能运用相关的知识、方法灵活地解决"新的问题"了。要想达成这一点,必须通过反刍训练,别无他途。

(范通战,原载公众号"为灿烂生命奠基",有改动)

5.三步思维更是指导学生学习的"金刚琢"。再好的方法,如果不能落实到学生学习的层面,不能给学生带来实实在在的帮助,都需要重新考量其价值。三步思维诞生于学生辅导,亦直接服务于学生辅导。请看我写给学生的一封信。

"迎考路上,老师送你三件宝贝"节选

第三件宝贝,送你一枚金刚琢。金刚琢真是个好东西!它乃太上老君过函谷关化胡之器,自幼炼成之宝,不惧水火、兵器。大闹天宫时,太上老君将它抛向齐天大圣,一击而中。金兜洞前,青牛精仗着它,将悟空及一众神仙的兵器一网打尽,弄得他们灰头土脸。面对复习过程中层出不穷的问题,有没有这种一击而中、一网打尽的好方法?亲爱的同学,三步思维就是我们迎考路上的金刚琢!无论是在课堂上,还是在你做作业时,只要做题出了问题,就来一个三步思维:第一步,看一看这个问题承载的知识是什么。看看书,问问同学,请教老师,该背则背,该记则记,将相关的知识弄明白,想清楚。在这一步,切记一点,出了问题,往往是因为知识掌握有缺陷,通过做题暴露问题,然后围绕问题查漏补缺,这是复习的本真。第二步,想一想:这个问题到底该怎么做?解决此类问题的方法、规律、步骤是什么?有哪些注意事项?其易错点、突破口在哪?满分的

标准是什么？在这一步，要善于向能者请教，请老师指导、同学帮助，直到能由此及彼、举一反三，才算是真懂了，切不可浅尝辄止。第三步，再找两道与错题涉及的知识相关的题做一做，最好让老师帮你找一两道变式的、拔高的、综合的题，那样效果会更好。亲爱的同学，千万不要小看了这一步反刍练习，不经这一步，问题就不可能真正解决，若这一步顺利通过了，那么就可以自豪地对自己说"这个问题我真的会了"！三步思维，就是复习路上的如意金刚琢，用好它，无论什么问题，都可以迎刃而解。

如果感兴趣，你可以参与一项活动：每天多做一道题。具体做法是：1.从当天的作业、练习、测试中，找一道自己做错了的题。2.围绕这道错题，来一次三步思维：复习知识，明确规律，反刍练习。坚持一天，就会有一天的收获，坚持一个月，就会有一个月的惊喜，坚持到中考，那么恭喜你，你收获的就是整体思维力的明显提升和一个聪颖灵活的脑袋瓜。

（范通战，原载公众号"为灿烂生命奠基"，有改动）

三步思维就是这样神奇，在归真课堂上，围绕"教学示范点"，围绕"问题"（预设性和生成性真问题），与"先学后用，学用结合"相融相依，一个点，一个"先学后用，学用结合"，一个"问题"，一个"三步思维"，一波一波，一浪一浪，若再加上我们接下来要谈到的"活动"，便形成了简单实用、简洁高效且精彩纷呈、气象万千的归真课堂。

第四个支撑：活动

叶澜教授说："在我的教育学研究生涯中，最能打动我的两个字是'生命'，最让我感到力量的词是'实践'。"而活动完美地将这二者蕴含其中。归真教育脱胎于活动式训练课型，"活动是教育教学的智慧之花""无活动不归真""无活动不课堂"，谈归真课堂，绕不过活动。在《归真教育——教育本真的探索与实践》一书中，谈及活动的篇幅已达130余页10多万字，在本书第一辑中也多有谈及，重复的内容不再多谈,此节,我们换个角度,强调几点。

(一)活动,要突出趣味性

精彩的课堂活动,是教师智慧的结晶、创造性的化身,是一种具有高度科学性的教学手段。它有利于营造良好的学习氛围,有利于激发学生的学习兴趣,有利于学生自觉地探究知识,有利于训练、提高学生的能力,有利于发展学生的思维、智力。归真课堂倡导活动的最重要的原因之一就是"活动是激发兴趣、营造氛围、激活课堂生命状态的良兵利器"。

1.归真课堂启动阶段活动,要求新、巧、快、动。

(1)新。新则出奇,新则生趣,引人入胜、奇趣横生的活动,一下子就可以激活课堂,激活人。所谓新,一指语言新,二指形式新,三指内容新。语言新,则使人闻之如聆仙乐,品之如饮甘泉,心境舒泰,兴致盎然。形式新,会令人精神为此震荡,耳目为此吸引,自然专心致志,乐学不疲。内容新,一方面能让人心驰神往,沉迷陶醉;另一方面又能够启迪心智,开阔思维,催人咀嚼品味。

(2)巧。设置活动,要善于巧穿针、妙引线:①与教学内容巧妙相连。可以直冲重点,也可旁敲侧击,还可蜻蜓点水,旨在激发兴趣,调动学生心中潜在的学习需要。②与思维训练巧妙相连。力争点燃学生思维的火花,开拓学生的思维,使学生在积极的思维过程中体会到学习的乐趣,从而产生高昂的学习情绪。③与学生生活巧妙相连。走进孩子的心灵,走进孩子的生活,我们就会知道什么叫丰富多彩。教学活动与孩子的生活相连,他们顿时就会产生一种亲近感,自然也就乐意参与。④与实际需要巧妙相连。与课堂教学无关的活动,即使设计、组织得再生动再精彩,也不足取。

(3)快。"简洁是天才的姊妹。"课堂启动阶段的活动要精心设计,力争用最短的时间,最大限度地激发学生的学习热情,引发学生的思维积极性,营造出民主、自由、和谐、开放的课堂活动氛围。

(4)动。动有两方面的含义:①启动阶段设置的活动,宜动不宜静,应动多静少。②这一阶段的活动,必须引领学生参与完成,反对教师唱独角戏。没有学生参与的活动,即使教师表现得再好,也不是一个好活动。

这四个字相辅相成,不可分开来看,在设计教学活动的过程中,只有统筹兼顾、综合考虑,才能灵光迸现、妙想天成。当然,也不必一味固守,大巧若拙、静中有动,不也是一种很高的境界吗?

下面请看几则课堂启动阶段的活动设计。

(1)周丽芳"直角三角形的判定"导入阶段活动设计。

(显示图片)舞台背景的形状是两个直角三角形,工作人员想知道这两个直角三角形是否全等,但每个三角形都有一条直角边被花盆遮住,无法测量。

①你能帮他想个办法吗?

②如果他只带了一个卷尺,能完成这个任务吗?

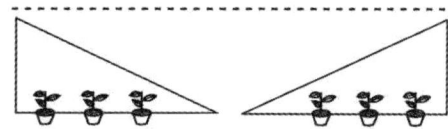

方法一:测量斜边和一个对应的锐角(AAS)。

方法二:测量没遮住的一条直角边和一个对应的锐角(ASA 或 AAS)。

工作人员测量了每个三角形没有被遮住的直角边和斜边,发现它们分别相等,于是他就肯定"两个直角三角形是全等的"。你相信他的结论吗?

点评:设置问题情境,既生趣,又与本节所学内容巧妙相连,新,巧,快,动。

(2)贺小燕老师"地球和地球仪"导入阶段活动。

师:周末随家人自驾外出旅游,导航在手,天下我走,谁知道,精准导航靠的是什么呢?

生:GPS、北斗定位。

师:为什么能做到精准定位呢?这一节我们就来解开这个"为什么"!

点评:紧贴生活,关联知识,新,巧,快,动。

(3)郑金花老师《美丽的颜色》导入阶段活动设计。

当读过这篇文章时,我深深陶醉在《美丽的颜色》里,深深地为居里夫妇感人的科研精神而折服。同学们,你读了课文后,是什么感受?有何体会呢?

点评:师生共情,新,巧,快,动。

2.归真课堂各阶段的活动,都需要突出趣味性。"活动是发动机,活动是动力源泉""课堂上有活动,课就活了"。在日常教学中,导入阶段的活动设置得有趣些,教师们一般都能够做到。其实,课堂活动的趣味性,在归真课堂上无处不在,贯穿在每一个教学阶段的活动中。请看以下几个例子。

活动一:人物语气模仿秀。
读出不同人物的语气。(用多媒体打出例句)
肉食者谋之,又何间焉?(读出反对的意味)
小惠未遍,民弗从也。(读出否定的意味)
忠之属也,可以一战。(读出肯定的意味)
夫战,勇气也。一鼓作气,再而衰,三而竭。(语调应舒缓、深沉,读出议论的语气)
夫大国,难测也,惧有伏焉。(有解说的意味,语调应低缓)

(赵金柱《曹刿论战》)

本来文言文朗读无滋无味,但赵老师用一个"人物语气模仿秀"活动,就点燃了课堂,人人跃跃欲试,个个活灵活现,满满的"文言味"弥散在现代的课堂里。

活动二:献计献策。
邱老师和辛老师要去旅游,请你来当参谋。她的出行你做主。
设计意图:结合身边的旅游实例,学生易于将书本知识和实际生活相联系,加深对铁路干线的理解和运用。

(张益民"交通运输")

这个教学活动,是张老师引导学生在初步学习了我国的铁路干线之后,为加深理解和运用而专门设计的。活动中提及的邱老师和辛老师,分别是班里的数学和语文老师,身边人,身边事,一下子激活了课堂。

活动三:火眼金睛。

下面是一位同学配制一定溶质质量分数的氯化钠溶液时的流程图,请找出其中的错误。

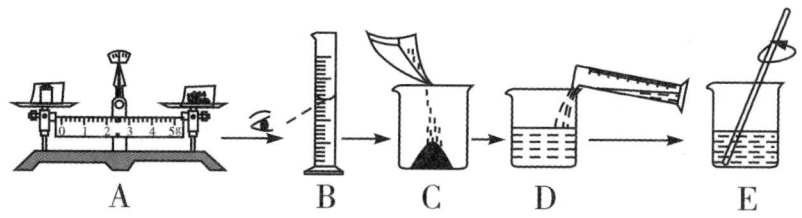

(1)图中有几处错误?对所配制溶液有什么影响呢?

(2)将氯化钠固体倒入烧杯时,还有部分氯化钠固体留在纸上,则所配得的氯化钠溶液的质量分数_____6%。

(3)某同学由于紧张将量筒中的水倒入烧杯时,不慎溅到烧杯的外面,则所配得的氯化钠溶液的质量分数_____6%。

(张志红"一定溶质质量分数的氯化钠溶液的配制")

张老师设置的这个活动是在课堂检测阶段,且非常简单,就四个字"火眼金睛",没有过多的解释,没有规则的限制,就活动的内容而言,好像也无什么趣味可言,但就是这四个字,却让课堂焕发出无限的生机和活力——因为,张老师面对的是一群十四五岁的孩子,谁不想让自己在同学面前有一双"火眼金睛"呀,尤其是这个年龄段的少男少女!

(二)要确立活动课程观

归真课堂,一定要确立活动课程观。对教材进行活动式二次开发,"活动就是课程""活动就是用"。课堂上,把活动开发好、使用好了,课也就上好了。下面这个案例,就是我针对《叶圣陶先生二三事》进行的活动式二次课程开发。

《叶圣陶先生二三事》课堂活动的 N 种设计

活动,是教育教学的智慧之花。在设计教学活动时,只要我们能够回归语文本真,立足课标要求,结合文本特点,心怀语文素养,启动教学智慧,就一定可以设计出能够运载多维训练目标的精彩课堂活动来。

下面与大家分享一组《叶圣陶先生二三事》一文的课堂活动设计,以供借鉴。

活动一:给叶圣陶先生写一段祭文。

活动设计:先生离我们而去了,但先生的言行、功德、教诲犹存,请你以张中行先生的身份,为叶圣陶先生写一段祭文,要求与提示:①内容出自课文中。②可以借用文中的词、句,但要重新组织语言,不能大段摘录、抄写。③内容不必面面俱到,但要力争涵盖课文中的主要事件。④情感真挚深切,语言简洁明了。⑤500字左右。

活动二:将文章改写成张中行与叶圣陶先生的面对面谈话稿,并在课堂上开展面对面的谈话活动。

活动设计:请变换角度,将本文改写成一篇张中行和叶圣陶先生面对面的谈话稿,并推荐代表参与课堂面对面谈话活动。要求与提示:①谈话稿以本文涉及的事件为内容。②改写时请根据本文内容,准确把握叶圣陶先生的语言风格。③在张中行先生的谈话中,要巧妙嵌入对叶圣陶先生的评价。④在面对面谈话过程中,要求脱稿。

活动三:结合文章内容,设计一份师生问答。

活动设计:假如你是学生,在学习本文的过程中,你会提出哪些你认为有价值的问题?假如你是教师,针对学生提出的问题,你会做出怎样的解答?现在请你一面以学生身份提问,一面以教师身份作答,设计一份关于本文内容的师生问答。要求与提示:①以学生身份提问时,要注意参考单元提示、预习提示、思考探究和积累拓展的内容,但不得照抄照搬。②学生提问,既可从有疑处设问(自己有疑),也可从无疑处设问(自己认为重要),要力求从多个角度设计问题,可以涉及本文的内容、写法等方面。③教师回答,要求语言简明、准确。④问题要从文本中来,答案要到文本中去。⑤至少设计3个问题。

活动四:给叶圣陶先生写一篇四字格的铭文。

活动设计:先生离世,功德永存,身为后学,自当铭记,请你给叶圣陶先生写一篇铭文,记述先生功德。要求与提示:①自查资料,了解铭文的写法。②所记内容,以本文内容为基础。③以四格字句行文,可选用文中原词,也可根据文章内容自己提炼。④语言简明,朗朗上口,力争用韵。⑤不少于80字。

活动五：请以"《叶圣陶先生二三事》写作特点分析"为题，写一篇不少于400字的文章。

活动设计：请认真阅读课文，在理解课文内容的基础上，分析本文的写作方法，然后写一篇不少于400字的文章。要求与提示：①可以从选材、结构、语言、情感等多角度展开分析，也可选取一两个角度来谈。②每一个角度需要提炼出一个中心句。③行文需要有理有据，观点可以自己提炼，依据要从课文中来，要善于围绕文本的具体内容展开分析。④可以适当参考相关资料，若有借鉴与引用，要注明出处。

活动六：请以"试析叶圣陶先生的宽厚待人"为题，写一篇不少于400字的文章。

活动设计：请阅读课文相关部分，仔细分析事件，认真揣摩语言，然后写一篇400字左右的分析文章。要求与提示：①分析，不是简单的转述，请在概括事件的基础上，结合自己所要表达的主题，展开客观的分析。②同样写宽厚待人，但不同的事，切入的角度是不一样的，要能够结合文中所选事件，进行具体的分析。③在分析的过程中，可以在适当的地方，以合适的文字，表达出你对叶圣陶先生人格的情感态度。

活动七：请以"试析叶圣陶先生的作文主张"为题，写一篇400字左右的文章。

活动设计：请阅读课文相关部分，抓住关键词句，概括叶圣陶先生的作文主张，并结合事例内容做出简单分析，写成一篇400字左右的分析文章。要求与提示：①结合课文内容，力求概括全面。②结合文中事例，做出简单分析。③联系自己的作文实际，写出所受启示。

活动八：设计一份《叶圣陶先生二三事》的阅读训练操作方案。

活动设计：假如你是一位老师，要以《叶圣陶先生二三事》为阅读材料，来训练学生朗读、默读、略读、精读、跳读、选读、批注读、质疑读等阅读方法，你会怎样操作？请结合课文的具体内容，设计一份阅读训练操作方案。要求与提示：①设计时，要根据不同的内容，选择合适的阅读方法，并标注清楚。②对朗读部分的内容，要从重音、节奏、语速、语气等角度具体分析、标注。③对精读部分的内容，要对相关的重点词、句做出简单的批注。④可以选择一两种你认为最适合本文的阅读方法展开设计,不必面面俱到。

活动九:以"从叶圣陶先生的作文主张看张中行先生的《叶圣陶先生二三事》"为主题,开展一次课堂辩论活动。

活动设计:认真阅读课文,了解叶圣陶先生的作文主张,同时关注本文的语言风格,然后以"从叶圣陶先生的作文主张看张中行先生的《叶圣陶先生二三事》"为主题,从正方或反方角度,确立一个观点,并从文中找到支撑观点的依据,展开简单的分析,在此基础上,参与课堂辩论活动。要求与提示:①观点鲜明,有理有据。②观点出自文本,支撑材料主要依托文本,也可适当借用课外资料。③发言要言简意赅,先亮明观点,再述说依据。除引用的资料外,其他用语要力争口语化,努力做到"律己严"。④辩论过程中,可以攻击对方观点,但不能语言伤人,要"待人厚"。

活动十:将《叶圣陶先生二三事》改写成一篇演讲稿,开展课堂演讲活动。

活动设计:为纪念叶老,弘扬其精神,光大其主张,请将《叶圣陶先生二三事》改写成一篇演讲稿,并积极参与课堂演讲活动。要求与提示:①请事先查阅,了解演讲稿的写法,尤其要注意演讲稿对观点、事件、语言、听众等方面的要求。②内容出自文本,注意是改写,不是扩写或编写。③可以根据内容及情感的需求,在适当的地方加入肢体语言的设计。④以小组为单位拟定一份评价表格,要求项目合理,标准具体,在课堂演讲活动时使用。

············

每一个活动都是一个平台,操作恰当,学生思维的灵性、综合的素养,就可以在这一平台上放飞、滋养、提升、收获。

(范通战,原载公众号"为灿烂生命奠基",有改动)

这里的每一个活动,都可以单独成为一个课程,在课堂上,恰当运作,都可以迸发出无穷的智慧能量。这样的活动做好了,还愁什么课堂教学呢?

(三)活动,要易于操作

运用活动式训练课型,往往会遇到这样的问题:有的活动,创意设计很好,既能激趣,又能运载知识与能力训练,但在课堂上一活动起来,却发现很难操控,要么放不开,要么收不回来;有的课堂,设计了几个活动,感觉每个活动都很好,也都很有必要,可一活动起来,往往到下课时间了,还有一大堆任务未完成;有的活动,感觉开展得很好,学生兴致高昂,课堂气氛活跃,教师高兴,学生幸福,可回过头来去看的时候,却发现教学的实际效果很一般,该学的没有学会,该练的没有练好;有的活动,热热闹闹,一堂课下来,收获却很寥寥……这些问题,我在探索活动式训练课型的初期,都遇到过,主要原因还是自己当初未能真正洞彻"真活动"的本真。随着"一点两步四环节"的诞生,尤其是"教学示范点""先学后用,学用结合""三步思维"出现之后,这些问题也就不存在了。

大道至简,当悟透归真课堂的本真之后,我们会发现,归真课堂——至简,至效,围绕一个"教学示范点","先学后用,学用结合",遇到"问题","三步思维",并以适当的"活动"作为组织形式,课堂就这样一波又一波、一浪又一浪,用一个或几个"活动"运载一个"教学示范点","先学后用,学用结合",遇到"问题","三步思维",螺旋推进,涟漪迭起,智慧无限,美妙无比。

关键的关键,活动很重要,但活动是平台,是载体,是形式,是催化剂,是调味品,其承载的课程、知识、能力、素养训练,才是其本真。因此,我们在设置活动时,在形式上,要力求可操作、易操作、好安排、好掌控。你想得再好,设计得再好,若是无法操作,或是在自己的能力范围内不能掌控,那有何用?在操作活动时,要"形到即可",要将更多的时间、更多的精力,用来"求其真""保其本",守住"课程、知识、能力、素养训练"。课堂运作活动,就像放风筝,风筝一旦放起来之后,其承载的课程、知识、能力、素养训练就可以自由游弋了,只需要在适当的时候,扯扯筝线而已。

请看下面几个教学活动。

活动一:分角色朗读,先在组内开展活动,再进行小组展示。

朗读指导:

(1)根据邹忌三问时的不同心理,用不同的语气来读:一问时的自信满满、沾沾自喜,二问时的严肃和疑虑,三问时的小心试探和疑虑加重。

(2)相应读出妻的赞美与肯定,妾的讨好及更加肯定,客则有逢迎之意,且语气明显平淡。

(3)齐威王:要读出"善"的赞赏,及颁布命令时的果断、坚定。

(王芳《邹忌讽齐王纳谏》)

这个活动,设计指向性非常明确,就是要在分角色朗读中,引领学生去品味、体验、感受文中人物不同的心理、情感、性格,训练学生在朗读中用不同语气来表达人物心理、情感、性格的能力。从操作的角度来看,这个活动在设计时,操作方法明晰,朗读指导到位,易于操作;从课堂实际的操作看,达到了"真、实、活"的效果。

活动二:学生活动,读图 2-2-1。

1.请描画出 1 月 0 ℃等温线,看看它大致与哪些重要的地理事物的分布相符合。

2.找出中国 1 月平均气温最低的地方。

3.说一说,此线以南、以北地区的温度差异。

师:巡回指导学生读图方法。

学生组内交流完成情况。

(王小霞"气温的南北差异")

这个活动立足于学科特点,围绕读图、画图设计教学活动,内容具体,方法明确,易于操作,是一个"真活动"。

活动三:自学课本 54~55 页,思考:怎样分析数量关系并用含有字母的式子表示数量关系?

学生分析讲解例 1 和例 2,总结列式的方法并注意书写的规范性。

(薛春利"用字母表示数")

自学,自讲,自总结,谁能说这不是一个极易操作的"真活动"呢?

课堂上,要想个办法让学生动起来、思起来、学起来、活起来,且这个办法越简单越好。

(四)活动,要契合学科特点

"无学科不活动",课堂教学活动的设计,要契合学科特点,如果单单为活动而活动,那这个活动就没有存在的必要了。为教学而活动,为培养学科思维、发展学科能力、提升学科素养而活动,才是我们组织活动的本真追求。就这一点而言,我们所说的"真活动",其本真可以称为"学科活动"。请看下面这个案例。

透镜对光的作用
——学生设计实验活动的重要性

"透镜对光的作用"是人教版物理八年级下册第六章第一节的内容,根据课标要求,本节教学要从透镜的外形和透镜对光的作用两方面来认识凸透镜和凹透镜的区别。为激活学生思维,我引导学生自己设计实验活动,取得了意想不到的好效果。具体操作如下:

活动一:认识凸透镜和凹透镜。

让学生阅读文本后,我提出了两个问题:

1.观察眼镜的镜片,看看近视镜片和远视镜片有什么不同。

2.出示各种透镜,有的中间厚、边缘薄,有的中间薄、边缘厚,让学生挑出两种不同类型的透镜,并说出自己挑选的理由。

学生以小组为单位,经过探讨设计出了挑选的方法:动手摸透镜的厚薄、用透镜观察书本上的字看成像的大小。

因为凸透镜中间厚、边缘薄,凹透镜中间薄、边缘厚的外形特征,通过手的感触,很好地完成了课标要求,通过观察自己书本上字的大小,学生亲身体验,认识问题更加深刻。

活动二:探究凸透镜对光有什么作用。(建立模型)

学生在老师的引导下设计出如下实验活动:

1.在白纸上放好凸透镜,用光照射透镜,你观察到了什么现象?

2.改变光的照射方向,你有什么新发现吗?

3.请你把光的传播路径显示在白纸上。

4.设计好探究顺序,分条归纳,总结展示。

学生按照自己的思路操作实验,先用光从不同方向照射光心,发现过光心的光线方向是不改变的。打开平行光源后,凸透镜把平行光汇聚到了一个点,学生们把光线画在了白纸上。学生接着又把不平行的光照在了凸透镜上,发现光不是直接会聚的,但是当把光线留在白纸上时,将折射光线与延长入射光线比较,发现折射后光线向主光轴方向靠拢,会聚。归纳以上三种情况,同学们总结出透镜对光有会聚作用,同时还编制了顺口溜:过心不变,平行过焦,过焦平行。这个顺口溜朗朗上口,易记易用。

反思:这节课,学生设计实验活动,并围绕实验设计有序展开探究活动,个个兴趣盎然,思维灵活,人人积极投入,认真探究,围绕有弹性有张力的学科问题,动手、动脑,在思考和解决问题的过程中学知识、练能力,收到了很好的教学效果。当我们在教学中充分发挥学生的主观能动性,引领他们自己去设计实验、操作实验的时候,定会收到丰硕的回报。

(武陟县实验中学　郭为学)

郭老师在这节课上,引导学生设计了两个教学实验活动,识别透镜和探究透镜对光的作用。这两个活动,均能紧扣学科特点,引领学生在实验中学知识、练思维、增能力。对于理化生学科而言,实验就是最好的活动。很多时候,无须刻意设计,直接开展实验,让学生思起来、做起来,课堂自然而然就能达于"真、实、活"的境界。

(五)活动,必须运载知识与能力

活动,不仅仅是快乐的调料,它是知识与能力的载体,是一种最具智慧性的教学方法和组织形式。每一个真活动,都是教师智慧的结晶,都有学科知识、学科思维和学科能力在闪光。请看吴明霞老师的一段教学活动案例。

品味细节　读懂母爱

师:同学们,作者从拒绝一切美好的事物,到最后积极乐 | 品读活动,由一个问题开启。

观地面对生活,是受什么力量的影响?

生齐答:是母爱的影响。

师:在这篇文章中,史铁生用非常平实质朴的语言描写了母亲,但是细细品味每一句话,都让我们感受到巨大的力量。这是为什么呢?对,是因为文章中有很多关于母亲的细节描写。我们先来了解一下什么叫作细节描写。

师:请你大声地为同学们读一读。什么是细节描写?(出示课件5细节描写知识链接)

生:细节描写是指文学作品中对人物动作、语言、神态、心理、外貌以及自然景观、场面气氛等细小环节或情节的描写。细节描写就是将动作放慢,用放大镜将心理、神态、环境、场景等放大。

师:细节描写是刻画人物形象的重要手段,可以非常生动地塑造出人物形象,可以刻画出、烘托出人物的心理情感的变化,是塑造人物形象的主要方法。下面老师想请同学们寻找细节,品味细节,在品味细节的过程中,理解母亲,读懂母爱。请同学们四人一小组合作交流,找一找文章中最感动人的文字,圈画出描写母亲的细节,分析母亲的形象,并有感情地朗读。4分钟以后我们组内派代表发言。(出示课件6)

师:举手回答的前三组,小组代表来讲台前面给大家展示,找的细节尽可能全面,其他组如果还有补充,在组内位置上举手补充。哪一个组先来?

(小组代表来讲台前面展示小组交流成果)

第五组代表:我找到的是第6自然段。"邻居的小伙子背着我去看她的时候,她正艰难地呼吸着,像她那一生艰难的生活。别人告诉我,她昏迷前的最后一句话是:'我那个有病的儿子和我那个还未成年的女儿……'"在最后一句话,她昏迷前的最后一句话是"我那个有病的儿子和我那个还未成年的女儿……"这是对母亲的语言描写,从中我看出了母亲

> 知识随文而教,适时插入细节描写的知识。

> 找细节,品细节,理解母亲,读懂母爱,给学生充裕的自主活动时间,同时,又给予学生明确的学习方法和读书习惯指导。

> 在读中品,读中析,读中悟,读中分享。

在昏迷前依旧还惦记着自己儿女的安危,把儿女放在第一位,儿女在她心中重于泰山,而自己却轻如鸿毛,我从中体会到了母爱伟大、真切、朴实。

师:请坐,你真是一位细心的同学!其他组找到的细节,如果你们本组没有找到,同学们在细细品味的同时,还可以顺手做一下笔记。

> 做笔记,既是一种习惯,更是一种素质,这何尝不是一种细节呢?

第三组代表:我找到的是第1自然段"母亲就悄悄地躲出去,在我看不见的地方偷偷地听着我的动静"。"悄悄地""偷偷地"写出了母亲的小心谨慎。这些细节描写体现了母亲对"我"的关爱。

师:这种爱体现在?

第三组代表:"悄悄地""偷偷地"这些细节里。

> 有意识地引导学生关注细节。

师:母爱体现在无声的动作里啊。

第一组代表:我找到了第1自然段的第四行"当一切恢复沉寂,她又悄悄地进来,眼边儿红红的,看着我"。从"眼边儿红红的"可以知道母亲十分悲痛,但仍不愿让"我"发现她的难过,体现了母亲的坚强,表明了母亲对"我"暴怒发泄心中痛苦的理解和包容。

师:第1自然段里还有一处细节,哦,好,那边儿有位同学想补充。

> 活动紧紧围绕细节展开。

第六组代表:"我狠命地捶打这两条可恨的腿,喊着,'我可活什么劲儿!'母亲扑过来抓住我的手,忍住哭声说:'咱娘儿俩在一块儿,好好儿活,好好儿活……'"这一句里的"扑""抓""忍"几个动词,生动形象地表达出了母亲非常在意"我"内心的感受,而且我还从这一句看出了母亲鼓励儿子要珍惜生命,坚强地活下去。

> 学生对语言的赏析和文本品读能力,就是这样一步步得到训练提升的!

师:母亲说了什么话?是如何说的?

生齐答:"咱娘儿俩在一块儿,好好儿活,好好儿活……""忍住哭声说"。

师：我们大家体会一下这个细节，为什么要"忍住哭声说"？

第二组代表：她是想用强大的毅力克制自己的悲痛，努力给儿子坚强的力量。

师：请坐，你已经体会到了这个母亲内心的痛苦。"我"双腿瘫痪，很伤心，很痛苦。我们来看"瘫痪"两个字是什么部首？

生齐答：病字框。

师："我"的痛苦来源于身体的病痛，我们再看"憔悴"二字。文章后面的文字里有"憔悴"二字，母亲的"憔悴"。"憔悴"两个字是什么旁啊？

生齐答：竖心旁。

师：病在儿身，痛在娘心，母亲的痛苦来源于对儿子病情的深深的担忧，是对儿子失去生命的希望的深深的担忧和痛苦啊，她"扑"过来"抓"住"我"的手，这些动作里体现出母亲的焦灼。"憔悴"这个词语里，不仅体现出母亲担忧儿子，还要忍受着自己病痛的折磨。这是一处细节。现在还有同学补充吗？

第四组代表：我选的是第3自然段"母亲进来了，挡在窗前：'北海的菊花开了，我推着你去看看吧。'她憔悴的脸上现出央求般的神色"。"挡"其实是母亲有意的动作，她怕我看到落叶凋零的萧条景象触景生情，产生伤感、绝望的心情，从而失去对生活的信心。"憔悴"体现了母亲饱受病痛折磨，表现出母亲屡次遭受拒绝却从未改变对儿子的关怀与希望。

师：回答很具体，说明这位同学在预习的时候下了足够的功夫，也能表现出他对这个细节深深的体会。母亲为什么要"挡"？

生齐答：怕"我"触景生情，看到落叶悲观、难过。

师：母亲是在小心地照顾着"我"的情绪啊。老师也找到

一次次将品读活动引向一个个细节。

教师也作为一个品读者参与了进来，关注的仍是细节。

了这样两段话，我找的句子是在第1自然段和第3自然段。这两个句子很相似。（出示课件7）

"听说北海的花都开了，我推着你去走走。"

"北海的菊花开了，我推着你去看看吧。"

"走走"变成了"看看"，说明母亲越来越谨慎小心，"看看"后面加上了一个语气词"吧"，表示商量的语气。这是一个小心地照顾着"我"的身体，还在照顾着"我"的情绪的母亲，她的爱不仅体现在这些悄无声息的动作里，体现在这些坚强、坚韧的话语中，还体现在"憔悴"的神态上，还体现在央求般的语气里。（出示课件8）

1.母亲就悄悄地躲出去，在我看不见的地方偷偷地听着我的动静。

2.母亲扑过来抓住我的手，忍住哭声说："咱娘儿俩在一块儿，好好儿活，好好儿活……"

3.母亲进来了，挡在窗前："北海的菊花开了，我推着你去看看吧。"她憔悴的脸上现出央求般的神色。

师：母爱不仅仅是一种给予，是一种付出，其实母爱还是一种责任。这种责任是要教会"我"如何面对自己残缺的生命，母亲两次想陪"我"一起去看花，那我想问问同学们，为什么母亲这么执着地想陪儿子去看菊花呢？

生齐答：母亲多次让儿子出去看花，是因为想让儿子从痛苦的心情里走出来，不再为自己的身体而感到悲伤。

师：菊花是一种非常耐寒、向阳、适应力极强的花，母亲想通过看菊花，来唤起"我"对生活的希望啊，通过看菊花，想让"我"像菊花那样，勇敢地面对挫折。（出示课件9菊花图片及文字）

不论经历多少坎坷、磨难，都要用积极、乐观、洒脱的心态面对未来，活出自身的精彩，绽放生命的光芒。

师：史铁生曾经在他的《合欢树》里还这样写道：（出示课

呈现出来的，都是精彩的细节描写。

教到深处是育人，这才是真正的归真。

件10)

链接材料：

后来她发现我在写小说。她跟我说："那就好好写吧。"……"我年轻的时候也最喜欢文学，"她说。"跟你现在差不多大的时候，我也想过搞写作。"她说。"你小时候的作文不是得过第一？"她提醒我说……她到处去给我借书，顶着雨或冒了雪推我去看电影，像过去给我找大夫、打听偏方那样，抱了希望。

——《合欢树》

师：母亲鼓励"我"写小说，想带着"我"去看菊花。母亲是想让"我"坚强乐观，不仅要活下去，还要活出精彩来，蹚出一条属于自己的幸福之路。这是一位多么有远见、睿智的母亲。下面我们总结一下母亲的形象，文中的母亲是一位怎样的母亲呢？

学生七嘴八舌：细心耐心，无私无畏，慈爱坚韧，远见睿智……

师：文中的母亲是艰难的，不幸的。自己身患绝症，风华正茂的儿子又双腿瘫痪，女儿还未成年，自己却带着满满的牵挂，溘然长逝。但是，母亲细心耐心、无私无畏、慈爱坚韧、远见睿智，她用自己的生命践行了"好好儿活"，他用自己的生命来告诉儿子什么是"好好儿活"！

师：大家认为什么是"好好儿活"？你理解母亲所说的"好好儿活"吗？

用一个"好好儿活"的细节，引发学生对生命的关注和思考。

生：就是想要让儿子重新燃起对生活的希望，不仅要活出希望，还要活出精彩。

生：无论遭遇什么样的厄运，都要活出尊严，活出自我的个性。

师：通过以上环节，我们大家细心地捕捉到了细节，读懂了母爱，理解了文中这样一位坚强的母亲、伟大的母亲。那

引发学生对文章的深层思考。

我想问问同学们,在文中史铁生读懂了母爱吗?

生:刚开始他没有,直至母亲去世,他才理解了母亲,他到母亲去世后才明白了母亲的期望。

师:所以文章中的"我"对母亲是一种怀念之情。(板书)

  秋天 母亲

师:我们感受到了史铁生对母亲深深的怀念之情,在怀念里也蕴含了他深深的遗憾。那么母亲对他的期望和深深的爱,有没有照亮史铁生的后半生呢?

生:母亲的爱,照亮了史铁生的后半生,第7自然段最后几句话:"我懂得母亲没有说完的话。妹妹也懂。我俩在一块儿,要好好儿活……"从这些话看出史铁生的母亲的期望已经照亮了史铁生的后半生。

师:在天高云淡的秋天,看着泼泼洒洒的菊花,我和妹妹一起怀念着母亲,感悟到了母爱,悟出了生命的真谛。请大家一起齐读第7自然段。

(生齐读第7自然段)

师:是呀,母亲的爱照亮了史铁生的后半生,老师也从文章中的插图中,看到了微笑着面对生活的史铁生。在这幅图片中,我们看到了微笑、乐观、积极向上的史铁生。史铁生最终明白了要好好活着,他不仅珍爱生命,勇敢地活了下去,而且活出了属于自己的人生。(出示课件12)

好好活——珍爱生命 勇敢活下去 找到属于自己的幸福

还有同学要补充,请声音高一点来补充。

生:在后半生的时候,史铁生经过母亲的开导,写出了自己人生的华章。

师:你觉得他人生的幸福,他人生的华章是什么?

生:就是努力地朝着自己写作的目标奋斗。

师:很好,请坐。史铁生,不仅坚强地活着,而且他蹚出

> 再次品读细节,感悟生命。

了一条文学的道路,自己幸福的道路。(出示课件13)

1979年发表第一篇小说《法学教授及其夫人》。成名作《我的遥远的清平湾》和《奶奶的星星》分获1983年、1984年全国优秀短篇小说奖。中短篇小说集《我的遥远的清平湾》《命若琴弦》《老屋小记》《往事》,长篇小说《务虚笔记》,散文、随笔集《我与地坛》《病隙碎笔》等。此外,他还创作了电影剧本《死神与少女》等。

最后巧妙嵌入文学常识,用史铁生写出的人生华章,将学生引向课外更广阔的成长天空。

(案例提供者:武陟县实验中学吴明霞《秋天的怀念》 解读:范通战)

在这节课上,吴老师围绕"品味细节,读懂母爱"这一活动,适时地嵌入知识,巧妙地引领学生在文本中穿行,找细节,读细节,品细节,悟细节,一步步走进语言深处,领略文章之美,感悟生命真谛。同时,在反复的读与品中,也有效地培养锻炼了学生对语言的感知、理解、品味、赏析的能力。

(六)活动的最高境界,就是无活动

在归真课堂体系中,活动很重要,但比活动更重要的,是学科知识、学科思维、学科素养和学科能力。我们之所以用活动来运载课堂,根本原因是其更有利于学科知识、思维、素养、能力的训练和提升,如果这些目的不用活动就能达到,我们何必非要多此一举呢?

活动的最高境界就是无活动,这可以有两方面的理解。

一是设计者能够根据教学内容,巧妙地进行设计,使活动与内容水乳交融,表面上看不到活动的痕迹,但活动自在其中。请看下面几个活动。

活动一:自主探究。

问题1.你能借助圆做出一个正五边形吗?请在练习本上画一个,并证明。

问题2.将一个圆五等分,依次连接各分点得到一个五边形,这个五边形一定是正五边形吗?如果是,请你证明这个结论。

(武陟县实验中学侯薇"正多边形和圆")

就数学而言,探究的本身,就是最好的活动!

活动二:思考。

有一个人患了流感,经过两轮传染后有121人患了流感,每轮传染中,平均一个人传染了几个人?

(武陟县实验中学张海霞"实际问题与一元二次方程之传染问题")

生活化的问题,能自然地引发学生的思考,这就是最好的活动!

活动三:演示实验。

1.在塑料袋中滴入酒精,挤出空气后扎紧口,袋子里只有液体的酒精。问:放入热水中,你会看到什么变化?请观察现象:袋子立刻鼓起来。思考:空气已经挤出来了,里面的气体是由什么状态转化来的?

2.从热水中拿出塑料袋,过一会儿又有什么变化?请观察现象:袋子立刻变瘪了(收缩)。思考:里面的气体转化为_____态。

3.由此我们可以得到什么结论?

(武陟县实验中学康丽"汽化和液化")

就物理学科而言,实验就是最好的活动!

这几个活动中,教师均能精选内容,无须刻意设计活动而自带趣味,在课堂实践中都取得了很好的教学效果。学科活动,当努力追求这种境界。

二是上课教师在学生面前具有极强的人格魅力,每一个学生从内心深处都喜欢他(她)的课,在这种情况下,他(她)的一举一动一笑一颦一个眼神都是"活动"。请看下面一篇案例。

"单项式乘单项式"教学案例

一、问题引入,激发兴趣。	这种导入,在日常教学中很常见,但挺实用。
师:同学们,你们知道太阳与地球之间的距离吗?	
生:不知道。	
师:那老师给你们提供两个条件:光的速度和光照射到地球的时间,你能列式计算一下吗?	
请拿出练习本,来做一下。	
(学生开始动手写,我在下面转,见学生都能把式子列出来,我赶紧加了一句:你们会计算吗?听到我的提问,学生下意识地开始计算起来,1分钟之后大多数都已经做完了,不过我看了一下,只有一两个学生最后用的是科学记数法,大多数都没有正确表示)	你们知道……吗?你能列式计算一下吗?他这样做对吗?你们同意哪种结果?随着牛老师的循循善诱,每一个孩子的思维便开始灵动起来。
师:谁来说一下你的式子与计算结果?	
生:$3 \times 10^5 \times 5 \times 10^2 = 15 \times 10^7$。	
师:同学们,他这样做对吗?有没有不同答案?	
(大多数学生齐说:对。后来有几个同学发出了不同的声音:不对,要用科学记数法表示,我就找了一位学生说一说他的答案)	
生:应该是 1.5×10^8。	
师:你们同意哪种结果?	
(这时候学生们都反应过来了)	
生齐说:第2种,用科学记数法表示。(给了学生时间改错)	
二、自学课本,检测自学效果,总结法则。	一个数字变字母,将学生引入自主探究的学习行动中。
师:如果老师把数3变成字母 a,数5变成字母 b,底数10变成字母 c,那这个式子就变成了 $ac^5 \cdot bc^2$,怎么计算单项式乘单项式呢?请同学们带着大屏幕上出示的三个问题,一起来预习课本第98~99页。	
单项式与单项式相乘:	

1.系数怎么办?

2.同底数幂怎么办?

3.只在一个单项式里含有的字母怎么办?

(学生开始看书,我巡视,当看到大多数学生开始做课后习题,有的已经做完习题并坐好时)

师:接下来让我们通过这5道题来检测一下大家的预习效果。(找4、5号学生来说,并指出错误的原因)

(学生都回答得很好,到了第4题,观察到学生没办法直接看出结果)

师:可以动手计算一下。(学生写完之后,找了一个学生来说答案,之后第5题,学生们就自觉地拿笔在练习本上计算,很快做出了答案。同学们都回答得非常好)

师:大家来总结一下单项式乘单项式的法则,通过刚才我们预设的三个问题,系数怎么办?

生齐说:系数与系数相乘。

师:相同字母怎么办?找同学来说一下。

生:指数相加。

师:谁知道这是我们之前所学习的什么运算?(这个时候学生都想起来了)

生:同底数幂相乘,底数不变指数相加。

师:很好,那只在一个单项式里含有的字母怎么办?

生:连同它的指数保留下来。

三、学生板演,运用法则。

师:好,请同学们按照这三点,在练习本上完成这两道题。

(1) $4y \cdot (-2xy^2)$

(2) $(-2a)^3(-3ab)$

(找5、6号学生来黑板上展示,看下面的学生都已经做完,我找两名学生来黑板上批改,出现了两个错误,第一个学

生数与数相乘之间的乘号写成了点乘,另一个学生给他改成了差乘,第二个学生同底数幂相乘,指数相加,计算错了)

师:数与数相乘能不能用点乘呢?(学生开始茫然,有的说能,有的说不能)　　　　　　　　　　　出现问题,小组讨论。

师:请同学们小组讨论一下。(经过讨论得出可以点乘,当时我同意了这个观点,下去之后有老教师给我指出来,数与数之间只能用差乘)　　　　　　　作为青年教师,坦诚面对问题,难能可贵。

师:既然两个单项式相乘大家会了,三个单项式你会做吗?让我们来试一试,找两名学生来黑板上板演。(我在下面转,看到有学生乘方展开出错,给他指出来,进行了改正,又看到另一个学生把多项式进行了展开,我给他指了出来,要把它看成一个整体,后又巡视,发现大多数学生都已做完)

师:请做完的同学在小组内互相对一下答案,看你们的答案是否一致。(学生们开始讨论,互相指出错误并改正)　　加大难度,继续运用。

师:找两名学生来批改一下黑板上做的题。(一个学生同底数幂,指数相加计算错了,另一个学生做对了,并让这名学生站起来讲了一下是如何做的,为什么要转化,学生说得很好,因为是偶次幂,所以它和相反数的偶次幂相同,目的是转化成同底数幂)　　　　　发现问题,适时辅导。

不放过任何一个生成的问题。

师:如果单项式乘单项式里出现了多项式,我们要把它看成一个整体。

四、编题游戏。

师:学到这儿,同学们已经掌握了单项式乘单项式,那我们来玩一个游戏,想不想玩?

生齐说:想!

师:那老师给大家说一下游戏规则,1.同学们需在1分钟时间内编一道单项式乘单项式。2.不能使用课本上的原题或我们刚做过的原题。好,开始!

(学生积极地在编题,我巡视了一下,编得都很好,时间

这算是一个活动了,但因为整节课的学习氛围都很好,当时听课的我,也没觉得在这儿起了多大波澜。但"编题"这一充满创造性的课堂活动,绝对值得点赞。

差不多后,就让学生起来说,说一个,让学生做,并让出题的学生选同学来回答,学生编的系数都很大,他们认为编的难度在于系数的大小)

五、活学活用,升级训练。

师:老师也给大家准备了几道题,来考考大家,请同学们来看这两道题。 | 用。

(学生动笔开始算,我看了一下,大多数学生都能做出来,看学生做完之后)

师:请一位同学来说一下你的答案。(找了一位4号学生,说的答案都是正确的)

师:看来老师出的这两道题对大家来说没什么难度,那再升级一下,来看这道题。 | 升格用。

(这时学生们认真审题,开始思考,好多学生不知道怎么做,有的做出来但答案不正确)

师:看来这道题有一定的难度,请同学们在小组内讨论一下。 | 遇到问题。

师:(讨论结束后)哪位同学来讲解一下?(找了一个3号学生,学生边说我边放课件)

师:我们再来做一道题来巩固一下,加深对这道题的理解。(学生开始照着前面这道题进行计算,大多数学生都做出来了,很是出乎我的意料,找了一个学生说了一下答案,同学们都异口同声:同意) | 及时反刍。

师:(看了一下时间,已经下课了)今天我们学习了单项式乘单项式,请同学们完成作业。下课!

(武陟县实验中学牛琳静"单项式乘单项式")

这是一个年轻教师,归真课堂的初学者,整体来看,这节课的设计只能算一般,没有多少波澜和涟漪,更没有什么特别出彩的地方。但就是这节课,赢得了当时所有在场听课的教师们的喝彩!我也给了她非常高的评价:这节课,落尽豪华见真淳,上得干净、洗练,围绕教学示范点,先学后用,学用结合,出现问题及时反刍,学生思维积极、生命在场,学得真、学得实、学得活,可以称得上是一节归真课堂的示范课。

牛老师这节课能取得成功,是靠她对归真课堂理念的精准把握和灵活运用,更重要的是,她用自己的精心、细心、耐心以及对每一个孩子的时刻关注,赢得了班级学生的爱戴。孩子们爱上她的课,愿听她的话。在她的课上,任何一个指令,孩子们都心甘情愿地执行,不打折扣地完成。

当一位教师,在学生心里有了这样的人格魅力的时候,课堂上还需要什么刻意设计的活动呢?每一位归真课堂的践行者,都应该努力追求这种境界!

第三辑　归真课堂需要确立的十种意识

一堂课的成与败，往往只在一念间。这个"念"就是支配教学行为的教学理念，在实践中，它又自觉具化为更细微的课程意识，通过教师本能的教学行为体现在课堂上，从而对教学效果产生直接影响。

在课堂教学过程中，我们该用怎样的课程意识来引领我们的课堂教学行为？2011年，新课程改革启动十周年之际，我曾撰写了一组文章《课堂教学必须确立的十种意识》，分十期在《教育时报》连载刊出。又一个十年过去，2022版课标修订出台，回头再看这组文章的时候，尽管觉得当时的文字有些粗糙，思考也欠缜密、深刻，但整体来讲，这十种意识仍很必要。现在从归真课堂的视角，结合新课程改革这些年来的发展，重新解读，收录在此，力争使其更具实践指导意义。

（一）心理安全意识

如果学生在课堂上连最起码的身心安全都得不到保障，还谈什么教学呢？如果课堂上学生的心理一直处于不安的状态之中，又怎会有和谐的师生关系和良好的教学氛围呢？如果学生因为教师的原因而心生郁闷、烦恼、焦躁等不良情绪，怎么可能会有课堂上的思维灵动和智慧闪光？

当初《课堂教学必须确立的十种意识》这组文章发表的时候，"心理安全意识"被放在第十的位置上，现在看来，错了。这不仅仅是因为归真教育"为灿烂生命奠基，为幸福生活铺路"，归真课堂"对生命成长的关注"，更重要的是，目前的现实生活中，青少年的心理健康问题日益突出，已经发展到了我们不得不给予足够重视的程度。东华大学人文学院在网上发布的《2021年青少年心理健康状况与需求调研报告》显示，2020年青少年的抑郁检出率为24.6%，其中，轻度抑郁的检出率为17.2%。在我们的身边，也有太多存在心理问题的孩子了。因此，心理安全意识应该成为归真课堂上必须确立的首要意识。

归真课堂，应成为每一个学生的心理安全地，每一节课都应该为学生带来沐浴心灵的阳光，绝不能成为心理问题的推手和制造场。请看下面的案例。

今天的学生为什么启而不发？

案例：

镜头一：

九年级化学课，一学生多次举手，希望老师允许自己在黑板上做题。

第一次，老师说："不是叫你哩！"

第二次，老师看了看他，欲言又止。

第三次，老师说："你来吧，别学上次再出错了。"

当这位学生写得正酣时，只听老师嚷道："是稀硫酸还是稀盐酸？题都没看清就往下做哩！"在老师的一再"指导"下，这位学生还是未能做出正确的答案。

"你下去吧！"学生尴尬地走下讲台，老师显得颇不耐烦。

镜头二：

七年级数学课，学生甲自告奋勇在黑板上做题，结果没做出来。

"站一边看别人做！"

老师又让学生乙去做，让甲站在一边看。

乙做对后，老师问甲："你想明白了吗？"

甲说："想明白了。"

师："想明白了，你走吧，以后想清楚再举手。"

学生甲怏怏地下了讲台。

问题解读：

这是我随堂听课时捕捉下的两个教学镜头，不同的年级，不同的学科，却有着相同的课堂氛围：沉闷，了无生气！课后评课时，两位老师的话也如出一辙："平时班里的学生可积极哩，今天也不知怎么了，启而不发！"

今天的学生怎么了？问题的症结何在？一句话，学生在课堂上，没有一片心理安全地！当学生的自尊受到挑战，当学生的人格受到威胁，当学生的积极性受到打击，他们的智慧就会停滞，他们的情感就会压抑，他们的上进心就会被挫伤……

镜头一中,学生在去黑板上做题前,已经从老师的言谈表情里接二连三地感受到了一种威压,那是一种不信任,一种轻视,甚至可以理解为一种嘲笑。学生心理上背着这种沉重的威压,看错了题、几经"指导"仍然做错的行为,又有什么可感到意外的呢?镜头二中,学生自告奋勇上来做题,结果没做出来,心里已经十分不安了,可老师又把他晾在一边,临走时还不忘再教训一番,他还怎会有心情继续学习?

在课堂上,这种来自老师的威压,是有传染性的!一个、两个学生受到如此"待遇",会在全班学生的心里都留下一份影射。其最终的结果就是:课堂沉闷,运而不转;学生思维凝滞,启而不发。

怎样改变这种状况?很简单,赋予学生一片心理安全地。

阳光照进了学生的心田,孩子们的脸上自然会流露出幸福的笑容。心情愉悦了,思维就会敏捷,智慧就会勃发,行动就会积极,个性就会张扬。而且,对于来自老师的这种心灵关爱,孩子们特别容易满足。哪怕是一点点阳光,他们就会回报以整个春天;哪怕是一点点滋润,他们就会回报以满目生机。

还拿所选的案例来说吧。镜头一中,在学生举手时,假如老师能这样说:"好,请你来试一试!"学生还会慌张得看错题吗?镜头二中,在学生遇到障碍时,假如老师能这样说:"你能自告奋勇上来,说明你一定会,再冷静想一想,老师坚信你一定能做出来!"学生还会快快地走下讲台吗?

新课程改革将"建立民主、平等、和谐的师生关系"作为操作核心之一,为什么?就是为了使学生能够得到心理上的安全,为了给孩子们带来一片心理阳光地。而这一切的主动权掌握在我们教师手里。

课堂上,怎样才能使学生感到心理安全?

教师当时时怀有博爱之心。心中有阳光,自然会从言行中辐射出来。每一个学生,在老师的眼里,都应该是待琢的璞玉、未开的花蕾。我们完全有理由相信,只要给予最适宜的引导,他们就一定会绽放出充满个性的光彩。尤其是当遇到案例中所举的情况时,我们更应该反复想一想——我到底应该怎样做才最合适,才更有利于激发学生的兴趣,点燃智慧的火种?凡事只要这样想一想,"请……你能行……老师坚信你……"等阳光般的话语就会从我们的心底涌出来。有了阳光的沐浴,孩子们的心里不会有阴天!

教师当处处拥有包容情怀。玉上总有瑕疵,太阳尚有斑点。课堂上的学生,怎会不出错误?如果我们能够冷静想一想,不难发现——其实,我们最有效的课堂教学都是在围绕着"学生的错误"展开!想通了这一点,你就会蓦然懂得——课堂上的错误,实在是最有价值的生成性资源,正是因为这些不断滋生出来的错误,才成就了我们课堂上的无数精彩!想通了这一点,我们还有什么理由因错误而去怨怪学生?我们还有什么理由不去包容他们的错误?教师有了包容的情怀,春风就会拂过面颊。有了春风的抚摸,孩子们的身上自然能感觉到温暖!

课堂教学是这样,整个教育不也是这样吗?

(范通战,原载《教育时报》,有改动)

拥有博爱之心,拥有包容情怀,是为师者的职业要求,更应成为每一个"真教师"的自觉行为。"关注生命成长,关爱幸福生活",为学生的生命成长营造一片心理安全地,是归真课堂操作中的第一要诀,尤其是面对那些出了错误的孩子。我们要像对待荷叶上的露珠一样,小心翼翼地保护学生的心灵。归真课堂"以问题为航标""无问题不教学,有问题不放过""真正的教学从问题开始""围绕真问题,激活真思维",都在反复地告诉我们,一定要善待课堂教学过程中出现的每一个错误,因为在每一个错误的背后,都潜藏着一连串课堂的精彩!换个角度说,那些出现错误的孩子,实在是教学中的功臣哩,没有他们的错误,我们的课堂怎会迎来一朵又一朵的思维火花,怎会涌现一道又一道的智慧景观?

善待每一个孩子在课堂上出现的错误,就是在呵护生命的成长。请再看一个案例。

别为今天的事向谁认错

下课后,我前脚刚进办公室,没想到王泽后脚就跟了进来。

"老师,我错了。"她这句话竟令我一愣,但旋即我便明白了……唉,这孩子……

虽然接这个班时间不长,但王泽却给我留下了很深的印象。她是个很让老师省心的学生,不夸张地说,无论是哪位老师,能教上王泽这样的学生,都应该感觉到是一种幸福。她不光成绩好,而且很懂事、听话,更重要的是,对自己的行为有一种近似于苛刻的完美化的要求。

记得第一次她给我留下深刻印象,是在一次早读课上。我偶然间发现,一向学习专注的她走神儿了——目光闪闪烁烁,一会儿瞅瞅我,一会儿看看前面的黑板,脸上似乎隐隐透露出一种焦急和不安来。于是,我走到了她身边,那一刻,我注意到,她的脸上分明写满了内疚,仿佛自己做了什么天大的错事一般。"老师,我把课表抄错了,语文应是第一节……"噢,原来是这样,一时间,我对王泽充满了钦佩之情!想一想,把每天要上的课抄到黑板边的课表栏里,该是一件多么需要恒心和细心的事?王泽坚持下来了,而且偶然的一次错误,她竟会有这样剧烈的反应,如果是我,如果是你,我们能做到吗?"谢谢你的提醒,没什么,下课改过来就是了。"我俯下身子微笑着对她说。听了我的话,王泽很快投入早读中去了,而我的心却一直被这件小事激荡着,久久不能平静。

今天,当王泽又一次站到我面前"认错"的时候,作为她的老师,我却有了一种异样的感觉。

"老师,我错了,刚才,我不该在语文课上做英语试卷……"

这算个啥事呢?原来,在今天的语文自习课上,王泽做完了语文作业后,就拿出一份英语试卷做起来,后来,我从她身边经过时,她便赶紧将英语试卷收了起来。这有啥错呢?我在课前可是声明过了的,完成语文作业后,剩余的时间供自己支配。再说,当时有不少同学在做数学、物理什么的,我都看见了,没觉得有什么不好呀。

可王泽跟我到办公室认错来了,这又怎能不算个事呢?出于教师的敏感,我没有更多地思索,我知道,在王泽的心中,有一个久锁的心结需要我帮她打开。"你刚才没错,是现在错了。"说完这句话,我微笑着看着她。"我不该……"可以看出来,王泽的认错绝对是从内心深处发出来的,充满着纯粹的真诚。但我没容她多说,又稳稳地跟了一句:"你刚才没错,是现在错了。"眼前的王泽好像被我的话弄迷糊了,眼睛里透露出一丝迷惘和疑惑。"作业完成后,主动地找点任务来做,这是多好的事呀!有啥错呢?你应该受到表扬才对。我不是一直给大家说,要学会把握属于自己的时间,要学会安排好自己的学习吗?"听着我平和的话语,王泽的眉头似乎渐渐有些舒展开了,但我知道,我这段话还不足以完全打开她的心结,"不要考虑其他老师怎样要求,这是在咱们的语文课上,时间是你自己的!平时我给大家说,作文要有个性,这做人更应该有个性,凡事应该敢于自作主张,只要自己认为是正确的、合理的,尽管大胆地去做,没有必要事事都去看老师的脸色,只有这样,才不至于泯灭了自己,也只有这样,你才能真正成为一个有独立思想、独立人格的站起来的自己。想想,哪一个在事业上成功的人,不是善于支配属于自己时间的人!请你别为今天的事向谁认错,真的,在这件事上,你没有错,你只是去做了自己应该做出的正确的选择……"

看着王泽眼中涌出的带有几分羞涩的微笑,我坚定了一个信念:在自己的教育生涯中,一定要引导每一位学生,用自己的心弦弹奏出富于个性化的美妙音乐!

(范通战)

王泽同学的"错误",看似与课堂教学的内容无关,但此类"错误"在现实的课堂上却时有发生。面对这样的"错误",如果教师处理不当,也会直接影响课堂教学的效果,更会带给学生心灵的创伤。试想,假如我发现王泽在语文课上做英语试卷的时候,一怒之下将她的英语试卷撕得稀烂,然后扔在地上,再用脚踏上几下,那课堂上会出现怎样的状况?那对班内学生的心灵又会产生怎样的不可磨灭的影响?

亲爱的老师,"教育要走在教学之前"不是一句空话,"关爱生命成长"也不是一个虚招,好好琢磨,认真体悟,让它们真正融入自己的教学血脉吧。当你能够做到时时处处都能将学生的生命成长放在第一位的时候,你就会发现,这些归真课堂的基本理念远要比什么"教学示范点""三步思维"更好使,因为只有它们才能让你的课堂教学达于无招胜有招的境界,也只有它们才能让你的教育生活每天都过得幸福而精彩。

(二)时间意识

管理大师彼得·德鲁克说:"时间是世界上最短缺的资源,除非善加管理,否则一事无成。"在课堂实践中,我们经常会遇到时间不够用的尴尬。

区域教育优质均衡研究联盟校圪当店一中的王小建校长在一次座谈时提出一种困惑,说有不少教师谈到,用活动式训练课型上课后,课是活起来了,但却出现了不少难以解决的问题:有的课根据教学内容设计了几个活动,看起来设计得也很好,可一操作,根本就完不成教学任务,眼看要下课了,还有两个重要的内容没有进行;有的活动,一放开,学生活跃起来,不知不觉大半节课就过去了,感觉很浪费时间;有的课,看起来热热闹闹,教师欢喜,学生高兴,可到头来一检查落实,效果却很一般;有的课,学生一动起来,教师该讲的东西没时间讲了……王校长谈到的这些困惑,其实在我刚开始探索活动式训练课型的时候,都曾经历过。但随着对课型思想理解的加深和操作方法的不断完善,尤其是形成较为完备的归真课堂理论和操作体系之后,这些就都不复存在了。而且愈用愈觉得归真课堂大道至简,可以随意操控,无拘无束,且实用高效。表面上看来,这些问题基本上都与时间的运用有关,其实,根源在于教师还没有真正理解归真课堂,还没有真正理解活动式训练课型,操作起来,自然会出现这样那样的问题,相信大家通过阅读本书前两章的内容,一定能够找到解决这些课堂问题的基本答案,也一定已经开始感觉到归真课堂的神奇与美妙。在此,只强调一点,就是归真课堂,教师要确立正确的课堂时间意识。

课堂上,有多少时间是属于我们教师的?

案例一:

学习的内容是茨威格的《列夫·托尔斯泰》,上课教师设计了以下教学思路:

1.引导学生了解列夫·托尔斯泰与茨威格的生平及作品。

2.阅读课文,找出文章前五自然段中关于列夫·托尔斯泰外貌的描写,从不同的角度做出概括,并谈谈自己的真实感受。

3.阅读课文后半部分,谈谈你从列夫·托尔斯泰的眼睛中读出了什么?

4.对比前后两部分文章,从文章写作的角度谈谈你的发现。

单从这一课堂设计来看,教学环节清晰,学生主体突出,注意探究性学习的引导,如果运作适当,落实到位,应该是一节很不错的课。

可事实呢?与愿望大相径庭。第一个环节的操作足足用了21分钟,后三个环节来也匆匆,去也匆匆,而且设计里的"学生谈",又变成了课堂中的"老师说"!

评课时,上课教师感到很沮丧,老师们听了他的设计思路后也都感到很惋惜。

案例二：

师：请大家迅速阅读课文，用最简洁的语言概括文中关于藤野先生的几件事，并谈谈你从中看出藤野先生是个怎样的人。

学生开始阅读。可时间刚过 37 秒，老师便满脸微笑着开始提问……

结果呢？学生"思维迟钝"，课堂气氛沉闷。

评课时，不少老师提出，应给学生充分的阅读和思考时间，可上课的老师说："我怕时间不够用，不想耽误那么长时间……"

问题解读：

这里所选的两个案例虽然比较极端，但其反映的两种现象，在我们日常的课堂教学中并不陌生，即便是在一些公开举行的优质课竞赛中也不少见。事实上，这两个案例从不同的角度为我们提出了一个共同的话题——课堂上，我们应该建立怎样的时间意识？

任何科学的课堂设计，没有充足的时间作保证，都不可能转化为有效的教学活动。案例一是这样，案例二也是这样。这就要求我们，在课堂教学的过程中，必须建立起科学合理的时间分配意识，并有效地落实在课堂教学活动的每一个具体环节中。

首先，需要确立"45 分钟都是学生的"这一时间观念。在实践中，我们很多老师会犯案例二中的错误，课堂上常常可以见到老师催着学生赶着学生的现象，理由很充分也很简单——怕学生耽误时间，最后完不成教学任务。在此，笔者不禁想提个醒，请大家细想一想，课堂上的时间有多少是真正属于我们教师的？1 分钟也没有！既然 45 分钟都是属于学生的，人家在读、在想、在做、在活动，又怎么会耽误我们教师的时间呢？实在是我们的"讲"耽误了学生很多时间呀！

其次，需要明确"课堂教学时间的加减法"法则。一般来说，课堂教学时间的支配有三种基本方式：教师支配、学生支配和师生共同支配。一节课，45 分钟，教师支配的时间越长，学生支配的时间自然就越短；反之亦然。

这两点充分地认识清楚了，我们才会时刻把学生装在心中，才会时时处处真正为他们的发展着想，才会舍得把"我们的宝贵时间"交给学生，让他们去充分地听、说、读、写、思、做，自由地去探究、去合作、去实践，也只有这样，学生的思维才能自由飞扬，他们智慧的枝头才会蜜果流香，我们的课堂教学也才会更高效优质，才不会出现蜻蜓点水、水过地皮不湿及夹生饭现象。

最后，要坚守根据教学内容的主次合理分配教学活动时间的基本原则。案例一中的教师为什么犯错误？就是违背了这一基本原则。次要的内容，耗去了大量的时间，教学的重点就只好"轻描淡写"了。根据这一原则，教学的重点、难点和疑点，理所当然应该分配到大量的时间，而次要的内容也就只能占用少量的时间。

把握好这一基本原则，不但可以使我们的课堂教学避免出现令人尴尬的"沮丧"和"惋惜"，更重要的是，长期自觉地这样去做，会使师生养成良好的思维方式和用时习惯，这对促进教师的专业化成长及学生的可持续发展均很有益处。

时间，是课堂教学效果的保证，最有效地使用时间，才能创生出最有效的课堂教学。

（范通战，原载《教育时报》，有改动）

案例一的问题，其实是方法问题。在归真课堂理念中，"要形成核心思维的自觉"。在课堂上，我们要学会围绕核心问题、关键问题做文章，将更多的时间放在核心问题和关键问题的解决上，时间自然就够用了。如果你的教学活动远离教学示范点，信马由缰，想到哪讲到哪，那自然就不知所终了。

案例二中出现的情况，表面看起来是时间问题，其实质却是理念问题。洋思中学当时提出"35＋10""40＋5"的时候，网上一片质疑甚至是声讨，但洋思人却用100％的合格率、80％的学生考入省重点中学的优异成绩做出了有力的回应。不知大家想过没有，当我们在质疑、声讨"35＋10"僵化、刻板的时候，难道作为教育大家的蔡林森校长就不知道这样的规定过于僵化、刻板吗？明眼人都可以看出来，这是蔡校长的有意为之、刻意为之，而这样做的目的只有一个，那就是逼着教师转变教学观念，真正将课堂交给学生，让学生真正成为课堂的主人！这是在用僵化、刻板的时间规定给教师下"封口令"。当"先学后教，当堂训练"真正在洋思、在永威遍地开花的时候，谁又会去看着表给你数时间呢？

"以人为本"在课堂教学中该如何体现？"学生为主体"在教学中具体该怎样落

实?如果连一点时间都不想、都不能赋予学生,还有什么"本"和"主体"可言呢?把有限的课堂时间无限地交给孩子们吧,引导他们尽情地去听、说、读、写、思、做,尽情地去观察、探究、实践、展示,尽情地去分析、讨论、合作、表演,我们就会惊喜地发现,课堂的精彩正接连不断地涌现。

归真课堂没有做什么"35+10"或"40+5"的规定,而且"一切从实际出发"的指导思想也不允许做这样的规定,但是确立正确的时间意识,充分尊重并发挥学生的主体地位和主体作用,让学生真正成为自己时间的掌控者和课堂的主人,却是我们需要努力践行的。

请看下面一则案例。

下节课一定更精彩

那天语文课上,我们学习《〈世说新语〉三则》,老师指导我们将其中的故事改编成课本剧,然后让我们自导自演进行排练,说下一节课上要分小组汇报演出。这一来,班内犹如炸弹爆炸似的,同学们高兴极了。平时有的想做导演,有的想当编剧,有的想当演员,这次都能梦想成真了。

首先,老师让我们通读一下课文,看看课下注释,在理解的基础上我们便纷纷投入了创作。嘿,别看有的同学平时名不见经传,可这一会儿,才能就都显出来了。瞧,光我们组内同学创作的剧本就看得人眼花缭乱,有的是大话版,有的是古典版,有的是现代版,有的是音乐版,还有的是"半洋版"(掺和一些English),真是五花八门、无所不有。

接下来就是选剧本排戏了。嘿,这场面热闹极了。这个说用我的剧本,我的剧本形象赋予了现实意义;那个说用我的剧本,我的剧本经典且带搞笑;但因为课上时间毕竟有限,我们组最后采取了"抓阄定夺",结果我的剧本有幸当选。

开始排戏了,别看刚才你争我抢的,现在可就不一样啦。同学们凭着自己的性格与才能精心演绎着各自的角色,绝对是百分之二百地努力。那劲头,我看什么张艺谋陈凯歌,什么成龙四大天王,和我们班这些积极分子差远啦!同学们都在努力"卖弄、炫耀"着自己的本事,连下课都未出一人,老师都已经走了,他们却还都在想着怎样把自己的角色演得更生动形象一些。我知道,同学们都是铆足了劲盼着下节课能够在大家面前出彩露脸,下节课一定更精彩!

但这节课令我稍稍遗憾的是,老师没有加入我们排戏的行列,若是他也能在我写的戏中演一个角色的话,那我的戏就一定会成为经典。

(0201班学生　侯强)

这是学生侯强记写的一篇班级故事,再现了当时课堂的场景。这节课,彻底颠覆了传统课堂的时间观,我把课堂完全交给了学生,让他们自己去阅读文本,改编剧本,自导自演。结果呢?"连下课都未出一人,老师都已经走了,他们却还都在想着怎样把自己的角色演得更生动形象一些。"因为主动性被彻底激活,孩子们将课堂时间自觉延伸到课外,而且乐此不疲。在这样的课堂上,你还会去纠结什么时间够不够用吗?

常作印老师在他的《做一个会"偷懒"的教师》中这样写道:一个"懒"教师,会在课堂上抛出问题,等待学生的思考与解答,这样教师就不用讲得那样辛苦,学生却可以体会得更深刻;一个"懒"教师,组织活动时会甘愿退居幕后,放手让学生"折腾",教师间或充当"军师"或"裁判"的角色,学生的智慧、个性、创造力就会被激发……反之,如果一个教师事事放不下、事事都要自己去操劳,结果不仅自己疲于奔命,学生也会在长期"保姆式"的教育方法中学会被动地接受与等待。

透过时间不足的表象,看到理念和方法的差距,像常老师说的那样,在课堂上善于做一个"懒"教师,你就会发现,45分钟其实很长很长,一节课真的可以做成很多事。

(三)资源意识

"资源为王",课堂教学也是这样。这么多年来,我们致力于课标细化三大体系的构建,本质是在将国家课程校本化,但其中有一个很核心的内容,其实也是在收集、选择、优化各类教学资源,从而构建我们个性化的教学资源库。尤其是其中的课时教学体系和复习迎考体系,在这方面体现得更明显。同时,我们平时倡导大家做的"习题集锦本""习题纠错本""归真课堂创意设计""课堂教学小课题研究"等,其实也都是在引导大家构建独具个性的教学资源库。很多教师的"教学资源库"建设都给我留下了非常深刻的印象,像苗小三老师用几何画板制作的"经典习题微课",谢明霞、孙利娟、浮荣莹、王芳老师的集锦本,康丽、郭为学、栗小利的纠错本,都在他们各自的教学中发挥了十分积极的作用。

课堂教学资源的选择与运用,是归真课堂从备课到上课都需要重点关注的内容,尤其是对课堂生成性资源的关注和灵活使用,更应成为我们每一个教师必须确立的课程意识。请看下面的案例。

这个问题究竟该不该放到课后?

案例:

学习内容是莫怀戚的《散步》。

在老师的引导下,同学们得出了"尊老爱幼"的课文主题。

这时,李亮同学站了起来,说:"老师,我觉得这个父亲有些武断,他没有真正做到爱幼。"

"噢?请具体谈谈你的看法。"老师满怀希望地说。

"他没有真正考虑到儿子的感受,而是自己武断地做出了决定,他应该想出一个两全其美的办法,既让母亲高兴,又让儿子满意。"

听李亮这样一说,张伟不禁冒出了一句:"课文中都说了,找不出两全的办法。"刘星也跟着道:"就是,哪有恁好的办法?"还有不少同学也跟着吵吵。

这一来李亮不干了,嗓门一提,甩出一句:"假如是我,肯定不会这么办!"之后悻悻地坐下了。

"哎哟,李亮小小年纪就想当爹哩!"调皮的韩平一句话把不少同学都逗笑了,堂上的老师也笑了。

李亮呢?垂着头,坐在那儿,一声不吭……

后来,老师说:"这个问题,不是我们课堂上需要解决的,如果谁有兴趣,课下可以继续探究。"

问题解读:

学生的灵性就是这样被磨灭的!

李亮的问题多好呀,如果老师在同学们吵吵的时候,能够适时地做出评价和引导:"李亮同学的这种观点很有个性,是呀,将来我们都是要做父亲、母亲的,假如有一天,我们自己遇到了这种情况,你会怎么做?"试想,课堂上又将会是一种怎样的境况？

这个问题难道真的没有两全的办法吗？作为教师，我们绝不能小看孩子们的智慧和力量。在我的课堂上，孩子们就曾想出过很多种办法：

——去时走大路，来时走小路。

——去时走小路，来时走大路。

——今天走小路，明天走大路。

　…………

在实践中，我常常叹服于孩子们身上所展现出来的惊人的智慧张力，始终坚信，我们做教师的，只要在孩子们的智慧土壤中适时地注入一滴催化之水，你就会无比欣喜地看到他们争相竞放的智慧花儿。然而，我也常常看到案例中所呈现出来的心酸场景，常常在听课的同时，无限酸楚地为那些李亮般的被漠视、被捻碎的智慧芽孢们深深祝福。

钟启泉先生曾经说过："教师就是课程。"如果我们思维的步儿再往前迈出一步，不是很容易可以得到"学生就是课程"的结论吗？新课程理念支配下的课堂教学，既关注预设，更关注生成。事实上，课堂教学中所有的生成性资源无不与师生的智慧交锋有关，而且恰恰是这种生成性资源对学生的身心发展、生命成长起着举足轻重的影响作用。

然而，在眼下的课堂教学中，不少教师对课程资源的理解，往往还停留在"物"的层面上，甚至还单一地固化为"教材的内容"。案例中的老师，针对课堂上出现的"极其宝贵的生成性资源"，不仅没有抓住机会，使其绽放出应有的生命光华，反而"学生笑了，他也笑了"，而且还妄下断言，"这个问题，不是我们课堂上需要解决的，如果谁有兴趣，课下可以继续探究"——这个关乎学生生命成长的问题，不是课堂上需要解决的，还有什么问题是需要在课堂上解决的？恐怕无外乎"教材上的死东西"了。李亮们的兴趣在课堂上早就被磨灭殆尽了，课下他们又怎会去继续探究呢！

事实上，"这个问题，不是我们课堂上需要解决的，如果谁有兴趣，课下可以继续探究"这句话，平时我们听得多了，绝不是案例中这个老师的"专利"。这句话背后潜藏着对课堂生成性资源的漠视，潜藏着对学生身心发展、生命成长的漠视，潜藏着教师教育智慧和育人职责的缺失。每一个有着职业责任感的教师，都应该用实际行动来鄙弃这句话。

也许大家会有这样的实际体验——真正有智慧张力、有生命活力的精彩课堂，无不与教师能够巧妙地运用生成性资源有关。不要再把"这个问题"放到课外，睁开我们充满爱心的智慧的双眼，捕捉到那些蕴藏着精彩的智慧芽孢，适时地给它们注入成长的机能，扬起智慧的航帆，放飞生命的筝儿，我们的课堂就一定会因为智慧的闪光与生命的幸福而无比精彩。

尤其是课堂出现胶着的时候，生成性资源会适时闪现；尤其是有分歧的时候，"生命的芽孢"更需要我们精心善待！

(范通战，原载《教育时报》，有改动)

也许看过案例之后会有教师提出，李亮提出的问题好像真的不是"语文问题"呀，这样的问题，真的有在课堂上处理的必要吗？"教到深处是育人"，放在归真课堂的理念下，从一个孩子生命成长的角度看，这个问题自然比任何"语文问题"都重要。更何况，这个问题只要稍加引申，就可以变成一个非常有价值的"语文问题"，请看下面的设计。

设计一：教师接着李亮"他没有真正考虑到儿子的感受，而是自己武断地做出了决定，他应该想出一个两全其美的办法，既让母亲高兴，又让儿子满意"这句话，迅速做出反应，说："你这种想法太好了！同学们，现在大家都充分发挥自己的智慧，想一想你认为两全其美的办法，并尝试改写文中此处的情节，要求既合情合理，又能做到上下文自然衔接。"

设计二：教师接着张伟和刘星的话，做出反应："真的没有两全其美的办法吗？假如是你，你会怎么做？尝试将你的想法加在文中合适的地方，要求语言连贯、得体。"

设计三：教师接着李亮"假如是我，肯定不会这么办！"这句话做出反应："好了，同学们，咱先来听听李亮同学两全其美的办法。"之后，引导全体学生都来想想自己的办法，接下来的操作同设计一。

设计四：接韩平的话做出反应虽说已经有点迟了，但也不是不可以："韩平这样说，老师可就不同意了，十多年后，咱们在座的许多同学，还真的要当爹当娘哩。刚才李亮同学其实为我们提出了一个很有价值的话题，下面大家不妨来想一想，看解决这个问题,到底有没有两全其美的办法。"接下来的操作同设计一。

谁能说这样的设计不是"语文问题"呢？果真能够如此的话,课堂又会生出怎样的波澜？李亮还会"垂着头,坐在那儿,一声不吭"吗？确立资源意识,及时获取教学过程中稍纵即逝的生成性资源,灵活、智慧地做出反应,引领学生进入深层次的探究,应成为我们归真课堂的自觉追求。

请大家再看一篇案例。

巧用日记,对话课堂

日记,是培养学生语文综合能力及意志品格的一条有效途径。在语文课堂教学过程中,若能巧妙地使用日记,也能收到意想不到的好效果。

在学习范自爱的《草药》前,我安排学生先自读课文,然后自选角度在日记本上写一篇阅读笔记,并提出一个自己发现的问题。课堂上,我围绕学生所写的阅读笔记及发现的问题展开了教学。

师:首先我想请几位同学把自己写的读书笔记给大家读一下,让同学们一块来分享你的阅读成果。

孟伟峰:课文主要叙述了长征胜利后,红军队伍在小集镇上的一连串故事。作者围绕着"草药",描写了无药有病难治、上山采药、熬药、搓药丸等几个片段。无药有病难治详写了战士们的患病情况,突出了草药的珍贵;上山采药详写了草药的来之不易;熬药详写了自己因熬坏了药而受批评的经过,告诉我们无论做什么事,万不可大意;最后的搓药丸则详写了当时愉快和自豪的心情,突出了人们获得药后的欢喜之情。

师:伟峰的这则日记,从结构上来看,有总有分,很有特点。

张世慧:本文写了红军战士到陕北后不能适应当地的气候,患了感冒等病,由于病人多,药物紧缺。队伍到了临真镇后,有一位医生带领大家为伤员采草药,大家都积极投入进去,他们不仅采到了药,还体验到了采药后的喜悦和激动。从这一点上,我们不仅可以感受到战士们不畏困难、积极乐观的情怀,还可以看到胡医生是一个宽容、正直、不畏困难而且尽职尽责的好医生。

师:世慧同学能透过事件的本身,感受到战士们身上的精神和情怀,对胡医生的评价也很中肯,难能可贵。

吴振:《草药》记述了红军在行军途中,多数战士因水土不服而生病,但由于西药已用完,在山穷水尽之际,胡医生想到了草药。可是作者由于粗心,熬坏了一大锅的药,白白地让战士们的许多辛苦付诸东流。从中,我们可以体会到,要善于利用周围的一切条件来完成自己的事以及做什么事都得细心、认真的道理。

师:吴振同学由事及理,从事中感悟到做人、做事的道理,的确值得我们学习。

左冬婷:读着这篇文章,我就不知不觉地想着家中剩下的没人吃的药。每当想起那些早已过了时的药,我都会有深深的感触。红军当时长征,我根本没想到会那么苦。我是生活在新中国里的一个孩子,根本没吃过苦,根本没感受过苦。读着这篇文章,我不禁想起了毛泽东写的一首诗《长征》:"红军不怕远征难,万水千山只等闲。五岭逶迤腾细浪,乌蒙磅礴走泥丸。金沙水拍云崖暖,大渡桥横铁索寒。更喜岷山千里雪,三军过后尽开颜。"红军那种不畏艰难,敢于跟困难做斗争的精神在这一课里也得到了充分的体现,我们应当学习他们这种精神。

师:冬婷的这篇读书笔记更多地突出了自己读这篇文章时的感受,所选取的角度很有个性。

············

师:听着同学们所写的读书笔记,我的心里不由升腾起一种感觉——这篇文章根本不用老师再讲了,只要把大家的理解集中起来,这一课中的任何问题都可以迎刃而解。

(有学生嘈嘈,一学生说:"老师不讲,那还要老师干啥呀?")

师:不信?下面就请把你发现的问题提出来,看同学们能不能解决。

马承凯:为什么胡医生知道药煳之后,"他真急了,两道浓眉蹙在一起,脸也涨得通红。可是,他在院子里来回走几圈后,又平静了下来"?(这个问题提出来以后,班里一下子安静下来)

师:这个问题太好了,先请大家找到第96页这段话,齐读一遍。(读后,安排学生进行两分钟讨论)谁来给承凯一个满意的解答?

宋超:他急,是因为他看到"我"把一大锅药熬煳了,白白糟蹋了来之不易的药,使很多同志的辛苦付诸东流;后来,他又平静下来,是因为他考虑到"我"还

是个"小鬼",就宽恕了我。从这儿我们也可以看到胡医生宽广的胸怀。(宋超的回答赢得了大家热烈的掌声)

王飞:作者围绕草药所写的一系列故事,表现出红军战士怎样的精神?

杨光恒:表现了红军不畏困难,敢于同困难做斗争,直至战胜它的精神。在这一点上,我可差远了,一次考试失利,就长时间悲伤,我不觉惭愧起来。我决定,以后一定要学习红军战士身上的这种精神。(光恒的回答也赢得了同学们的掌声)

刘蓓杰:这篇文章的思路是什么?

师:蓓杰这个问题也很关键,读文章就应该搞清楚作者的思路。

马明杰:先写无药,接下来依次是采药、熬药、配药、搓药。(明杰一边说,我一边在黑板上将这些短语板书了下来)

师:明杰对事件的每一个环节概括得非常精当。

李大伟:胡医生一开始为什么总是自己出去,他为什么不多带些战士去挖草药呢?(大伟提这个问题的时候,声音有些低,也许心里认为自己的这个问题不太好)

李文凯:一开始其他战士还不认识药,他需要先去采来样品教其他战士认,然后才能带战士们去挖。

师:看看,大伟这个问题提得也很有价值,他为我们补充了文章思路中的一个环节——(说到这儿我的语音一顿,同学们不约而同地用两个字进行了概括)识药。

何雯雯:本文以什么为线索,用什么顺序来写的?

马承凯:课文按事情发展的先后顺序,围绕一个"药"字,写出了红军当年的艰苦感人事迹。

…………

师:同学们提出的这些问题,比我备课时想到的还要多,同学们做出的解答,比我备课时想到的还要全。大家说,这课还用得着我讲吗?

反思:这节课巧妙地以学生日记为载体,通过写日记,读日记,讨论解答日记中提出的问题,有效地实现了师生间的平等对话,在对话中引导学生完成了《草药》一课的学习。静心思之,笔者以为,将日记引入课堂教学,有如下几点好处：

首先，为学生的自主探究性学习找到了有形的载体。在新课程环境下，语文课堂教学究竟该如何引导学生展开自主探究性学习？摆在我们眼前的是，虚的东西多，实的东西少，花架子多，真功夫少。将日记引入课堂，可以有效解决这一难题。其实，安排学生写读书笔记的过程，就是引导学生进行自主探究性学习的过程，他需要自己独立阅读，认真思考，去理解文章的内容，去厘清作者的思路，去叙写自己的认识，去表达自己的感受。要求学生在读书笔记后提出自己的问题，就更需要他们真正地钻进文章的字里行间，去发现自己的疑点，发掘文章的难点，或是找出自己认为对其他同学有价值的东西，这在无形中就培养了学生积极发现问题的意识与能力。

其次，使合作研讨变得有章可循、有物可依。学生在日记中提出的问题，就是我们在课堂上需要解决的问题。这样，在课堂上，教师围绕学生提出的问题组织引导他们展开合作、研讨，就使每一个课堂合作活动变得有章可循、有物可依，切中肯綮、实实在在，彻底避免了看似轰轰烈烈其实虚浮无用的课堂教学"假合作"行为。

最后，有利于实现师生之间的平等对话。从某种意义上说，现代课堂教学的过程，实际上就是一个实现师生平等对话的过程。课堂上，师生对话的问题源自学生的日记，这就一下子拉近了师生的心理距离。在这里，教师不再居高临下，"问题"不再是老师的专利，学生真正成了学习的主人，他们自己提出问题，分析讨论问题，最后解决问题。问题从学生中来，又到学生中去，提出的是问题，得到的是答案和分享成果的快乐。

日记应用于课堂教学，不仅仅有这几点好处，更重要的是，它找回了语文教学的本真，为有效实现读写结合找到了一条切实可行的途径。因此，探索日记在课堂教学过程中的应用，应当有着广阔的理论与实践空间。

（范通战）

我们在此引用这个案例，无意叙谈日记在课堂教学中的作用，只想说从课堂实际出发巧用生成性资源引领教学走向的问题。案例中，当听了学生在日记中对文章的分析之后，教师决定"这篇文章根本不用老师再讲了，只要把大家的理解集中起来,这一课中的任何问题都可以迎刃而解"。很快,同学们的表现就击溃了个别学生对此做法的质疑。课堂的精彩,源于对生成性资源的灵活运用!

归真课堂"无问题不教学""有问题不放过""围绕问题,三步思维"的理念,本质都是围绕生成性课堂资源做文章。这方面的案例太多了,随便翻看本书中的案例,俯拾皆是。

确立合理使用生成性课堂资源的意识,并形成课堂行为的自觉,我们的课堂教学瞬时便会万分精彩。

(四)引领意识

学生课堂问题行为,是所有教师绕不过的一个坎。在课堂上,说小话,做小动作,恶作剧,甚至说笑打闹,对于成长中的青少年来说,太正常不过了。如何面对、处理这种情况,是每一个教师都需要认真思索的话题。"教育是慢的艺术""让孩子慢慢长大",其本质都是在给孩子的成长一个容错的机会和空间。但容错并不等于无视,更不等同于放任。面对学生的课堂问题行为,理性地对待,智慧地处理,巧妙地化解,恰当地引导,化尴尬为和谐,化混乱为有序,化难堪为愉悦,化危险为幸福,是每一个教师应努力追求的一种境界和素质。更重要的是,如果能够在课堂上妥善处理好此类问题,不仅可以使课堂柳暗花明、起死回生,还能让班内每一个孩子因事生慧,体悟生命,感悟生活,实现生命成长,享受课堂生活的幸福。

"为灿烂生命奠基,为幸福生活铺路"是归真教育的核心理念之一,更是归真课堂必须践行的指导思想。"教育当行走在教学之前",课堂上,教师只有心怀教育,时时处处将学生的生命成长放在第一位,才能真正在课堂上做到胸怀长远,把教学引向高处、引向远方。否则,课堂就会陷入泥潭,教师就会迎来尴尬。请看下面的案例。

学生被"请"出去后带走了什么?

案例:

八年级历史课,上课的是一位刚参加工作不久的年轻女教师。

突然,一男孩没打报告就推门闯了进来。历史老师面含愠色,瞪了男孩一眼。男孩表情古怪地看了看老师,一声不吭,只管往老师站着的讲台上走——

他的座位就在教室第一排的最里面，他想从老师身后直接绕过去。

老师将身体向前移了移，分明是读懂了男孩的想法，有意给他让出点空间。但过了一会儿，并没见男孩从身后穿过去，面前的学生反而有不少笑了起来。怎么回事儿？原来，那男孩从老师身后穿过时，不知临时触动了哪根神经，竟大胆地站在老师身后，将左右手各竖起三个手指，放在老师的脑袋后面，并龇牙咧嘴地做了个鬼脸。

这还了得！迟到不说，不打报告闯进来也可以不说，竟敢这样捉弄老师，岂能不说！一向文静的老师这次真的恼怒了："滚，反了天了！"两手揪住男孩的一只胳膊，三甩两甩就把他甩出了教室……

老师再来上课时，已经完全找不到原来的感觉了，总觉得面前的每一个学生脸上都是怪怪的。

问题解读：

在课堂教学过程中，学生问题行为是我们绕不过去的一个坎，这是由儿童的天性决定的。轻点的，说小话，做小动作，传纸条，看闲书，走神发呆……严重的，吵嘴，打架，顶撞老师，恶意干扰课堂……只要是教师，都会有过面对此类情况的经历。只不过教师不同，处理的方式就不同，最终的结果自然也就不一样了。

很显然，案例中的老师没有处理好，以至于她完全找不到了上课的感觉。其实，自己找不到感觉是小，如果细细推究，我们就会发现其中的问题还大着呢。

学生被老师这样"请"出去后究竟带走了什么？稍作思考，不难发现，带走的是课堂教学的和谐氛围，带走的是师生之间的互爱关系，带走的是学生积极的学习状态，带走的是教师驾驭课堂的激情与智慧……那么留下的又是什么呢？留下的是学生对老师爱心的质疑，留下的是学生对老师行为的拷问，留下的是学生对自己心理安全环境的担忧，留下的是一个失去了智慧灵光和生命活力的课堂……同时，老师也把无尽的烦恼和不愉快留给了自己！

真正富有智慧和爱心的教师不会这样做。陶行知先生面对用泥块砸同学的调皮鬼王友，为他准备了四块糖，从而谱写了一段教育佳话；魏书生老师针对违反纪律的学生，别出心裁地"罚"他们唱歌、写说明书、做好事、写心理病历；李镇西老师又可以和问题学生成为"哥们儿"式的朋友……智慧的选择，爱心的行动,总会结出无限闪光的教育硕果。

　　就案例中的情形来说,假如这位老师有足够的智慧,她完全可以找到更合适的方式来处理这件事。譬如,淡然一笑,面向大家说:"非常感谢××同学,刚才是他给我赋予了魔力,竟让我头上长出两只角来,这一下,我可就变成美丽的小龙女了!"如果老师能如此达观,一笑了之,试想,当时的境况又会如何呢?假如这位老师有足够的爱心,她也一定能够找到更妥当的办法来解决问题。譬如,先沉下脸来,饱含忧伤地说:"我们每一个人都在用自己的行为书写着自己的历史,刚才的一幕大家都看到了,我很担心,担心同学们会永远记住今天的这一段历史,因为我不知道它会对大家产生什么不良的影响,"说到这儿,语调一轻,表情真切,"不过,历史永远无法抹去,我真心希望同学们能够透过刚才这段历史,分清是非,知道对错,真正懂得以后的路该怎样走,以后的事该怎样做。同时,也非常感谢××同学,是他用这种充满冒险的行为,创造了今天特有的历史,帮助我们找到了一条通向明天的光明之路。"如果老师能够迅速做出如此反应,课堂上又会是一种怎样的景观呢?

　　这个案例中暴露出来的问题,从表面上看,是上课教师对课堂突发事件处理能力的缺失,但究其实质,却是一种以智慧和爱心作底蕴的管理、引领理念和实践能力的缺失。要想很好地解决这一问题,除了努力提升自身的专业素养和文化底蕴外,更重要的是要真正时时处处把"以人为本"的核心理念装在心底,将"为孩子的生命奠基,为孩子的生活铺路"的教育使命融入自己的血脉。不管面临何种困境,始终都把学生的成长放在第一位,只有这样,才能无论遇到多么棘手的问题,无论面临多么难堪的境况,我们总能迸发出恰切的教育智慧而应对自如,我们总能及时找到合适的办法而化险为夷;也只有这样,我们才能把每一个学生引领到健康、和谐、可持续发展的正确轨道上来。

(范通战,原载《教育时报》,有改动)

　　处理学生课堂问题行为,最大的智慧就是拥有一颗博大的爱心,以及在此基础上发展起来的教育机智,非教育的有心人不可得之。请看下面这则案例。

绕不过，就微笑着往前走！

前不久，市教科所通知我在下午三点去参加一个会议，路远不说，天正下着雨，心里很不想去，但不去分明又不行，苦恼便自然而然地写在了脸上。妻看在眼里，就对我说："既然绕不过，就不妨微笑着往前走，也许是好事哩，何必愁眉苦脸呢？"虽说心里还怏怏的，但想想，可不就是这个理儿吗？于是，早早吃过饭，带上把伞，乘车去了焦作。

在门口签了到，竟意外地领到了一本书——李镇西的新作《与青春同行》，扉页上印有"焦作市教科所赠阅"的字样，心中一下子升腾起一种不虚此行的感觉。

李镇西，和我同是教师，却在教育这条平凡的路上，走出了自己的不平凡！在他的胸中，澎湃着教育浪漫主义的情怀；在他的脚下，践行着教育现实主义的追求；在他的心里，洋溢着教育理想主义的信念……为了教育，他不停地实践，不停地阅读，不停地写作，不停地反思。读着李镇西，我的眼前仿佛闪现出一条路来，这不正是自己要走的也是应走的路吗？

本不想去开会，却带回了一本喜爱的书，找到了一条成长的路，这难道不是一件很愉快的事吗？

"绕不过，就微笑着往前走！"后来，同教一个班的数学教师老李给我讲了一件事，使我更坚信了这句话所蕴含的哲理。

数学测试后，老李在讲评试卷。有道小题班内无人会做，老李就鼓励学生："我就不信，咱班就没有一个同学能把这道题做出来，请大家再想想。"过了好一会儿，才有一同学举手，老李像见了救星似的，高兴地说："下面我们请衣阵阵同学讲讲这道题。"

衣阵阵扭捏着身子站了起来，微低着头，脸上挂着一层浅浅的调皮的笑，眼角稍稍上翻，瞅着老师，却不说话。

见他一声不吭，老李只好又问道："你是怎样算的？"

"我是用笔算的。"衣阵阵的声音好像是从翘起的两个嘴角里努力地挤出来似的，不高，但老师和同学们都能听得清。

有同学窃窃地笑，老李却显得很有耐心："那你具体说说，你是怎样写的呢？"

衣阵阵仍是那种腔调："我是在本儿上写的。"

有同学忍不住笑出声来,老李似乎也意识到了点什么,怒道:"认真点!"

衣阵阵依然一本正经,慢条斯理地说:"你不给我'针',我咋什(怎么)认'针'哩?"

室内哄堂大笑起来,老李气得脸都白了,愤怒地嚷:"坐下吧,没一点正经气儿!"

衣阵阵迅速坐了下来,可马上又从座位上弹起来,说:"我真想起来了,是你让我坐下来不让我说的,可不是我不会。"说完就坐下去了,坐得规规矩矩的,一声不吭,静静地盯着老李,显得很认真的样子。

下课铃响了,可班内还没有安静下来。

这件事,着实让老李生透了气。可当时我想,面对衣阵阵这样的学生,假如老李不发怒,不愤怒地嚷,而是一直用微笑面对着他的话,又会是什么结果呢?我坚信,课堂一定会有不同的走向!

天上的雨很多,路上的困难很多,生活中的不如意很多,怎么办?绕不过,就微笑着往前走!那么,你一定会发现,路很宽,天很蓝,心情很舒畅!

(范通战)

严格来讲,这不是一则教学案例,前半部分的内容似乎与教育、课堂无关,但细思之,"绕不过,就微笑着往前走!"即便在课堂上,也还真是这个理儿。后半部分老李在课堂上遇到的恶作剧,倒是发生在课堂上,但经事后调查,其根源却在课下。学生的事,就是这么微妙,课上会延伸到课下,课下又可能影响到课内。作为教师,如果我们每天"两耳不闻课外事",只知备课、上课、辅导、批改作业,学生在课堂上"犯事儿了",一股脑儿推给班主任处理,到头来,往往心没少操、力没少出,不出成绩不说,还常常闹一肚子气。"教师的微笑是课堂最好的名片,它以真挚的爱心为动力源泉。"只有从生命成长的视角出发,多一分耐心,多一份智慧,把学生引领到正确发展的轨道上来,我们的教育、教学才能够收到理想的效果。再看一则案例。

2012年12月20日,杨溢伸着个小手,可怜巴巴地对我说:"老师,给我一毛钱吧。"当时我感到很诧异,这孩子,为什么会向我要一毛钱呢?后来,闫宇茜也来向我要,一了解才知道,原来呀,搜集到24枚一毛钱的硬币,就可以从学校的小卖部里换来一个平安果。噢,这些小精灵,是在为平安夜的礼物做准备呢!

12月22日,星期六,我特意搜集了82枚一角的硬币。

12月24日,星期一,语文课上,我把分成10份、用彩纸包成糖果状的82枚硬币,分到了10个小组长手中。当孩子们打开那精心包着的彩纸卷儿时,班里一下子溢满了最快活的空气。我说:"孩子们,在平安夜来临之际,老师为每一个同学准备了一枚平安币,衷心祝福你们平安快乐!"霎时间,我又被淹没在一片澎湃的欢声里。那一天,我没有收到一个平安果。

12月25日,农历十一月十三,圣诞节,也恰好是我的生日。走进教室的那一刻,我被眼前的情景陶醉了——后面黑板上,上方是一行用红色粉笔写就的醒目大字:"祝老范生日快乐!"下面是一个用粉笔精心绘制的大奖状,上书"奖给1201班最受欢迎的天下最好的老师",落款是"老范的82个孩子"。我的眼泪一下子盈满了眼眶!回头看,前面黑板上:"老范,昨天平安夜前,你送给了我们每人一个平安币,我们听你的话,没有乱花钱买什么平安果,今天,是你的生日,我们每人写了一段话,装订成册,送给你,作为生日的礼物!"当团支部书记杨溢将那饱含着孩子们深情的生日祝福册递在我手中的时候,从没有在课堂上慌乱过的我,竟然一下子变得结结巴巴、手足无措。

孩子们笑了,我也笑了!

(范通战)

每一个孩子都通情达理,每一个孩子内心深处都有一颗上进的种子,我们做教师的,只需要用一点爱心、一点包容、一会儿等待、一次微笑,就可能将其心中的火苗点燃。确立正确的课堂引领意识,课堂从育人起步,教师对生命成长的持续引领,最后都会化成教学质量的甘美果实。

(五)方法意识

武陟县实验中学首任校长程三胜谈到课堂教学,曾引用过一句很朴素的话:"既要低头拉车,也要抬头看路。"有些教师,平时工作勤勤恳恳,可就是不出成绩。程校长这句话,意在提醒教师,当你付出的努力与取得的成绩不成正比时,应该停下来看一看,是不是路走错了。调整一下方向,改变一下方法,也许不用那么辛苦,就能收获不错的成绩。可在日常教学过程中,总有那么一些教师,缺少方法,却又不抬头看路,导致课堂混沌、了无趣味。请看下面的案例。

我们自己是否也这样学习?

案例:

《短文两篇》第一课时。

第一个教学环节:

师:请大家把这篇课文齐读一遍。

学生齐读,读过第一篇《陋室铭》后,大多数学生停了下来,极个别人继续往下读《爱莲说》。

师:我说了,把这篇课文读一遍,应该不应该读《爱莲说》?

生不置可否。(听课的我也如坠五里雾中)

师:我起头,"爱莲说——读"。

第二个教学环节:

生齐读《爱莲说》。

老师(单口相声般)讲解"托物言志"。

学生认真听讲者了了。(听课的我百般不解:未理解课文内容前,谈什么"托物言志"?)

第三个教学环节:

师:作者为什么给他的陋室作铭?

个别学生通过查阅工具书,回答:为了表达自己的理想和抱负。(我当时的感觉:这几个学生真好,实在是太知道照顾自己的老师了)

第四个教学环节:

师讲解比兴手法。

学生几乎无人听讲。

第五个教学环节:

教师"自我絮叨式"翻译《陋室铭》,时有学生应和几声。未完,下课铃响。

问题解读:

我不知道大家在看到这个简短的案例之后会有什么感觉,但在当时听课时,我却是呆呆地坐在教室最后,眼在流泪,心在泣血——我不敢相信,竟会有这样的课堂!

评课时,我无心分析课的成败,只提出了一个问题:作为教师,我们在学习一篇新的文章时,一般是怎样一种过程?很快,老师们就统一了认识:读一读,弄懂文章写的是什么(了解内容);想一想,看看文章是怎样写的(探究方法);品一品,体会这样写的好处(赏析品味)。在此基础上,针对《陋室铭》这篇文言短文特有的文体,我引导老师们概括出了学习文言文的读、看、查、议、说、讲、结、记"八字法",从而使其明白了教法源于学法的道理,理解了实现教法与学法统一的重要性。

这样一来,老师们的眼前仿佛一下子豁然开朗起来,纷纷用这一思想来重新审视刚听过的课。

——第一步引导学生读课文,不错,但在读课文前,老师的指导语不明:这篇课文?让学生们怎样理解?造成混乱的现象,分明是因为老师的误导。

——第二、三、四个环节安排得太不合理,学生连课文是什么内容还都不清楚,就去谈什么托物言志、比兴手法,怎么可能会收到好的教学效果?

——第五个环节,不能老师一个人唱独角戏,应先引导学生看课下注释、查工具书、进行小组讨论等,让他们通过探究、研讨达到理解内容的目的,然后再引导他们去讲、去说、去总结。

如果真能这样引导学生去学习,其实,托物言志、比兴手法及作者为其陋室作铭的原因等问题,学生也是可以通过自己的努力来解决的。

方法的优劣,直接决定着活动的成败。上面的评课是这样,我们的教学不更是这样吗?

我们常说"教无定法,贵在得法"。何谓"得法"?当在无定中求定。这个"定",就是我们的教学所必须遵循的学生的认知规律和心理活动规律。这个"定"找到了,教法也好,学法也罢,备课也好,上课也罢,评课也好,议课也罢,一切的方法就都找到了良性运转的轴心。离开了这个"定",一切都只会是一团糟。

那么,我们怎样才能做到于无定中求定?不同的教学内容,不同的课程资源,决定了我们必须找出不同的教法和学法来。可以说,正是因为课程资源的丰富性，才导致了教法与学法的灵活性（多变性）。不过，我们必须清楚，教学内容与课程资源尽管可以千变万化，但同一年龄段的学生的基本认知规律和心理活动规律还是相对固定的。这样，我们在选择教法与学法时，只需要围绕这些基本规律，针对自己设计的每一个教学环节，多问几个可以吗、行不行、是否遵循了这些基本规律。这样想几个来回，一切问题就都迎刃而解了。譬如案例中的五个环节，假如上课教师在设计好后能够这样问一下自己：这几个环节的设计遵循没遵循由浅入深、由表及里、由现象到本质等认知规律？能不能激发学生探究知识、参与学习活动的兴趣和热情？能不能凸显出学生在学习活动过程中的主体性……果能这样做，我们还会将课上得一塌糊涂吗？

其实，这里有一个很简单却极有效的验证方法，即换位体验法。当我们设计好一节课后，一定要回过头来，进行换位体验式的重新审视。就是针对每一个教学环节，在心中不断地问自己，假如我是这一年龄段的学生，这样的设计所支配的教学活动过程，我感不感兴趣？我愿不愿参与？我知不知该怎样去学习？我能不能取得好的学习效果？一换位体验，方法是否得宜，设计是否合理，就都一清二楚了。

（范通战，原载《教育时报》，有改动）

案例中的课，是我十多年前在农村支教时听到的，上得一塌糊涂，教学可谓无任何方法可言。这种毫无头绪、弄得人一头雾水的课，三胜校长曾用武陟土话评价为"仰巴街尿尿，流哪算哪"。十多年过去了，这样的课，我们在日常推门听课时，也很少见到了，但备课不认真、方法陈旧落后、教学组织不力、本来简单却越讲越迷糊的课，还是时常能碰到的。

这类课出现的原因，首先是态度问题，其次才是方法问题。

要解决这些问题，首先应在端正教学态度上下功夫，态度问题不解决，再好的方法也没用。我曾在《归真教育——教育本真的探索与实践》一书中提道："良知的缺失，知行的分离，是当前中国教育各类弊端的核心本质所在。"课堂的问题，更是这样。日常听课时我们遇到的一塌糊涂的课，绝大多数都是因为教师没有认真备课。而且我们还发现一个奇怪的现象：越是不能认真备课的教师，其上课时使用的方法也越陈旧、传统，基本上就是讲讲讲，然后学生听不懂了，又反过来埋怨学生基础不好、上课不认真听讲、学习不够努力等。

确立方法意识要以积极的工作态度作基础。教学态度端正之后,好方法就成了锦上添花的事。只要想做,好方法、好点子就会层出不穷。

"科学技术是第一生产力",对于课堂教学而言,何尝不是这样呢?回看数十年来中国教育经历的各类课堂改革,有多少不是围绕方法在转呢?大家都在千方百计地创方法、建模式,今天五步,明天三环,你来个讲学稿,我来个四清单,模式天天有,方法日日新,各有各的好,在实践推广中,又往往受"橘生淮南,枳生淮北"所困。归真课堂鼓励教师追求自己个性化的方法之道,主张大道至简,给一个"教学示范点",给一个"学用结合",给一个"三步思维",给一个"活动",然后,"应用之妙,得乎一心",倡导教师根据自己面临的课堂情况,因势象形,因材导学,该怎么用就怎么用,忌生搬硬套,忌模式化。确立科学的方法意识,找到简洁、实用、符合学习规律的课堂操作方法,是归真课堂的致力追求之一。

近几年来,有太多的青年教师在归真课堂思想的引领下,化蛹成蝶,在课堂教学的天空上舞出了自己的风采。请看贺小燕老师写的一篇文章。

课堂上,活动开出绚丽的花!

在地理课堂教学中,巧妙设计教学活动是激发学生学习兴趣、突破教学重难点的有效途径。在课堂教学实践中,我从以下几个方面做出了一些尝试,没想到,小小的活动,竟然开出了绚丽的花!

读图用图。"地图是地理学的第二语言。"它不但包含了丰富的地理信息,而且直观、形象,是学生学习地理的重要工具。对地图运用能力的培养也是地理教学的主要目标之一。在教学中,巧用地图创设活动,往往可以收到事半功倍的奇效。如在学习"中国主要山脉的分布"这一节课时,我设计了一个"临摹中国轮廓图"活动,先引导学生阅读课本上的相关内容,初步了解山脉的走向,然后在各自的地图上分别找出我国东西走向、南北走向、东北—西南走向和西北—东南走向的山脉。这一过程,其实质就是引导学生进行自主探究性学习。在此基础上,再引导学生开始临摹中国的轮廓图,要求学生把各种走向的山脉都画到图上。这时候,我把学生分成小组,比一比,赛一赛,最后评出画得好的小组,并给予表扬。这样一来,学生的学习兴趣被充分激发出来,学习效率大大提高,整堂课上,学生个性张扬,智慧闪光,顺利达成了教学目标。

讨论交流。在教学"中东地区"这一节课时,我设计了一个讨论交流活动——请同学们从地理角度分析美国攻打伊拉克的可能理由,周边国家持什么态度,你怎样看待这场战争?活动分小组进行,我参与其中,与同学们一起讨论,学生你一言我一语,每个小组认真看书、联系实际,从中东位置重要谈到中东石油丰富,从阿拉伯国家的相关问题谈到对这场战争的态度等,同学们都非常积极踊跃。不少学生分析得一针见血,头头是道。看着孩子们的精彩表现,我不由得感叹:真是不可低估学生们的小脑袋瓜呀,很多时候,他们的所想所说比我们教师都要精彩许多!30分钟的讨论交流,学生们在轻松愉悦中便把这一地区的重点——中东位置及其重要性、中东是世界上最大的石油宝库等内容掌握了。

角色扮演。为了让学生不出校门也能感受实地探究的实践经过,我在教学"东南亚"这一节内容时,便创设了一个角色扮演活动。让学生通过阅读课文,读图,然后分组创建旅行团,每个小组可选出不同国家作为旅游目的地,写出导游词——有关该地区的位置、气候、地形、经济、宗教、风俗习惯以及具有代表性的旅游景观,然后选出代表当"小导游",介绍该地区的自然或人文情况。活动开始后,同学们兴致高昂,认真阅读课文,拿出地图册积极研究地图,撰写导游词……等到发言时,同学们的表现真是令我大吃一惊,我没料到学生们的文笔那么好,尤其是选择新加坡的一位同学,更是侃侃而谈,不仅把新加坡介绍得生动、鲜活,更是着重强调了马六甲海峡的重要性,连日本人把马六甲海峡看作"海上生命线"这一点都讲得非常透彻。我又一次被学生的智慧折服!

"活动,是教育教学的智慧之花!"归真教育的这一条核心理念,在我的地理课堂上闪耀出无比绚丽的光彩。

(贺小燕)

归真课堂的系统理论,为我们的课堂操作指明了方向、提供了方法,可谓"龙已画,睛未点",龙的骨架已经为你搭好,在你的课堂上,能不能为龙点睛,使你的教学化龙腾飞、舞出精彩,就看你能不能悟得精髓、灵活运用了。说到这儿,请再看一篇文章,也许能给你带来一些启发。

素质是最好的方法

学校组织的归真课堂展示课进行了一周,八位老师的不同表现,愈来愈清晰地在我的心中刻下了一个观点:素质是最好的方法。

其中有两位老师,上课时使用的是同一个班的学生,然而孩子们在不同的课堂上的表现却有天壤之别。数学课上,老师导入新,过渡巧,指导明,点评精。孩子们时而自学文本,时而积极反馈,时而动手演算,时而讲解评说。一切如行云流水,妙然天成。尤其当老师引导学生通过从不同角度变更条件,创编出一道道习题,将本节课所学知识一一应用其中时,课堂的角角落落都张扬着生命的灵性,洋溢着智慧的闪光。可是在一节思想品德课上,还是这一班学生,却变得反应迟钝,木讷少言,唯唯诺诺,缺乏主见。

这是为什么呢?单从老师的教学设计而言,目标明确,环节清晰,学用结合,活动适宜,可谓科学合理,也算煞费苦心。然而,课堂操作的实际效果与教师课前的预设却相去甚远。究其原因,在评课时,田国红老师一语中的:作为一个政治教师,要善于收集、整合生活中的各类资源,为教学所用,不能只拘泥于教材,只局限于文本……孙长江老师也说得明白:李白的"天生我材必有用"是一种自信,"长风破浪会有时"也是一种自信,"但用东山谢安石,为君谈笑净胡沙"更是一种自信;阿基米德说"给我一个支点和一根足够长的杠杆,我就能撬动地球",还是一种自信;关云长"温酒斩华雄"是缘于自信,而最终"败走麦城"却是出于自负……教学"自信"及其与"自负"的区别时,如果教师能够引导学生多举出一些这样鲜活的例子,课堂上又会是一种怎样令人振奋的景观呢?当老师们在评课时把思维自然而然地聚焦在这一点上的时候,我的心中开始快慰起来——那颗渴望专业成长的种子,难道不会因此而扎根、萌发吗?

诚然,素质是最好的方法。就影响课堂教学走向的因素而言,任何高明的教学方法,在教师的素质面前,都显得微不足道,无比苍白。听程翔老师上课,你会为他渊博的知识储备所倾倒,往往会由衷地发出"胸中皆丘壑,富藏百万兵"的感慨。在韩军老师的课上,一字一句,一个音符,一个逗点,从他的口腔中迸发出来,都能牵动起每一个学生的心,撩拨起每一个学生的情。品余映潮老师的课,我们又会不自觉地为他精巧的设计、个性化的文本解读而击节称叹。但在他们的课上,你又很难捕捉得到"模式"与"方法"之类的刻意雕琢的痕迹。

大道无形，在这些名师身上，仿佛天然存在着一种气场，只要走进课堂，这种气场就会源源不断地弥散开来，充溢在教室的各个角落。而每一个学生呢？都心甘情愿地成为他的"俘虏"，由他调动，供他驱使，为他在课堂上冲锋陷阵，替他在课堂上创造精彩。像于漪老师的公开课《海燕》，之所以能够创造"万人空巷"的绝唱，那就更是卓越的素质使然了。

要想真正提高课堂教学的格调与品位，教师非努力提升自身的综合素质不可，因为教师的知识、修养、气质、内涵，都潜藏在教师的一言一行、一举一动中，都洋溢在教师的一笑一颦、四肢百骸里。火候到时，教师的一个眼神就可以使浪子回头迷途知返，一句点拨就可让学生醍醐灌顶、豁然开朗。提高素质练的是内功，内功超凡入圣时，飞花摘叶皆可成兵，木刀竹剑均为利器；若是内功虚无时，纵然手握吹毛利刃又能如何？当教师腹中空空、囊中瘪瘪时，再好的模式、方法、理念，又有何用？

一个教师只要心中有了提升自身素质的内在需求，开始真正踏上专业化发展的正道，多读、善思、勤实践，坚持写作，一节节好课就会向他大踏步地走来。

（范通战）

《倚天屠龙记》中，萧峰在聚贤庄上大战天下群雄，用的拳法不是丐帮威力无穷的降龙十八掌，也不是精妙无比的打狗棒法，而是当时凡习武之人都会的太祖长拳，可却打得群雄是人人心惊、个个胆寒。凭什么？凭的是他无与伦比的内功！同样的太祖长拳，在萧峰精湛的内功驱动下，就爆发出无穷的威力。正如上文中所说，于漪、余映潮、程翔、韩军乃至肖培东、王君等优秀教师，之所以在课堂上能够举重若轻、收放自如，靠的都不是这模式、那方法，而是自身丰厚的积淀和高超的综合素质。

素质是最好的方法，它胜过任何模式，归真课堂更是这样。

(六)效率意识

也许你会有这样的体会：上一节课，若不能按时完成预定的教学任务，心中难免会留下点不如意；听一节课，感觉教师的设计很好，可最终却没能完成操作，心中常常会滋生点小遗憾。于是，不免就想，若是效率能再高一点，也许这节课就会更完美。

提高效率,是每一个有责任心的教师面对课堂教学时的一种自觉追求。多年来,打造高效课堂,成了基础教育界的一个热门话题,围绕这一话题,许多教育人做出了多方位的努力与探求,基本可以达成一个共识,即课堂教学需要确立效率意识,并在遵循教育教学规律的前提下,努力追求教学效益的最优化。

但说起来容易做起来难,请看下面的案例。

课堂上,是谁绊住了我的脚?

案例:

教学内容:《石壕吏》。

教学片段一:

开始上课后,教师首先调查前两首诗的背诵情况,说:"有把握背诵的请举手。"结果无一人举手。

于是教师点名叫一学生背,不料该生却说:"我今天早上就没背,我把书忘家了。"无奈,师说:"咱们试着集体背一遍。"结果全班声音响亮,熟练整齐。

教学片段二:

师:请将"听妇前致词"一节划分为三层。

学生争来争去,意见不得统一,足足用了10分钟时间,最后由老师草草下了个结论。

教学片段三:

师:"听妇前致词"一节,表面上是写老妇人的哭诉,实际上也暗含官吏的怒呼。请你根据老妇人的哭诉,推测官吏是如何问话的,并模仿官吏的语气来说一说。

生:根据前三句,吏应该问:"你家有几个孩儿?"

师:不能这样说,应该有点"古"味:"汝家有男丁否?"师连说几遍,似乎颇为得意。室内一片"汝家有男丁否?"多有调笑之声。

生:根据"有孙母未去,出入无完裙。"吏应该问:"你家还有谁?"

师:咱刚说过要有点"古"味,就又忘了。

生茫然失措,不知所云。

师:应该是:"尚有他人否?"

室内随即又是一片"尚有他人否?"间杂调侃之声。

下课铃声响起,班内不少同学还在"汝家有男丁否?""尚有他人否?"

老师脸上似乎有些尴尬。

问题解读:

评课时,上课的老师说了这样一句话:"学生不配合,总感觉像是有什么绊住了脚一样,课往前进行不动。"言语中有些许怨怪,也有些许无奈。

其实,这样低效的课堂,这样怨怪和无奈的话语,我们在实践中见得、听得多了。但怨怪和无奈有什么用呢?学生是无辜的,问题的根源还需从我们教师自身找起。

课堂上,是什么绊住了我们的脚?下面不妨结合所选的三个教学片段加以分析。

片段一中的问题出在哪?出在教师的课堂教学语言上。"有把握背诵的请举手。"这可不是一般的要求,初二的学生早已不是小学时的懵懂孩童了,听着这样的话,他们或许会想,如果背不好怎么办?那还不让人说自己不自量力,瞎逞能?事实上,学生不是不会背,而是不愿背,后来的集体背诵已经证明了这一点。

课堂语言是一种充满智慧的艺术,教学过程能否一脉贯通、水到渠成,全看课堂语言是否能够得机得势。一般来讲,我们应对课堂语言悉心推敲,力求做到导入语新,过渡语巧,指导语明,小结语精。同时,课堂语言还必须能走进学生的内心世界。如果我们的课堂语言能够锤炼得如春风般温暖,似溪水般甘冽,还何愁"学生不配合"呢?

提高课堂教学的效率,从锤炼课堂语言开始。如片段一,假如老师换一种表达方式:"请大家把刚学过的两首古诗自个儿大声背诵一遍,老师有种特殊本领,能从大家的集体背诵声中,听出谁背得最好。"试想,这个指令发出后,一般情况下,学生将会如何?

片段二的问题是漠视了文本的特点。《石壕吏》是一首叙事诗,其教学的重心应该是在引导学生反复吟咏的基础上,品味,赏析,感悟。从文本的特点出发,确定恰当的教学重心,是实现有效课堂的重要一环。试想,如果上课的老师能够引导学生在反复的朗读中去感受官吏的"一何怒",去体会老妇的"一何苦",去品析作者的爱与憎,课堂上又会是怎样的景观!

至于片段三,本来是一个很优秀的创意,可惜在操作的过程中偏离了问题设置的初衷,未能收到理想效果。这一创意,教师本来应该引导学生在推测官吏问话的过程中,体会、把握官吏"一何怒"的残暴,模仿读出其凶恶的语气,可老师却因学生"直白"的回答,而把突出"古"味当成了课堂追求的目标。尽管"汝家有男丁否"与"尚有他人否"这两句话都是"教学用书"上的"标准答案",但是它们不仅没有为上课教师带来满意的教学效果,反而干扰了课堂,延误了任务的完成,还平添了不少尴尬和烦恼,甚至成了学生课余调侃的材料。评课时,上课教师对此很不解,说自己是围绕课堂上出现的生成性资源做出了这样的调整,没想到教学却变得一塌糊涂,不可收拾。

由此可见,课堂教学要关注生成性资源不错,但要从实际需要出发,绝不能将"一带而过"就可以的东西"无节制地发扬光大",否则,这种所谓的生成性资源就会变成课堂教学中"为非作歹的衍生物"。处理好预设与生成的关系,杜绝课堂衍生物的干扰与破坏,是实现高效课堂的关键。

(范通战,原载《教育时报》,有改动)

影响课堂效率的因素太多了,文中所列,不过是挂一漏万。提升课堂效率的方法也有很多,绝不仅限于上文中所介绍的几种。归真课堂这些年来做出的努力,从活动式训练课型开始,到"教学示范点""先学后用,学用结合",从"三步思维"到"课标细化三大体系的构建",其实都与教学的效率、效果有关。请看下面收录的两段心得。

怎样提升课堂教学效率呢?用好归真课堂的基本理念和方法,就是一条很好的捷径。

第一,确立一个重点。围绕一个重点展开教学,目标明确,训练集中,能有效提升课堂效率。

第二,设置适宜的活动,让活动作为实现目标的载体。为了让初三学生明白中考语文走向及答题规律,我设置了一个活动"我来研究中考试题"。一节课一份试卷,像考试一样做题,要求学生每道题都要思考这几个问题:这道题考查什么,该往哪方面回答,怎么答才能得满分。做完就对照答案自己批改。做完近三年的河南中考试卷,然后用一节课组织学生展开探究、研讨,总结中考走向及答题规律。这样把学生推到一个研究者的高度,学生们很自豪。于是他们很认真地去做题,去研究,去合作,去展示,一句句妙语,一条条答题规律,同学们总结的规律几乎把我想要告诉他们的全包括了,而且有的比我想说的还好。这真是让我感慨万分:利用适宜的活动给学生一个展示的平台,他们会给课堂带来无限的精彩。

第三,先学后用,学用结合。这一点很重要。学就是为了用。"授人以鱼不如授人以渔"。能让学生学了会用,是我们教育者的共同愿望。就比如"我来研究中考试题"这个活动,学生们学会了做题方法,在做题时我就经常引导他们用这些答题规律去做题,让他们形成一个观念:用规律答题比凭感觉答题更有把握得分。一边用规律答题,一边总结规律,这样先学后用,学用结合,使得课堂更高效。

第四,课堂环节要合理有效。在归真课堂理念指导下,教师要根据学生实际情况设计出科学的教学环节。一次要求学生背诵古文,我在黑板上写出任务:7:00～7:40背诵《岳阳楼记》《醉翁亭记》《使至塞上》《望岳》《春望》;7:40检测。可那天县质检刚过,学生们无精打采。于是,我灵机一动想了个活动"我们一起种苹果"。我先在黑板上画了四棵苹果树的树干,把学生们的注意力吸引了过来,然后明确背诵要求:(1)古文熟背,每篇会默写三处名句;(2)古诗熟背,每篇能从一个角度赏析诗句;(3)限时30分钟;(4)30分钟后各组同学上台,会背诵的每篇一根苹果枝,会默写或者会赏析的在枝条上画一个苹果。看哪一组种的苹果树枝繁果盛。

大家可想学生们的热情有多高,接下来抢着收获苹果树,背诵、检测、批改、讲解顺理成章,一气呵成,精彩而又高效。

还有很多次课,我把活动引入课堂,课堂学习气氛浓厚,效率很高,所以我真的很感慨:活动式训练,真好!

(浮荣莹)

语文教学不应该也不可能面面俱到。面面俱到很多时候也只是沦为泛泛而谈,导致水过无痕,教学效果并不好。因此,在教学中应集中时间和力量,解决重点问题,由点及面,简单高效。

(程小芬)

方法是意识的花儿,我们只要确立正确的课堂效率意识,以归真课堂理论为指导,针对自己在课堂上面临的实际情况,灵活应对,因材导学,总能想出合适的好方法、好点子来,我们的课堂教学效率自然也会水涨船高。

(七)质量意识

《中国教育现代化2035》中,将"发展中国特色世界先进水平的优质教育"作为面向教育现代化的十大战略任务之一。优质教育、高质量发展成为当前教育的时代热词。在此大背景下,对课堂教学质量的追求也必将得到空前的重视。确立质量意识,既是大势所趋,更是课堂教学自身的使命要求。但在现实的课堂上,"只管播种,不问收获"的情况还时有存在。请看下面的案例。

"讲清楚了"等于"学会了"吗?

案例:

八年级数学"分式方程"。

课堂上,老师先讲解两道例题,由此总结出解分式方程的基本步骤,然后又领着学生练习了两道题,简单讲评后,一堂课也就结束了。

评课时,有老师提出来,一堂课只做四道题,练习量是不是小了些,能不能保证学生真正掌握?

上课的教师笑着说:"反正咱是讲清楚了,会不会那就看他们的造化了。"

问题解读:

教师"讲清楚了",学生就一定"学会了"吗?稍有点实践经验的老师都知道,分式方程是初中数学中的一个难点,讲两道例题,做两道练习是解决不了问题的。

"反正咱是讲清楚了,会不会那就看他们的造化了。"说这话的教师,就是负责讲课的,课讲完了、讲清了,他的任务就完成了!

这是典型的心中有己、目中无人,这是纯粹的唯我独尊、我行我素,这是正宗品牌的灌输式教学,其突出的行为表现就是只管播种,不问收获!

新课程改革的操作核心之一,就是要打破以教师为主体的灌输式教学格局,确立以学生为主体的自主探究、合作研讨式学习方式。这种提法大家早已耳熟能详,但我们的课堂教学改革行至今日,仍有许多教师还在"灌输式"的泥淖中苦苦挣扎,其关键问题就是他们不知道怎样才能实现真正意义上的"教学行为转向"。其实,要完成课堂学习方式的转变并不难。下面笔者就以所选案例中的教学内容分式方程为例,简单谈谈怎样来实现这一点。

在灌输式教学过程中,师生的行为表现是:教师讲例题→总结解分式方程的一般方法和步骤→指导学生运用方法和步骤进行练习。在这一过程中,学生的思维完全受控于老师,老师指到哪,学生跟到哪。这种被动接受性学习的结果是,即便学生通过练习掌握了解分式方程的方法与步骤,也很难真正具备解答分式方程的能力。

在新课程倡导的学习方式下,师生的行为表现是什么呢?学生自主探究例题→找出解分式方程的一般方法和步骤→运用方法和步骤进行尝试性练习→暴露问题→围绕问题,多向(师生、生生)交流,找出症结,明确关键→针对性练习,及时反馈,享受学习成果。在这一过程中,学生思维积极主动,真正变成了学习的主人,在自主探究、合作交流的过程中,实现了知识的构建、能力的提升、情志的发展。

通过比较,我们很容易就能发现两种学习方式下师生行为表现的差异所在:前者是教师在做,学生在听、在看;后者是教师引导学生在做。明确了这一点,要实现其转变就很简单了——只要教师的课堂教学语言由"讲述式"变为"引导式",一切问题就可以迎刃而解了。在"讲述式"教学语言情境中,具体的语言表现方式是:什么是什么,表现为教师告诉学生问题的结论,如"由以上两道例题,我们可以总结出解分式方程的一般步骤是……"但在"引导式"的教学语言情境中,语言表现的方式就成了:请找出是什么,表现为教师引导学生进行探究,学生通过探究找到问题的结论,如"请同学们根据两道例题的解答思路,看看有哪些关键环节,试着总结一下解分式方程的一般步骤"。

课堂教学语言的表述角度一变,师生的教学行为也就跟着转变,教学的过程也得到凸显:每一个学习环节的效果都能及时得到反馈、校正、提升。如此一来,教师对"学生会不会"一清二楚,"看学生造化"的现象自然也就不复存在了。

(范通战,原载《教育时报》,有改动)

这篇案例当初发表的时候,用的是"效果意识",现在看来,还是用"质量意识"更精准,涵盖面更广。这些年来,围绕课堂质量提升,在原来转变课堂行走方式的基础上,我们又做出了一系列的探索,陆续提出的"教学示范点""先学后用,学用结合""三步思维"和构建"课标细化三大体系",都是在围绕着质量提升做文章。而且我们将这些做法由常态的课堂向复习课、自习辅导课辐射,引导教师在教学过程中全方位确立质量意识。请看下面一篇文章。

老师,你的辛勤辅导得到了多少回报?

这几天,公共自习的热潮已经到来。

我们看到了几大可喜的地方——

一大可喜:老师们按时到岗,认真辅导,能够耐心细致地给前来问题的学生讲解、分析,且不厌其烦!可喜之余,我深为老师们的敬业精神所感动,钦敬之情油然而生,禁不住对一起查看的史主任说:"咱的老师真好!"

二大可喜:学生积极主动问题,虚心聆听老师讲解,时而拧眉思考,时而会心一笑,时而豁然开朗,时而连连点头,更有可爱的同学,临走时不忘向老师敬礼示意:"谢谢老师!"

三大可喜:整个公共自习运转有序,教师各司其职,学生自主学习,学科并行不悖,辅导互不干扰,公共自习的良好氛围基本形成。

但在查看过程中,也发现了一些感觉不太理想的地方——

部分教师的辅导仍然停留在就题讲题层面。学生来问题了,老师直接开讲,"看这一点,看这个关键词,应该先怎么样,再怎么样",基本是老师将题口头解一遍,学生站在一边听,一边在老师的目光中和询问下,点点头,应应声。好一点的,能够针对问题,引导学生去一步步思考,已知什么,求什么,用到什么知识,关键词在哪里,解决这个问题的突破口是什么。至于针对问题,勾连知识,总结规律,反刍运用,即三步思维在辅导中的运用和落实还不够理想。

看着不少老师辛辛苦苦讲了一大通，学生也好不容易有点入了路，我们的辅导却戛然而止。站在一边，我不由得心中连感惋惜。讲清楚了，犹如引学生"入了宝山"，但若不能勾连知识，总结规律，落实反刍运用，那些看似懂了、会了的学生，却无异于"入宝山而空返"，我们的辛勤辅导也可能很快就变成一场"徒劳"！巧的是，今天下午，我眼见一位物理老师给几位同学讲一道电路相关的题，而这道题，在前天下午，这位老师就给几位同学讲过，只不过这道题出现在不同的资料上而已。

在此，我有几个问题想和这部分老师探讨：(1)我们为什么要辅导学生？是为了给他讲一道题，还是为了帮助他获得解决这一道题，乃至这一类题的基本能力？(2)我们这样讲来讲去，也问了学生懂不懂、会不会，但学生真正懂了吗？会了吗？在没有进行反刍训练的前提下，你是怎么进行判断的？或者说，你是怎么知道他真懂了、真会了的？(3)我们一个自习下来，连轴转，讲个不停，实在辛苦，但我们的辛勤付出，收到了多少回报？不做一下反刍训练，我们心中有底吗？

亲爱的老师，拿起三步思维的武器吧，为了不让我们的辛勤变成徒劳，为了不让我们的学生"入宝山而空返"！

面对学生的问题，引导他说出自己的错误思路，在此基础上，去勾连知识，总结规律，然后提供一两道反刍训练题，趁热打铁，让学生去做一做、练一练，你定会发现，你的辛勤，功莫大焉。

（范通战，原载公众号"为灿烂生命奠基"，有改动）

提升课堂教学质量，从确立质量意识开始。当然，我们对课堂质量的追求，要以新的质量观为指导，不能只将目光定格在解题、做题上。关注生命成长，关注幸福生活，以课堂为平台，开展多元立体化的习惯培养，全方位提升育人质量，才是归真课堂应有的质量追求。请看下面一篇文章。

抓质量，当扣住教育的本真！

上海市教委副主任尹后庆在首届全国小学教育国际论坛上的演讲中谈道："为了每个学生健康快乐成长，办学生喜欢的学校，应该成为转型期学校内涵发展的逻辑起点。这既是对教育本原价值的认识与回归,也是对办人民满意教育的积极回应,孩子的喜欢程度反映了一所学校的办学质量。"

上述观点,引起了笔者的强烈共鸣。随着《国家中长期教育改革和发展规划纲要(2010—2020年)》的出台,"把提高质量作为教育改革发展的核心任务"这一信息,强烈地提振了各级教育行政部门、各级各类学校"狠抓教育教学质量"的信心与决心,并由此引发了教育教学管理、评价及实践的一系列行为转变。这一点,在中小学表现得尤为明显。按理来说,这对于当前正处于全面实施新课程改革的中小学教育而言,本应该是个大好事。但客观的问题是,一方面,由于国家没有出台相应完善的质量评价标准,另一方面,由于不同层面的人对"教育质量"的解读存在着巨大的差异,就使得一些地区、学校、领导、教师,错误地或是被错误地将"教育质量"与"教学成绩"重新等同起来。于是"提高质量"又变成了"提高成绩",探索了数年的"课改"的本质,在现实中也随之演变为"寻找能够提高成绩的好方法"。这样一来,师生负担加大,违规行为频出,"教师苦,学生累,家长烦,社会怨"的状况又渐渐露出端倪。我们经过十年努力才刚刚走出应试深渊的教育,在某些地域却又开始上演"好了伤疤忘了疼"的现实闹剧,实在可悲!

客观公正地讲一句——抓成绩,没有错;抓应试,也没有错;而且就目前我们的国情而言,不抓成绩、不抓应试的学校和教师,很难在教育行业中立足,而且也绝对是对教育、对学生、对社会的不负责任。但问题是,"抓成绩"并不等同于"抓质量","提高质量"在"提高成绩"之外还有很多更为重要的东西!《国家中长期教育改革和发展规划纲要(2010—2020年)》中明确指出:"树立科学的质量观,把促进人的全面发展、适应社会需要作为衡量教育质量的根本标准。树立以提高质量为核心的教育发展观,注重教育内涵发展,鼓励学校办出特色、办出水平,出名师,育英才。"这里的全面发展、适应社会、内涵与特色,岂是一个"成绩"了得?前几天,我接触过一个初三学生,在交流中听他这样说:"我现在一看到某某某,就想一巴掌扇她。"某某某是他的班主任,他直呼其名,言语中不仅没有丝毫的尊重,更是似乎带着无限的仇怨。落实的结果是,该班主任面对"学习任务未能及时过关"的学生,经常严厉体罚,时有打骂现象,这个学生就深受其害。试想,当我们的学生面对自己"敬爱的老师"都出现这样的病态心理的时候,再好的成绩又有何用?当我们的学生对自己平时赖以生活的学校深恶痛绝的时候,"再好的质量"又有何用?

办学生喜欢的学校,促进学生健康快乐地成长,应当比"抓成绩"更重要。为学生的灿烂生命奠基,为学生的幸福生活铺路,引领孩子们热爱生活,享受生活,创造生活,才是教育的本真。抓质量,在关注成绩的同时,还应当紧紧扣住这些"成绩"之外的东西来做!陆放翁有言:"汝果欲学诗,功夫在诗外。"我们将其中的道理迁移到这里,不也很合适吗?吴松超在《进行"彻底"的中考改革》一文中,为我们详尽介绍了山东潍坊"抓质量"的一系列措施,并且给我们带来了一个掷地有声的结论:"潍坊的高考各项指标在山东省已连续9年保持第一。它真正做到了不唯高考,赢得高考;不唯分数,赢得分数;不唯升学率,赢得升学率。"更值得我们高度关注与深入思考的是,当很多地方的学生在饱受高考之苦时,"潍坊的学生却在各个平台上发展着自己的兴趣爱好和特长,开阔着自己的眼界,锻炼着能力,丰富着人生体验",在健康成长的道路上愉快前行!那些眼里只有"成绩"的学校、老师,担心的不就是怕抓了"其他"落了"成绩"吗?潍坊的"9年保持第一",还不足以驱散我们这本来就是建立在主观臆断基础上的可笑的担心吗?其实稍有点教育教学实践常识的人都清楚,那些真正将"成绩"做到出类拔萃的学校和教师,他们所下的功夫绝对"在诗外",优异的"成绩"只是学生健康发展的副产品!

质量之道,立人为先。当一个学生能够葆有幸福阳光的生命状态、积极进取的生活态度、健康向上的价值取向、文明质朴的行为习惯的时候,我们还用得着担心他的"成绩"上不去吗?

把目光放长远一些,把胸怀调阔大一些,别只在"成绩"的小圈圈里打转,更别把老师、学生当成"获得政绩,博取奖励"的工具使,多在"立人为本"的教育本真上下下功夫,也许我们的教育还真能创造出如"9年保持第一"般的奇迹!

(范通战)

这篇文章作于新课改十年之际,又一个十年过去,随着《中国教育现代化2035》的出台,"发展中国特色世界先进水平的优质教育"被列为十大战略之一,"完善教育质量标准体系,制定覆盖全学段、体现世界先进水平、符合不同层次类型教育特点的教育质量标准,明确学生发展核心素养要求"被提上具体日程,新的教育质量观必将"更加注重以德为先,更加注重全面发展,更加注重面向人人,更加注重终身学习,更加注重因材施教,更加注重知行合一,更加注重融合发展,更加注重共建共享"。归真课堂与时俱进,确立并践行新的、正确的教育质量观至关重要,因为它关系到培养什么样的人、怎样培养人的问题。

(八)应用意识

学以致用,是课堂教学的终极密码。知识不经过"用"的淬炼,永远无法转变成能力,更不可能绽放出智慧的光芒。"先学后用,学用结合""一用教学无难事,一用教学皆智慧""有学必用,无用不学"已经成为归真课堂操作的必备元素。实践证明,"用"对课堂质量的提升能够产生十分积极的推动作用。但在现行的课堂上,应用意识缺失的情况还很普遍,亟须改进和完善。请看下面的案例。

学习只是为了得出一个结论吗?

案例:

九年级语文《故乡》教学片段:

师:请大家从文中找出集中描写中年闰土肖像的文段,读一读,看作者是从哪几个方面来描写中年闰土的。(在这一问题引导下,学生迅速投入学习状态,并很快找出了相应的答案)

生:这段文字从闰土的身材、脸色、眼睛、服饰、手等五个方面,对中年闰土进行了生动具体的描写。

师:大家分析得非常好,不妨再进一步思考:通过这五个方面的描写,我们可以看出中年闰土是个怎样的人?(教师的适时引导,重新激活了学生的思维)

生1:灰黄的脸色、很深的皱纹,可以看出中年闰土生活条件不好,身体状况较差。

生2:肿得通红的眼睛,告诉我们中年闰土饱受生活的磨难。

生3:从他头上的破毡帽和身上极薄的棉衣,我们可以感受到中年闰土家境的贫寒和生活的窘迫。

生4:松树皮般又粗又笨而且开裂的手,是中年闰土饱经沧桑的见证,是一个旧中国农民的典型特征。

师：大家能不能将这几个方面综合起来，概括一下中年闰土是个怎样的人？（这一推问，得机得势）

生：中年闰土是个家境贫寒、生活窘迫、饱经沧桑、饱受生活磨难的旧中国农民的典型。

问题解读：

这一教学过程到此结束了，对上课教师在教学过程中的适时引导、对孩子们在课堂上表现出来的积极昂扬的生命状态、对师生间精彩的智慧碰撞，我着实颇为留恋。但同时心底又悄悄地滋生起一点点遗憾——这个教学片段能否锦上添花呢？假如我们再添加以下这样一个环节，课堂的效果会如何？

师：作者在这一段文字中，通过生动的肖像描写，为我们展示了一个立体的中年闰土形象。大家不妨想一想，假如让我们也来写一段人物肖像，你可以从这一段肖像描写中得到哪些"方法"上的启示？

每一个孩子都有一双发现美的眼睛，只要我们老师抛出了这一问题，孩子们不难得出如下结论：

生1：我们可以从人物的身材、面色、衣着等多角度展开描写。

生2：我们要注意抓住人物的典型特征来写，就像作者抓住中年闰土的眼睛和手一样。

生3：还应该注意人物的身份。

生4：还要考虑人物的生活环境。

在此基础上，教师趁热打铁引导学生来一段肖像描写训练也就水到渠成了。

也许有人会说，凡事不可能尽善尽美，少了这部分仍是一节好课。但我要说的是，这不仅仅是追求一种表面上的锦上添花，而是课堂教学规律的一种召唤，是语文学科性质的一种内在需求，是我们每一位教师必须具有的一种课程意识。

学以致用，应当成为我们课堂教学的一种自觉追求。陶行知先生"教学做合一"的主张，也为我们的课堂教学指明了一条科学之路。从某种意义上来讲，做即用，在用中教，在用中学，在学中用，问题才能够及时暴露，错误才能够及时校正，所学的东西才能够融会贯通，也才能够真正实现由知识向智慧的转变、向能力的提升。

单从语文学科性质的角度来看，其工具性与人文性的统一，也要求我们的课堂教学必须考虑"用"这一环。在所选的案例中，我们的教学其实已经走过了一段"借助语文工具性感受作品人文价值"的过程，如果我们能够再向前迈出一步，让"发挥语文工具性提升学生语文能力"真正变成课堂现实，那不正是我们每一位语文教师的美好期待吗？

此外，我们经过努力得出的结论，其实是一种非常珍贵的课堂生成性资源，如不在应用的过程中使其发挥更大的效用，对于我们教师来说，可能只是一种课程资源的浪费，但对于学生来说，也许会成为终生的缺憾。水引到田头了，难道我们还吝啬那一点点挖个口的力气吗？把水引到田畦里去，秧苗就能蓬勃出无限生机，洋溢出无穷活力！

其实，这种得出结论而止的现象，绝不仅仅出现在语文课堂上，其他学科的教学过程中也随处可见。踩在结论的肩上，再往上走一步，你定会发现，结论之上还有一派更为明媚的教学春光。

（范通战，原载《教育时报》，有改动）

确立"用"的意识，更要将这一意识落实在课堂行动上。前面我们说过，良知的缺失，知行的分离，是造成当前中国教育各类弊端的核心本真所在。良知的缺失，造成了"人"的短板；知行的分离，带来了"才"的缺憾。著名的"钱学森之问"振聋发聩。为什么我们的学校总培养不出杰出人才？当人口近百万的教育大县唯一的重点中学，每年还在像抽彩票一样担心能不能出一个清北学生的时候，我们的学校教学，难道就真的没有一点反思吗？清华大学经济管理学院原院长钱颖一在《大学的改革》一书中谈道：正是我们的教育把人先天的好奇心和想象力给扼杀了，再加上学生的批判性思维得不到培养，那学生怎么可能有创造性呢？具体到我们的中小学课堂教学中，教学上长期的知行分离，造成了重知轻能、眼高手低、重模仿轻创造、容同祛异等一系列不良状况。怎么解决这一问题？归真教育认为，唯一的正道就是唤醒良知回归，实现知行合一，落实学用结合。《中国教育现代化2035》提出的推进教育现代化八大基本理念太好了，"更加注重以德为先，更加注重全面发展，更加注重面向人人,更加注重终身学习,更加注重因材施教,更加注重知行合一,更加注重融合发展,更加注重共建共享"。这是未来教育发展的方向,是课堂教学的操作方法,更是教育教学的本真回归!"改到深处是归真,教到深处是育人。"八大理念的真正落地,必将指向"良知回归,知行合一,学用结合"。再简化之,就是归真课堂追求的"真、实、活的学用结合"。"一用教学无难事,一用教学皆智慧。"请看一篇教学设计。

《老王》教学活动设计

热身活动:帮助老师解读这句话。

叶老在《大力研究语文教学,尽快改进语文教学》中指出:"语文教材无非是例子,凭这个例子要使学生能够举一反三,练成阅读和作文的熟练技能。"

提示:叶老这句话是讲给全体语文老师听的,现在,请你从一个学生的视角,来认真读读这句话,看可以从中提炼出哪些可以帮助我们学习语文的信息。

活动一:自读探究,这篇文章写了什么?

请你认真阅读课文,看看这篇文章写了哪些人、哪些事,字里行间表现了作者怎样的情感。(简单勾画批注,然后做出回答)

活动二:分组探究,寻找人与事之间的关系。

走进文本,探文章之法:

1.作者笔下的老王是善良的。你从文中哪些事上可以看出老王的善良?请结合课文简单谈谈。

2.作者笔下的老王是不幸的。你从文中哪些地方可以看出老王的不幸?请结合课文简单谈谈。

走出文本,悟作文之道:

1.要想表现一个"善良"的人,该怎样选材?

2.要想表现一个人的"不幸",该怎样选材?

活动三:小组合作,寻找事与事之间的关系。

走进文本,探文章之法:

1.比较"三送",看看这三件事之间有什么关系。

提示:(1)从"三送"时老王对钱的态度有何不同来分析。(2)从事件叙述的详略来分析。

2.分析几种不幸,看看它们之间有什么关系。

提示:(1)从叙写的角度来分析。(2)从作者想突出的"不幸"的程度来分析。

走出文本,悟作文之道:

1.叙事要分详略,学会做些铺垫。

2.不同角度叙述,铺垫突出后者。

活动四:思考交流,寻找"写人""叙事"和"感情"之间的关系。

走进文本,探文章之法:

认真阅读文章,认真体会作者是如何在写人、叙事的过程中,来表达自己的感情的。以第16自然段为例简单谈谈你的理解。

走出文本:悟作文之道:

在生动的描写中融入情感。

(范通战,五种方式学《老王》之五:学会发现作文之道)

这个教学设计,通过四个活动,引领学生在文本之间四进四出,从不同的角度阅读、思考、探究、总结,从而明晰阅读之法,彻悟写作之道。从当时的课堂实况看,四个活动真正激活了学生的学科思维,围绕需要探究的问题,学生深入文本,紧扣语言,分析、提炼、概括、总结,然后又用语言表述自己的看法和理解,整个教学以"问题"为航标,以"活动"为方式,以"语言"为媒介,在反复的"读、思、议、说"的运用中前行,收到了较好的教学效果。

无限地相信"用"的价值吧,只有在"学用结合""知行合一"中,我们的教学才有希望,我们的教育才有希望。

(九)思维训练意识

归真课堂"以思维为主轴",要训练提升学生的学科思维能力,教师必须先确立思维训练意识,并结合教学内容,巧设问题情境,将学生引入有目的、有针对性的知识运用活动中去,在用中思考,在用中分析,在用中探究,在用中对比,在用中发散,在用中聚合,在用中抽象,在用中演绎,在用中批判,在用中创新……可在现实的课堂上,却有太多的教师因为"不放心",将学生的思维牢牢地攥在自己的手心里。请看下面的案例。

学生的思维能飞多高?

案例:

七年级数学"用经纬度表示地理位置"。

师:请看例题①——

夏令营举行野外拉练活动,老师交给大家一张地图,地图上画了一个直角坐标系,作为定向标记,并给出了四座农舍的坐标,分别是 $A(3,5)$、$B(-2,7)$、$C(-3,4)$、$D(3,1)$,目的地是连接 AC 与 BD 的交点,请你在图中画出目的地的位置。

学生接到老师的指令,纷纷拿出纸笔,准备开始做题。这时,老师"及时"引导——

师:应该先分别连接什么?

生(集体):AC 和 BD。

师:然后呢?

生(集体):找出它们的交点,并标出坐标。

师:好,大家做吧。

学生很快做出答案。

师:请看例题②——(教师读题)

左图(略,图上分别标注了金鱼池、假山、厕所、游乐场和梦幻溪的位置图标)是在某公园门口看到的主要活动场所平面示意图,你能用坐标表示出它们的地理位置吗?

生(集体):能!

师:应该先做什么?

生:建立一个直角坐标系。

师:以什么为原点?

生1:以假山为原点。

师:行不行?

生(集体):行!

生2:以这五个场所的任一处为原点。

师:行不行?

生(集体):行!

师:下面我们就以假山为原点,做一下这道题。

不一会儿,学生就做出了问题的答案。

接下来,教师引导学生做书上49页的一道练习题,并在此基础上归纳出用坐标表示地理位置的方法步骤。

一堂课,讲了两道例题,做了一道练习,总结出了相关的方法步骤。

问题解读:

两道例题的设计,的确是独具匠心。第一道例题,建立在上一节课的基础上,学生运用已有的知识,稍作思考,不难解决。此题的设置,巧妙地由上节所学内容"标出坐标系中的各点"过渡到本节重点"用坐标表示地理位置",很好地完成了新旧知识的衔接与过渡。第二道例题,可谓第一道例题的升格。第一道例题中提供有直角坐标系,而第二道例题中没有提供直角坐标系。这一有一无,使课堂学习的过程变得科学而有序。对此,评课教师均赞赏有加。

但是,设计是一回事,实际的课堂操作又是另一回事。许多老师认为,在进行这两道例题的教学时,上课教师引导有方,使课堂教学变得水到渠成,教学效果很好。但是,笔者不敢苟同这一观点。为什么?教师的引导不能得机得势,甚至可以说是多此一举!学生都已跃跃欲试,准备做题了,还引导什么?这种情况下的引导,与其说是引导,不如说是对学生学习行为的干扰!

评课时,我委婉地提出了这一问题:"学生都已准备做题了,教师为什么还要去引导?"上课的老师笑着说:"总觉得有点不放心。"一语道破天机! 就是这种不放心的心理,支配我们的教师在以往的教学过程中干了太多越俎代庖的傻事! 在他们的心目中,仍没有摆正课堂教学中师生的主客体关系,他们心中装着的还是自己的课如何能够顺利地上下去,而不是如何做才更有利于促进学生的发展。其实,很多时候,当放下我们实在是多余的"不放心",大胆地把尝试的权利交给学生时,我们的课堂教学就会变得无比精彩。

也许学生在尝试做题的过程中,会出现这样或那样的问题,但这不正是真正的课堂教学所需要的结果吗?只有把问题暴露出来,才能够把问题解决掉,我们的课堂教学也才会更有效。从另一种角度来讲,课堂教学必须以思维训练为轴心,在老师这样的引导下,学生的思维究竟能飞多高?沿着这一思路去探查,我们不难发现,这样的引导,不但不能放飞学生的思维,反而会成为学生思维飞扬的障碍和桎梏。不是吗?试想,假如在做第二道例题时,老师不去"引导",直接让学生尝试着去做,会产生什么效果?一定是甲以假山为原点,乙以厕所为原点,丙以梦幻溪为原点,丁以公园的任一处为原点……这是多么美妙的一个结果呀!在此基础上,引导学生分析、归纳,找出用坐标表示地理位置的方法步骤,明确其中的关键点,这样的课堂较之案例中老师提前"引导"下的课堂又将如何?

在评课中,我还问了上课教师一个问题:"为什么不让学生利用本节所学,去标示我们学校当中一些主要建筑物的地理位置,或是自己在教室内的具体位置?"得到的回答是:"书上还有一道练习没处理,害怕时间不够。"原来是这样!如果说在处理两道例题的过程中,是老师的"引导"制约了学生的思维的话,很显然,在这里,教材成了左右教师思维的罪魁,而且间接地制约了学生的思维发展。让教学回归生活,将生活中的实际问题与教材知识有机地结合起来,实现教学资源的最优化,真正变"教教材"为"用教材教",是新课程改革的一个核心理念。实践证明,学生对于用书上所学解决身边实际生活问题的行为不仅极感兴趣,而且往往会在参与的过程中迸发出无穷的智慧。试想,我们果真能够这样去操作一下,课堂上又会是一种怎样的景况?

给学生一次尝试的机会,收获的效果远比我们"不放心"的引导精彩得多!

(范通战,原载《教育时报》,有改动)

没有了思维训练,就不是归真课堂。在课堂上,要激活学生的思维,最好的方式就是围绕"真问题",开展"真活动"。请看下面的案例。

活动,让思维飞扬
——《周处》教学后记

《周处》是九年义务教育三年制初级中学语文教科书的一篇自读课文。根据文言文教学的要求,本应引导学生"读读背背,了解大意",但鉴于本文故事性强、课下注释详、字面意思障碍不大的特点,我设计了一个"自读课文,改写课本剧"的教学活动,具体设计如下:

①根据课文故事情节,充分发挥创造性想象,将文章改写成一部课本剧。
②根据塑造人物的需要,允许虚构补充性情节。
③注意对人物语言、动作的刻画,力求生动、形象、具有表现力。

活动刺激物:
①所有剧本均应经过小组交流。
②每小组推荐两篇优秀剧本在班内交流,并参加评选。
③确定三篇班级优秀剧本,在课外活动时间组织兴趣小组排演。

这样,课堂教学完全失去了"文言味",代之而来的是学生兴致盎然的思维飞扬!下面选录几节学生改写的剧本及同学的点评,也许从中我们可以领略到当时活动中学生思维的灵光。

选段一:

乡里集贸市场上,凶神恶煞般的周处冲马挥鞭,一菜摊被踢翻,人们四散奔逃……

周处:所有商户听着,明天午时三刻之前不交保护费者,别怪周爷我不客气!(说完,顺手抄起身旁摊点上的一只烧鸡大啃起来)

老头:鸡……鸡……我的鸡……(一副既心疼又害怕的样子)

周处:(把烧鸡兜头向老头砸去)老子吃你的鸡是瞧得起你!(一鞭子打下去,老头抱着头滚到了地上)(作者:陈孟慧)

邱梦缘点评:陈孟慧同学写的这个段子,充分体现了周处"凶强侠气"的性格特点,但开头处的介绍作为课本剧来说好像不大好排练,若是拍电视就好了。

选段二:

白额虎一个猛虎摆尾,将周处甩飞出去。周处趁势来了个鹞子窜林,拧身跳到三丈外的一块青石上。那猛虎气得怒吼一声,前爪伏地,弓腰蹬腿,一个饿虎扑食直冲过来。好个周处,只见他手挺朴刀,刀尖朝上,腰背一弓,双腿劈叉,一个白猿偷果,只听"噗"的一声,再看时,周处满身鲜血站了起来,那只白额虎却趴在了地上……(作者:刘晨)

秦志鹏点评：刘晨同学根据课文"处即刺杀虎"一句，展开丰富的想象，为我们写出了这段精彩的"周处杀虎"，尤其是剧本中动词的使用生动传神，为我们塑造了一个打虎英雄的形象。不过我觉得他这样写，有点把周处美化了，好像不太符合其"凶强侠气"的特点……

选段三：

周处：（杀死了蛟龙）哼，这下看你们这帮家伙还有何话说！（迈起四方步向村子里走去，远远地见村子里张灯结彩，伴有敲锣打鼓的喜庆之声）噢，看来在为老子庆贺哩，这帮鸟人！

一小伙：不好了，周处回来了！（人们四散奔逃，家家关门闭户）

周处：（来到村里，见街上一下子变得冷冷清清，不由得高声大骂）一村鸟人！老子出生入死杀虎斩蛟，竟如此对待老子！都他妈给我滚出来！（叫骂了半天，始终未见一人）唉，看来他们把我看得比老虎、蛟龙还要凶啊！（作者：陶小娟）

薛慧杰点评：小娟同学根据"竟杀蛟而出，闻里人相庆，始知为人情所患，有自改意"一句创作的这个段子，很好地刻画了周处杀虎斩蛟后的表现。不过我觉得若能将其心理变化的过程刻画得再具体一些，就一定会锦上添花。

瞧，孩子们写得生动传神，评得精彩恰当。课堂上，一个个孩子迸发出空前的热情，写稿时聚精会神，交流时灵光屡现，点评时出语不凡，修改时集思广益……

然而说实在的，尽管我知道孩子们在学习过程中收获了许多，但他们对这一课的知识究竟掌握了多少我尚不得而知，于是心中总觉得有点不够踏实。不过，第二课时下课前的检测反馈使我吃了颗定心丸——全班50名学生，有43人背会了全文，且对重点词句的理解人人过关！

当我们的语文教学采用了一种学生喜欢的学习方式时，作为教师，也可以获得一份意想不到的喜悦！

（范通战，原载《教育时报》，有改动）

只有灵动的思维，才可以缔造课堂的精彩。没有学科思维能力的有效提升，要想提高学生的整体学科素养，那只能是梦幻泡影。课堂上，要激活学生的思维，就要从教师确立思维训练意识开始。只有学生的思维练活了、脑子变灵光了,教育教学的质量才会迎来全面提升。

(十)服务意识

新修订的《中华人民共和国教育法》第五条明确规定:教育必须为社会主义现代化建设服务、为人民服务。爱因斯坦曾说知识是死的,而学校却要为活人服务。归真教育"为灿烂生命奠基,为幸福生活铺路"的基础理念,本质上也是一种服务。教育的服务属性,已无须质疑。但问题的关键是,课堂上我们该如何为学生提供服务?请先看下面的案例。

这事真的应该我来做吗?

案例:

九年级语文《孔乙己》教学片段:

师:阅读文章"孔乙己是站着喝酒而穿长衫的唯一的人"一段,从外貌、语言、动作等方面分析孔乙己是个怎样的人。

(学生读书很认真,但有一点很奇怪:一开始他们各读各的,可读着读着就变成齐读了)

生:是个迂腐的人。

师:还有其他意见吗?

(学生静静地看着老师,无人响应)

师拿出一个小黑板,挂在前边的墙上。黑板上清楚地写着如下内容:

站着喝酒:说明他经济拮据,社会地位低下;

穿长衫:说明他自命清高;

唯一:点明了他的特殊身份;

身材高大:说明他有劳动的能力;

青白脸色:说明他生活条件差;

脸上伤痕:说明他饱受欺凌;

破、旧、脏的长衫:说明他好吃懒做;

满口之乎者也:说明他的迂腐不堪;

排:生动形象地写出了孔乙己在短衣帮面前炫耀自己的穷酸相;

…………

从外貌、语言到动作描写都标注得清清楚楚。而班里的学生显然是训练有素,不用老师提醒,一个个迅速拿起笔,认认真真地做起了笔记。

问题解读:

听完这节课后,我想起了几年前的一件事。

那一年,刚接一个七年级新班,上了不到一周课,我忽然收到一名学生的来信,信上写道:"老师,你实在太不负责任了。"我不由大吃一惊,这在我的教学生涯中可是从没有发生过的事呀!赶紧看下去,"前面教我们的老师,非常勤快,不管学哪一课,总是把应该掌握的生字词、重要知识点给我们整理出来,让我们抄在笔记本上。而你在课堂上却很懒,从不给我们整理。这样下去,到时候我们考差了,你能负责吗?……"

学生将了我一军,下一步棋我该怎样走?这事真的应该由我来做吗?我显然无法也绝不能漠视学生的质疑!

后来我给学生上了一节学习指导课。在那节课上,通过引导、讨论、交流,学生们明白了学习是一个自我构建的过程,懂得了自己才是学习的主人,知道了在课堂上放飞思维及参与活动的重要性,同时记住的还有我送给他们的一句话——不做老师的奴隶,要当个性的自己!从那以后,孩子们在学习的过程中把自己能做的事扛在了自己的肩上。

如今,案例中的老师又用实际行动给我上了刻骨铭心的一课!

评课时,不少老师夸赞这位老师认真负责,工作做得细致、扎实,也有老师认为学生发言不够积极。没想到上课的老师立即说了一句非常实在却又非常刺耳的话:"俺班的学生都是吃死食的,你不喂他吃,他就不知道张嘴!"

"俺班的学生都是吃死食的!"在这一点上,我竟和这位老师的感觉惊人地一致!

在这节课上,看到的,是乖乖的学生;感受到的,是停滞的思维;看不到的,是灵动的智慧;感受不到的,是张扬的个性!

在这节课上,老师成了出色的保姆,学生成了老成的婴儿。

究竟为什么会出现这样的状况呢？显然与老师的教学方式有关。学生养成这样的习惯，绝非"一日之功"，乃是老师长期"培养"的结果。要想改变这种状况，必须从改变教师自身的教学行为方式做起。

从某种意义上来讲，教学是一种服务，但正确的教学服务不是包办，而是引领。包办，会使学生思维萎缩，能力退化，意志薄弱，情感麻木；引领，能让学生思维活跃，才华横溢，意志坚定，激情四射。

尽管面对目前的教育，我们这些当教师的还有许多无奈，但是，"为学生的灿烂生命奠基，为学生的幸福生活铺路"的理念，应当成为我们教育教学工作的行为指南。应当清楚，我们的教学是为了培养激情洋溢、个性张扬、敢于担当的社会合格公民，而不是只会考试的学生，更不是为了制造思维划一、答案标准的考试机器。

想明白了这些，我们的教育教学行为就必须跟着做出相应的改变：立足引领，甩下包办，走出单一的知识教学的小圈圈，走向多元立体化的核心素养及综合实践能力的全面提升。

（范通战，原载《教育时报》，有改动）

"正确的教学服务不是包办，而是引领。"这句话道出了课堂服务的真谛。这样一来，作为现代教师，我们就必须去思考一个问题：在课堂上，我们究竟要做什么？该怎么做？在归真课堂体系下，除了引导学生去思考、去学习，还要学会搭台。在《归真教育——教育本真的探索与实践》中有这样一句话："未来学校、教师的功能，就是为学生打造发展的平台，而活动无疑就是最智慧的选择。"这句话，不仅为课堂服务提供了又一种思路，更点明了方法。例如在语文课堂上，为学生搭台，就是为学生创设具有语文特色的教学活动，然后放手让学生去读，去说，去评，去写，去演，去辩论，去创作……只要搭建起适宜的学习平台，把自主权充分还给学生，学生就可以回报我们以无限的精彩。

下面再看一篇案例。

这样做真的多余吗？

前几天听荆海萍老师的公开课《热爱生命》，她在最后对学生说："请大家课外阅读杰克·伦敦的《热爱生命》一书,相信同学们一定能够从中得到更多的生命感悟。"评课时,有老师认为,这个环节的设置看起来很好,实则有点多余,因为它很难落实,尤其是对于升学压力颇重的初三学生来说,不会有几个人去做。闻言如此,我不由心头一颤——荆老师这样做真的多余吗?其实不然!

南宋学者陈善发表过一段阅读箴言:"读书须知出入法。始当求所以入,终当求所以出。见得亲切,此是入书法;用得透脱,此是出书法。盖不能入得书,则不知古人用心处;不能出得书,则又死在言下。惟知出知入,得尽读书之法也。"曾祥芹先生非常推崇陈善的这段高论,他更是旗帜鲜明地提出"走出小课文,走进大文本"的阅读主张。荆老师在课堂教学的结语处引导学生阅读《热爱生命》一书,进一步去捕捉自己对生命的感悟,无疑是把握住了"知入知出"的读书法真谛。

也许还会有人说,这道理我懂,可问题是会有学生按照老师的要求去做吗?实践证明,每一个学生的内心深处,都有一颗自由求索的种子,尤其是对那些他们感兴趣的东西!况且,还没等学生去做,我们又何必早下结论呢?退一步讲,即便只有那么一两个学生去做了,荆老师的这个设计不也就很有意义了吗?

当然,评课的老师如是说也并非没有一点道理,因为现实如此。我们有很多老师,在课堂教学的结语处,都关注到了由课内向课外的引导,但也仅是说说而已!学生课外阅读的具体情况如何,就很难或是无暇顾及了。久而久之,这种引导就变成了课堂教学的一种"装饰性标签",也就难怪会有人跳出来反对。有不少语文教研员就曾发出类似的论调:"搞什么拓展延伸?课堂教学要始终扣住文本!"其实,这都是犯了因噎废食的毛病,我们怎能怕落实不好就反对这样的安排呢?

事实上,只要我们措施得力,方法合宜,还是能够收到良好效果的。在实践中,我从以下几个方面实现了对学生课外阅读活动的有效引导和调控。(1)把自己发表的读书感悟类、评析类文章拿出来给学生看。自己老师的文章,最能拨动学生的心弦!当孩子们在报刊上看到我的文章的那一刻,从他们灿烂开来的表情上,我就知道,一颗"我要读书"的种子已经种在他们的心田上了。(2)开展师生共读活动。师生共读,的确是一个行之有效的好方法,这已经在朱永新老师倡导的新教育实验中得到了太多的佐证。落实这一活动的最大障碍是教师不读书,只要教师开始读书了,学生自然就会上路。有哪个上进的学生不愿跟老师探讨共同感兴趣的话题呢?(3)打造读书交流平台。例如定期召开读书交流会,在校报、班刊、班级空间上开辟读书心得专栏,利用课前5分钟开展"我给大家讲一段"等活动……只要拥有了展示读书成果的平台,每一个学生都会给我们带来异样的精彩!

荆老师的这句课堂结语没有那种余音绕梁的效果,也不能给听课者带来怦然心动的美感冲击,但它却可以引发学生在课外实实在在的学习行动。

(范通战)

将学生由课内引向课外,由狭隘的教材引向更广袤的知识星空,彻底将学生的求知欲望点燃,将学生的探索精神激活,也是我们的课堂教学该有的服务意识。

打造平台,引领前行,激活生命,是我们每一个教师都应该确立的课堂服务意识。需要明确的是,这里的引领绝不是局限于课堂教学方式的转变,而应面向学生多元立体化的核心素养及综合实践能力的全面提升,努力做到"为灿烂生命奠基,为幸福生活铺路",为学生的终身发展提供最优质的服务。

新课改理念也好,归真课堂理念也罢,如果不能具化为自觉的课程意识,不能实现课程意识与教学行为的和谐统一,再好的理念也很难落地,就更别提会产生什么积极的实践效果了。本章中提到的十种意识,只能算挂一漏万、抛砖引玉,具体到课堂实践中,还需要教师们从学科出发,围绕学生,围绕课标,围绕教材,围绕影响教育教学的各类因素,实事求是,灵活变通,多元感悟,精准提炼,找到最适合自己、最适合自己学科、最适合自己学生的课程意识,并将其融入自己的教学血脉,成为自己本能的一部分。当这种课程意识能在课堂上自然而然地运用,且能产生积极效果的时候,那么恭喜你,你的课堂教学一定已经站在专业发展的高处了。

第四辑　归真课堂的基础课型及 N 种变式

大道至简，衍化无穷。运用之妙，得乎一心。

归真课堂本来只有几条基本原则、基本规律：真、实、活；教学示范点；先学后用，学用结合；三步思维；活动。除此之外，无招无式，无形无迹。如果你能把前三辑的内容读懂悟透，并能在实践中灵活运用，那么后两辑的内容就不必读了。你完全可以根据这些基本原则、规律，构建出最适合自己的操作模式。

但在实践中，为便于普及和操作，我们还是提出了"一点两步四环节活动式训练课型"这一基础模式，并在此基础上，引导教师们积极变通，灵活使用，衍化出多种变式，极大地丰富了归真课堂的实践操作。下面就教学中教师们常用的一些操作方式进行简单梳理，以供借鉴。

(一)归真课堂的基础课型："一点两步四环节"活动式训练课型

1."一点两步四环节"活动式训练课型的前世今生。

"一点两步四环节"活动式训练课型，是归真课堂乃至归真教育的滥觞，严格意义上来讲，它不是一种模式，而是一种思想、一种理念。

活动式训练课型在 1995 年诞生之初，是没有"一点两步四环节"这个操作模式的。其最早的概念是：活动式训练课型，是一种以教师为主导、学生为主体、训练为主线、活动为方式，以培养学生素质、提高学生能力为根本目的的课堂教学模式。现在看来，当初的概念表述无疑是很丑陋的，虽说以"教学模式"来定义概念，但当时我其实对什么是教学模式一窍不通。不过从中可以看出，活动式训练课型最初就是基于两点考虑：一是课堂教学要以活动为方式；二是课堂教学要以培养学生素质、提高学生能力为根本目的。不管活动式训练课型后来如何发展，这两点所表达的基本思想始终没有变。

"一点两步四环节"模式的提法出现于1998年,是为解决实践中遇到的一系列操作问题,我接受县教研室时任主任王增明的建议,逐渐提炼完善而成。"一点",就是一节课只围绕一个重点展开教学;"两步",就是先学后用,学用结合;"四环节",指激趣导入、感知求疑、探究内化、拓展创新等四个具体的课堂操作过程。这个模式的出现,使得本来无形的活动式教学有形化,为使用者提供了一个可以参照的基础标准,这样有利于其大面积普及与多范围使用。但其又绝不囿于模式,从其产生时起,我们就旗帜鲜明地提出:课堂教学本没有一成不变的固定模式,它要求教师必须综合考虑影响课堂教学的各种因素,以基础模式为前提,充分发挥师生的创造性,大胆构想,灵活变通,设计出具有个性特色的教学活动方式。

2007年,以活动式训练课型的思想为基础,我提出了归真教育的概念,将整个理论与实践体系由"教学"向"教育"拓展。后经十多年的探索,2015年正式出版《归真教育——教育本真的探索与实践》,并于2018年获得河南省基础教育教学成果奖一等奖,算是为归真教育及归真课堂的发展画了一个逗号。

其间,"一点两步四环节"活动式训练课型也在悄悄地发生着演变。2007年,为辅导女儿复习迎考,我将支撑"四环节"的认知规律提炼为操作起来更直观、更便捷的"三步思维",并在数学学科开始应用。短短两个半月,获得了巨大成功,使我女儿的数学成绩由市一模时的76分,一下子提高到110分。之后,"三步思维"便正式走进了武陟县实验中学的归真课堂,开始在各个学科推广应用。但在接下来的几年间,还是有很多教师更习惯于用"四环节"来备课、上课,大有陷入模式化的倾向。于是,2014年始,我开始有意淡化"四环节"的提法,而凸显"四环节"背后起支撑作用的认知规律"三步思维",引领教师们去洞悉"四环节"的本质,进而达到灵活运用的目的。

随着对归真课堂研究的深入,"一点"也由原来的"重点"变成了"教学示范点";原来活动式训练课型的十大特点、十条原则也简化为"真、实、活"三个字;原来的"两步"基本不再提了,直接就是"先学后用,学用结合";提"四环节"的少了,更多的是直接讲"三步思维"。

若想深入了解"一点两步四环节"活动式训练课型,可以参阅《归真教育——教育本真的探索与实践》一书,书中近三分之一的内容谈的都是这个课型。

2.洞悉"四环节"的本质。

下面这段话,摘录于《归真教育——教育本真的探索与实践》第116～118页,仔细阅读,会对你正确理解归真课堂及其操作带来有益的帮助。

真在何处?真在对课标的准确理解中,真在对文本的个性化解读中,真在引导学生参与听说读写思做的语文活动中,真在课堂上对每一个生命的真切关注中,真在对学生课堂生命状态的激活中,真在对师生课堂生活质量的提升中,真在师生真诚对话的智慧闪光中……它不在僵死的"四环节"中!

环节是相对固定的,如果我们运用不好,那环节是非常可怕的,它可以让我们的课堂变得僵死。大家知道,我们的语文课堂是丰富多彩的,是个性特异的,我们的每一节语文课都可以找到它独具个性的东西。事实上,每一个老师,你也是独具个性的,你的知识,你的素养,你的特长,也是千差万别的。独具个性的老师,独具个性的文本,为什么要用一个僵死的模式去硬套呢?所以在这儿,我们要注意,模式是死的,但人是活的;文本是死的,但人对文本的解读是活的,咱们要用活的人、活的文本解读把模式用活。这就需要我们了解模式背后的东西是什么,"一点两步四环节"背后的东西是什么呢?它是学生的认知思维规律!我一给你解读可能就豁然开朗了。你想,假如现在我们拿到一篇生涩的文章,从来就没有读过,第一步需要怎么做?那自然是读一读,首先你得产生读它的欲望,那不就是激趣导入吗?我们上课不也这样吗?先得让学生想上你的课,必须解决这个问题,这就是激趣。有阅读的兴趣了,接下来会怎么做?感知,求疑。什么是感知?拿到一篇文章,我得先读读它,了解它写了什么,这个过程就叫感知。一篇文章读过之后,会有什么结果?一般情况是,有的读懂了,有的读不懂,有的了解了,有的不清楚。那么有的不了解,有的不清楚,这是什么东西?这就是一种求疑的情况!求疑,有两方面的理解,一方面,简单的问题读懂了,解决了表层的问题。在课堂上操作的时候,需要老师们先设置几个简单的问题,引导学生去读,当学生通过阅读、思考,完成了这些表层问题的时候,你想一下,学生会有什么样的心理状态?他高兴,他愉悦,因为他成功了!这就为他下一步的学习奠定了积极的心理基础。另一方面,他读不懂,想不通,存在疑问,这就是求疑的另一个方面,这个方面,才是对我们的课堂教学最有价值的。这就是为什么我们归真课堂强调围绕问题展开教学、以问题为航标来设计教学的原因所在。这就是感知求疑的本质，一读，问题出来了，咱们的有效教学也就要开始了。下面咱们还回到读文章来，当读不懂的时候，你会采用什么办法？一般有以下几种情况：一是自己再读一读，再想一想，再琢磨琢磨，这叫啥呢？这叫自主探究。如果自己读了，想了，琢磨了，还是搞不懂，还是百思而不得其解，怎么办？和他人商量，向他人请教，同学之间讨论讨论，小组之内交流交流，这叫合作探究。还有一种情况，小组讨论还解决不了怎么办？找个高手请教请教，在课堂上谁是高手？老师！这时候老师就可以作为一个课堂教学参与者出现了，去引导、去点评、去讲解——这就是探究的三种基本形式。"内化"怎么说？前面的问题咱都想通了，弄明白了，但咱仅仅是解决了一个问题而已。学习需要进入一种境界，就是举一而反三，融会而贯通，怎样才能进入这种境界？内化！引导学生再进一步想一想。我们备课时也是这样，我教这个问题，怎样引导学生由一知百，由百到万？这就需要我们去寻找其规律、方法、注意事项，这就是内化。但这个内化的过程，不能外灌，要通过引导学生找出来，说出来，而不是老师告诉他。这就是课型的第三个环节。下面我们再想一想，当这些问题都解决了，接下来我们该干什么？如果是咱们自己在学习时会怎么样？自然而然就是一个拓展创新的过程，就是一个使用的过程。这就是"四环节"背后的东西，当你把这个东西理会透的时候，你会忽然发现，什么是"四环节"？思维的过程是"四环节"。这个"四环节"，它不仅仅对一堂课适用，是不是也适用于一个小问题的解决？一个问题的解决，它也遵循这四个环节。因此，我们现在需要对这"四环节"有一个清晰认识，认识清楚之后，你就可以忽然发现，我的课堂可以是两个环节，我的课堂可以是三个环节，我的课堂还可以是一个环节，但不管是一个环节也好，两个环节也好，三个环节也好，这四个过程绕不过，因为这是思维、认知、注意等基本规律在起作用，这就是四环节的本质所在。

这段话，基本讲清了"四环节"的本质，支撑着它一步步运行的是背后的思维、认知、注意等基本规律，核心是认知规律。进一步挖掘，我们就会发现，如果去掉"激趣导入"，剩下的三个环节，就无比契合"三步思维"了：（感知）知识—（内化）规律—运用（拓展）。明白了其本质，运用之妙，就得乎一心了。

3.基础课型的常规应用。

请看下面的教学设计。

武陟县实验中学课时教学体系——教学设计

学 科	物理	年 级	九年级	授课教师	李建新		
时 间	09.29	课 题	15.5 串并联电路中电流的规律			计划学时	1课时
教学示范点	实验探究串并联电路中的电流规律						
课 标 要 求	1.初步掌握串并联电路中电流的规律； 2.会连接电路。						
课 时 目 标	1.探究串联电路中电流的规律,训练连接电路和使用电流表的技能； 2.切身体验科学探究的全过程,领会科学研究的方法； 3.培养严谨的科学态度和分组协作的精神。						
教 法	探究法、实验法						
学 法	小组合作、实验探究						
教学内容及过程	一、激趣导入 电流表接在这个简单电路的不同位置,两次电流表的示数有什么关系? 用电器串联或并联时,流过各用电器的电流有怎样的关系呢?(学生猜想) 二、感知求疑 学生阅读课本第49～51页,了解探究实验的方法步骤,完成基础训练第48页课前预习部分。 三、探究内化 探究1:串联电路的电流规律 猜想:流过 A、B、C 各点的电流大小可能存在什么关系?						

续表

教学内容及过程	设计实验：实验中 A、B、C 可以分别在 L_1 左侧、L_1 和 L_2 之间、L_2 右侧任选定，这样测出 A、B、C 各点的电流，就可以找出串联电路中各处的电流关系。 进行实验： 1.设计实验电路； 2.根据电路图连接电路； 3.把电流表分别连接在图中 A、B、C 三点进行测量，将测量数据记录在表格中。 4.换上另外两个规格不同的小灯泡，再次实验。 分析数据，得出结论： 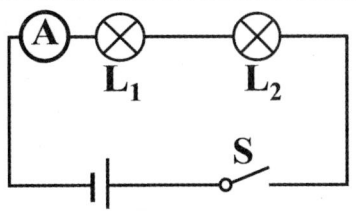测量 A 点电流 	次数	A 点电流 I_A/A	B 点电流 I_B/A	C 点电流 I_C/A
1			
2			
3			| 结论：_____。 反馈训练： 1.在探究串联电路中各点电流有什么关系时，小明设计实验如下： 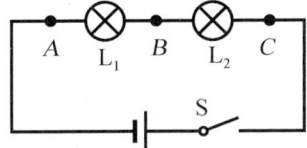 把两个灯泡 L_1、L_2 串联起来接到如图所示的电路中，分别把图中 A、B、C 各点断开，把_____接入，测量流过的电流，看看它们之间有什么关系。换上另外两个小灯泡，再次测量三点的_____，看看是否还有同样的关系。 下表是两次测量的记录数据： | 次数	A 点电流 I_A/A	B 点电流 I_B/A	C 点电流 I_C/A
第一次测量	0.3 A	0.3 A	0.3 A
第二次测量	0.2 A	0.2 A	0.2 A | 分析和论证： (1)在拆接电路时，开关 S 必须处于_____状态。 (2)结论：串联电路中各处_____相等。 2.在探究串联电路的电流规律时，小敏同学连成了如图所示的电路。在连接电路时，开关应_____；检查电路无误后，闭合开关，三灯 L_1、L_2、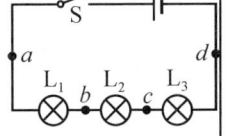

续表

教学内容及过程	L_3 均发光,接着她应_____;实验时,她记录了下表中的实验数据,由表1中的实验数据可知_____。 小刚同学也做了此实验。记录的数据如表2所示,从表2中可以看出d 处的电流比a、b、c 处的电流大许多,出现这种情况的原因可能是_____。 表1 	测量处	a	b	c	d
电流/A	0.2	0.2	0.2	0.2 | 表2 | 测量处	a	b	c	d
电流/A	0.2	0.2	0.2	1.0 | 探究2:并联电路的电流规律 猜想:流过A、B、C各点的电流大小可能存在什么关系? 设计实验: 实验中可以将电流表分别接在A、B、C三点,这样测出A、B、C各点的电流,即干路和各路的电流,就可以找出并联电路中各处的电流关系。 进行实验: 1.设计实验电路; 2.根据电路图连接电路; 3.进行测量,将测量数据记录在表格中; 4.换上另外两个规格不同的小灯泡,再次实验。 分析数据,得出结论: | 次数	A点电流I_A/A	B点电流I_B/A	C点电流I_C/A
---	---	---	---
1			
2			
3				 结论:_____。 反馈训练: 1.在探究并联电路中电流关系的活动中,小路连好如图所示的电路后,用电流表测出A、B、C三处的电流分别为$I_A=0.6$ A、$I_B=0.4$ A、$I_C=1$ A,并将数据记录在表格中,下一步应该做的是(　　)。 A.整理器材,结束实验

续表

教学内容及过程	B.分析数据,得出结论 C.换用不同规格的小灯泡,再测出几组电流值 D.改变电流表的量程或换电流表再测几次 2.如图所示电路图,电流表 A_1 的示数为 0.9 A, A_2 的示数为 0.4 A,则通过 L_1 的电流是_____,通过 L_2 的电流是_____,通过干路的电流是_____。 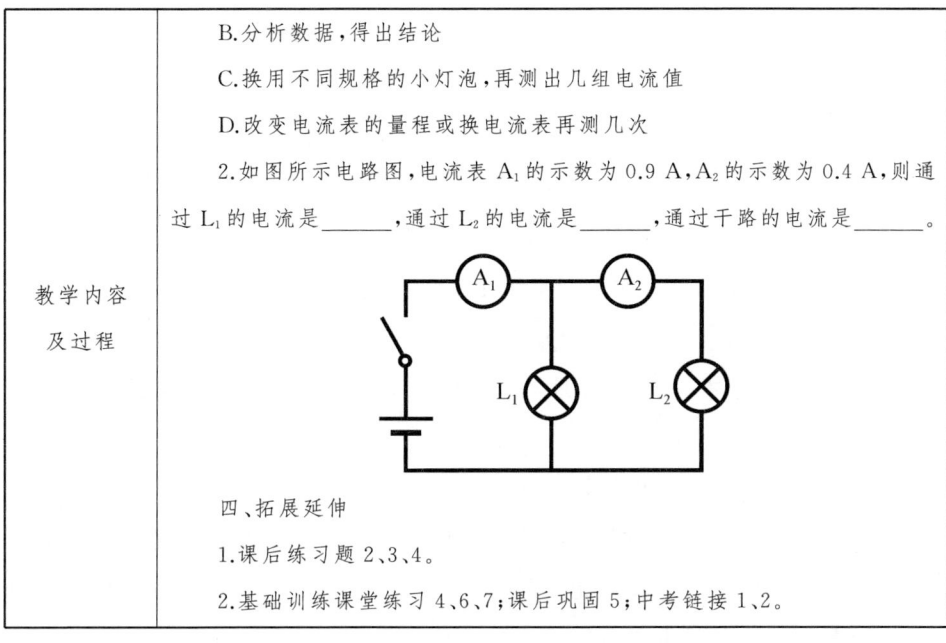 四、拓展延伸 1.课后练习题 2、3、4。 2.基础训练课堂练习 4、6、7;课后巩固 5;中考链接 1、2。

李建新老师这节课,围绕一个教学示范点"探究串并联电路中的电流规律",先学后用,学用结合,分四个环节有序操作,设计思路清晰,操作凸显"实验"活动,实际教学效果好,是"一点两步四环节"活动式训练课型的经典代表作。

在具体的教学实践中,教师要根据自己面临的实际情况,灵活地做出教学选择,创造性地运用基础模式,设计出最适合于"这一节课"的教学方案来。教学示范点的确定、教学活动的设计、学用结合的落实、"三步思维"的运用等,都要因势而变、因情而定,杜绝"模式化",力争"真、实、活"。

(二)教学示范点的灵活处理

归真课堂主张以"一点"为核心展开教学,其本真是在归真教育"形成专业化核心思维的自觉"这一基本理念指导下,围绕核心问题,集中有限的课堂时间,学会、学透,并在运用中达到融会贯通、举一反三。我们的目的是真正地提高效率、解决问题,而不是僵死地执行一节课就只能有这一个点,其他的都不能做。

1. 一节课围绕一个教学示范点。

一般情况下，我们都主张一节课只围绕一个教学示范点展开，因为只有这样，才能在有限的课堂时间内，深入、扎实地开展教学活动，真正实现学用一体，真正做到学真知、练真能、培真情、育真人，才能避免蜻蜓点水、走马观花、水过地皮不湿的情况发生。这种情况是归真课堂的主流，我们在本书中所举案例大多是这一类，如前边提到的《列夫·托尔斯泰》教学设计紧紧围绕"感知、探究茨威格'画眼睛'的方法"这个教学示范点，从不同角度设置学习活动，引导学生紧扣文本，贴近语言，在反复的读、品、思、悟中感知、探究，一步步切近茨威格"画眼睛"的写作艺术。整节课训练点指向明确，不蔓不枝，操作提示具体可行，整个过程学用结合、简洁实效。

2. 几节课围绕一个教学示范点。

在现实教学中，我们也会遇到这样的情况：一个教学示范点，涉及的问题多，难度大，学生掌握起来比较困难，一节课很难学会学透。怎么办？再加一节应用课。这种情况主要会出现在数理化学科。

在作文教学中，也往往会用到这种情况。围绕一个教学示范点，既导，又写，还评，至少需要两节课。

对于一些研究性学习活动，所需时间就更要根据实际情况而定了。例如，同为回忆性叙事散文，探究《藤野先生》《回忆我的母亲》《背影》《走一步，再走一步》几篇文章在写法上的不同。如果我们将这四篇文章组成一个学习单元，以此话题引导学生开展研究性学习，从确定选题、研读文本、撰写研究报告，到写法运用、展示交流，会用 3~4 个课时。下面请看李昊男老师在教学《一棵小桃树》时，围绕"探究物我相似，理解托物言志"这一教学示范点，引导学生逐步展开研究性学习的一个案例。

一、温故知新。

师：同学们，上节课我们学习了《一棵小桃树》的第一课时。现在，让我们一起来回顾一下主要内容，看谁回答得既积极又洪亮。

出示幻灯片(1)

这个案例，呈现的是第二课时的教学场景。其主体是第二环节的探究小报告展示活动。

温故知新

活动一:"阅读提示"知内容(跳读)

活动二:整体感知理结构(浏览)

活动三:主题探究找相似(速读与精读)

生:上节课我们利用课后的"阅读提示"跳读课文,找到了课文中作者贾平凹一共用了8次"我的小桃树"。作者之所以如此执着地用这个称呼,是因为小桃树的成长经历与作者贾平凹的成长经历非常相似,写小桃树实则在写作者自己。

师:你不仅学会了跳读,更感知了小桃树与作者的最大相似点。

生:上节课我们通过浏览,勾画出了文章关键性的时间词、句,如"今天的黄昏""好多年前的秋天""秋天过去了""又过了一个冬天""一个春天""这年里""如今"等,从而将课文划分成了四部分:第一部分(1)引文,交代作者写小桃树的缘由。第二部分(2)描写眼前情景,开花的小桃树经受风雨磨难。第三部分(3~8)回忆小桃树艰难曲折的生长过程。第四部分(9~14)回到眼前的情景,生动状写了小桃树在风雨中的挣扎。

师:抓关键词、句的方法,不仅提高了你浏览文章的速读,而且使你准确、高效地梳理了文章结构。很好!

生:上节课我们通过速读课文,找到了小桃树与"我"主要有四方面相似:经历风雨时的情感相似、成长环境相似、经历磨难相似、不屈斗志相似。并且围绕其中一个相似点,我通过精读课文以及查阅资料写出了自己的探究性小报告。

从"温故知新"环节我们可以看到,在第一课时,围绕"探究物我相似,理解托物言志"这一"读"的基础上,展开主题探究性教学示范点,李老师引导学生在多角度阅读的基础上,展开自主性探究学习,并指导学生自选角度,尝试撰写"探究性小报告"。

师:相信你的探究性小报告写得一定非常精彩。

二、汇报展示。

师:同学们,上节课我们给各小组留了一个任务——围绕其中一个相似点精读课文,并查阅资料书或网上搜索资料,形成自己的探究小报告。接下来再给大家1分钟的准备时间,1分钟后我们找同学来展示自己的成果。

出示幻灯片(2)

汇报展示

任务分工:1、2组从"经历风雨时的情感相似"方面切入探究;3、4组从"成长环境相似"方面切入探究;5、6组从"经历磨难相似"方面切入探究;7、8组从"不屈斗志相似"方面切入探究。

小报告参考格式:首先表明自己的观点;然后巧妙引用文中语言,并多角度品析这些语言;还可以引用自己查找的资料,来证明自己观点的成立;最后运用简洁的语言做总结。

参考资料:教师教学参考书、教辅书、网上搜索等。

生:我认为,在《一棵小桃树》这篇课文中,"我"与小桃树经历风雨时的情感相似。这在第2自然段中有精彩的描写,"我的小桃树在风雨里哆嗦。纤纤的生灵,枝条已经慌乱,桃花一片一片地落了,大半陷在泥里,三点两点地在黄水里打着旋儿。啊,它已经老了许多呢,瘦了许多呢,昨日楚楚的容颜全然褪尽了"。这么寻常的情景,却有着不寻常的情感。这几句话,细致描写了小桃树在

其实,第一课时的操作,还可以再简洁一些,上课之初,直接抛出探究性主题和探究性小报告的撰写要求,然后充分放手,引导学生自主阅读,自选角度,积极探究,安静写作。这样更能体现归真课堂"在用中学,在学中用"的特点,更有利于学生在读中思,在读中品,在读中悟,在用语文中学语文,在用语文中提素养,在用语文中练能力。

风雨中拼命挣扎的情形。而作者的情感,不也是如此吗?请往后看"唉,往日多么傲慢的我,多么矜持的我,原来也是个屌头"。作者无奈地认识到自己在风雨面前只是个"屌头"。所以,我认为"我"与小桃树经历风雨时的情感相似。

师:观点明确,思路清晰,不仅巧用文中语言,还能灵活运用从网络上搜索到的资料。你是一个很用心的孩子,如果能对引用的语言做一些品析,你的小报告就更有价值了。

生:我认为,"我"与小桃树经历的磨难相似。"它长得很委屈,是弯了头,紧抱着身子的。第二天才舒开身来,瘦瘦的,黄黄的,似乎一碰,便立即会断了去。"这两句中的"瘦瘦的""黄黄的",写出了小桃树刚长出来时瘦弱的样子,这是小桃树经历的第一个磨难。"那桃树被猪拱折过一次,要不早就开花了。他们曾嫌它长得不是地方,又不好看,想砍掉它。"这是小桃树经历的第二、第三个磨难——在生长过程中曾被猪拱折过,后来险些被砍掉。而"我"也同样遭受了生活中的磨难——"我"满怀着要轰轰烈烈干一番事业的愿望,却"发现我的幼稚,我的天真了。人世原来有人世的大书,我却连第一行文字还读不懂呢"。所以,"我"与小桃树都经历了相似的磨难。

师:"瘦瘦的""黄黄的",品析得很好。"人世原来有人世的大书,我却连第一行文字还读不懂呢。"这一句我们一起来思考,运用了很精妙的比喻,将"人生"比作"大书",将自己对人世的认识比作"连第一行文字还读不懂",表现了社会的错综复杂、自己的幼稚天真。

本节课第二环节的展示,依然紧紧围绕"探究物我相似,理解托物言志"这一教学示范点有序展开。从整个展示的过程来看,我们应该坚信,即便是七年级的学生,只要我们在教学过程中敢于放手、善于放手,为孩子们创设出适宜的语言运用情境和活动,孩子们就一定会给课堂带来无限的精彩。

同学们,大家的思考已经比较有条理。请结合刚才两位同学所展示的探究小报告,以及老师给大家补充的一些资料,再思考、完善自己的"小报告"。

出示幻灯片(3)

补充材料

贾平凹,原名贾平娃,1952年生于陕西丹凤县山区一户贫苦农民家里。1967年初中毕业后在家务农。几经周折,1972年才到西北大学中文系就读,1975年毕业,在迷茫中开始探索、开始追求……

2005年,获得鲁迅文学奖。2008年凭借《秦腔》,获得第七届茅盾文学奖。2011年凭借《古炉》,获得施耐庵文学奖。2012年,获得朱自清散文奖……

大家还可以查阅相关资料,进一步了解贾平凹,以及本文的写作背景。

适时地补充材料,为学生进一步深入理解教学示范点提供了有效帮助,为后续的再完善、再展示注入了资源动力。

师:思考好后,请各组组长组织组员交流研讨再完善,最后推选出小组最优秀的探究性小报告,我们再展示。

生:我认为,小桃树与"我"在经历风雨时的情感相似。文章第2自然段中"我的小桃树在风雨里哆嗦","枝条已经慌乱","啊,它已经老了许多呢,瘦了许多呢,昨日楚楚的容颜全然褪尽了"。这里巧用拟人的修辞手法,"哆嗦""慌乱""老了""瘦了""楚楚的容颜全然褪尽"等词语,赋予了小桃树经历风雨时人的害怕、柔弱、可怜等情态。恰恰就在此时,"我"的情感怎样呢?"可怜它年纪太小了,可怜它才开了第一次花儿!我再也不忍看了,我千般万般地无奈何。唉,往日多么傲慢的我,多么矜持的我,原来也是个屐头"。前两句巧用反复,表达"我"的痛心与无奈,接着运用"不忍""无奈""屐头"等词语,表明"我"的软弱无能。再结合作者刚经历"十年浩劫",此时"我"是极痛苦、无奈的。所以,我认为小桃树与"我"在经历风雨时的情感是相似的。

师:"哆嗦""慌乱""老了""瘦了"等词语的形象美,"拟人""反复"的修辞美,"十年浩劫"的拓展美,让你的报告有了高度。

生:我认为,小桃树与"我"成长环境相似。文章第3自然段中"将桃核埋在院子角落的土里",第4自然段中"奶奶打扫院子,突然发现角落的地方,拱出一点嫩绿儿",第5自然段里"因为它长得太不是地方,谁也再不理会",第10自然段中"就那么一树,孤孤地开在墙角……从未有一只蜜蜂去恋过它,一只蝴蝶去飞过它"。文章三次提到"角落",一次"太不是地方",表明小桃树生长环境恶劣。另外,巧用拟人的修辞手法,因生长环境太差,即便开花也得不到蜜蜂的爱恋、蝴蝶的青睐。反观作者贾平凹童年的成长环境,文章第7自然段中"走出了山,来到城里,我才知道我的渺小",鲜明揭示出作者童年生活在贫苦的山村。查阅资料发现,贾平凹初中毕业正好赶上"文革",只好回到自己贫穷的山村务农。所以,我认为小桃树与"我"的成长环境是相似的。

师:三次"角落",一次"太不是地方",可见这位同学读书之认真,能从全文考虑问题。

生：我认为，小桃树与"我"的不屈斗志相似。文章第13自然段中"雨还在下着，我的小桃树千百次地俯下身去，又千百次地挣扎起来""高高的一枝儿上，竟还保留着一个欲绽的花苞""像风浪里航道上的指示灯，闪着时隐时现的嫩黄的光，嫩红的光"。两个"千百次"，将小桃树虽饱受风雨踩躏，但依然不屈抗争的形象刻画得淋漓尽致。"俯下身""挣扎"等词语，运用拟人的修辞手法，让语言美了起来，让小桃树坚强的性格凸显出来。"欲绽的花苞"比作"风浪里航道上的指示灯"，巧用比喻不仅表明了小桃树在风雨中依然坚守着理想，而且暗含小桃树激励着作者向着目标勇敢前进。此时的作者"心里稍稍有些安慰了"，并表达心声"我亲爱的，你那花是会开得美的，而且会孕出一个桃儿来的"。"安慰"说明作者已不惧风雨，"认为会开得美、孕出桃儿"表明作者对小桃树的肯定，也是在表达自己一定奋发图强、有所作为的决心。所以，我认为小桃树与"我"的不屈斗志是相似的。

师：同学们，时间关系，无法让大家一一展示了。今天大家的发言完全超出了老师的想象，大家的理解深度已经可以和八、九年级的同学相媲美了。请大家牢记，阅读任何文章，能够围绕一个有价值的主题，写出自己精彩的探究性小报告，你的阅读能力、语文素养一定会飞速提升。

三、归纳总结。

出示幻灯片（4）

托物言志

托物言志即将个人之"志"依托在某个具体之

在精彩展示之后，这里对核心知识的归纳总结就是水到渠成的事了。

"物"上，"物"便具有了某种象征意义，成为作者的志趣、意愿和理想的寄托者。所托之"物"与所言之"志"一定要有相似、相通之处。

（生齐读幻灯片上关于"托物言志"的介绍。）

师：托物言志讲究所托之"物"与所言之"志"一定要有相似、相通之处。今天，大家通过合作、探究、展示，我们发现贾平凹为了抒发自己的痛苦、无奈等心情，便描绘了一幅风雨吹打小桃树的风雨图；为了表达自己艰难的成长经历，便刻画出了一株饱经磨难的小桃树成长经历图；为了表达自己的不屈斗志，便礼赞了风雨中依然保留着一个欲绽的花苞，准备灼灼开放的小桃树。这就是托物言志。

四、反刍训练。

出示幻灯片（5）

《紫藤萝瀑布》一文，作者借用紫藤萝来暗示自己的情思，于是紫藤萝就有了某种寓意，成为作者志趣意愿的寄托。

师：我们分析了小桃树与"我"的相似之处，感悟了"托物言志"的写作手法。下面，请大家速读《紫藤萝瀑布》一文，围绕紫藤萝与作者宗璞有哪些相似之处，形成自己的探究性小报告。

生：我认为，在《紫藤萝瀑布》这篇文章中，"我"与紫藤萝的心境有相似之处。如今紫藤萝开得繁盛，无不凸显其生机盎然。"只见一片辉煌的淡紫色，像一条瀑布，从空中垂下，不见其发端，也不见其终极"运用了比喻的修辞手法，把一树盛开的紫藤萝花比作"一条瀑布"，在展现其生机勃勃

反刍训练，即学即用，仍然紧扣"探究物我相似，理解托物言志"这一教学示范点。

的同时,我们可以想象紫藤萝花此时是多么快乐、自豪。在这样的景色面前,"我浸在这繁密的花朵的光辉中,别的一切暂时都不存在,有的只是精神的宁静和生的喜悦"。作者被花瀑感染,走出了焦虑、痛楚。尤其是最后"在这浅紫色的光辉和浅紫色的芳香中,我不觉加快了脚步",表明作者内心已变得积极、乐观起来。所以,我认为"我"与紫藤萝的心境有相似之处。

生:我认为,"我"与紫藤萝经历的磨难相似。十多年前家门外的紫藤萝"花朵从来都稀落,东一穗西一串伶仃地挂在树梢,好像在察言观色,试探什么。后来索性连那稀零的花串也没有了"。对于花朵"稀落""伶仃"的描写,说明紫藤萝花受到了某种伤害。"察言观色""试探"说明紫藤萝花经历挫折后的畏惧与小心。现在作者的小弟又身患绝症,作者内心痛到了极点。所以我认为,"我"与紫藤萝经历的磨难有相似之处。

师:还有十几个举手的同学,时间关系现在没法让大家一一发言了。课下,大家可以将自己的发现以文字形式交给老师。

五、作业布置。

出示幻灯片(6)

选择你喜欢的景或物,写一篇借景抒情或托物言志的作文。不少于500字。

提示:

1.写作时可以借鉴《紫藤萝瀑布》或《一棵小桃树》的写法,想好写哪几个方面,写出景物什么样的特点。

2.想好表达怎样的思想感情。(没有包含思

"作业布置"这一环节,其实质是"以读导写",围绕"探究物我相似,理解托物言志"这一教学示范点,引导学生学后即用,便于帮助学生打通读写结合的"任督二脉"。同时,这也是下一节作文课的核心训练内容。

想感情的"纯写景"文字,是难以打动别人的)

3.多改两遍,再读一读,力求做到文从字顺。

师:同学们,今天这节课我们围绕"探究物我相似,理解托物言志"展开的主题性探究活动,大家一定收获满满。"托物言志"就是将个人之"志"依托在某个具体之"物"上,所托之"物"与个人之"志"一定要有相似、相通之处。期待大家精彩的作文,我们下节课再见!

(案例提供:武陟县实验中学李昊男　点评:范通战)

这一个案例,主体呈现的是学生围绕"探究物我相似,理解托物言志"展开研究性学习形成的成果,但围绕这一教学示范点展开的学习活动前后却至少持续了三节课。一个探究性小报告的撰写和展示活动,充分激活了学生的学科思维,学生自主阅读,自主思考,自主探索,自主研究,自主写作,形成成果,分享交流,延伸阅读,拓展写作,实现由读到写的深度融合。整个研究性学习的过程,凸显了归真课堂"先学后用,学用结合"的基本思想,上得有层次、有深度,可谓几节课围绕一个教学示范点展开的典范之作。

3.一节课围绕几个教学示范点。

这一类型主要涉及以下两种情况。

(1)教学示范点涉及的内容重要,但相对简单,或是教学示范点涉及的内容紧密关联,且主次分明,教学时可以在一节课上有效完成。如张亮老师上思政课《创新永无止境》时,就设计了两个教学示范点:①分析建设创新型国家的必要性;②探究怎样建设创新型国家。这两个教学示范点内容紧密关联、前次后主,在教学过程中,张老师主次分明,将训练重点放在第二个教学示范点上,取得了很好的教学效果。但一般来讲,不要超过两个教学示范点,否则很难将教学落到实处。

(2)复习课上,进行综合训练或是试卷讲评时,会在一节课上涉及几个教学示范点。但为保证课堂教学的有效性,涉及的教学示范点也不可过多,以能收到实效为基本原则。此种情况最常用到的就是试卷讲评课,后文中还会举例说明,在此不再赘述。

(三)围绕活动,灵活设计

"以活动为方式"是归真课堂的重要特征。在具体的操作中,从课堂教学实际出发,灵活变通,科学设计,方能取得良好效果。

1.一节课围绕几个活动展开。

请看下面这则案例。

师:同学们,今天我们借助《皇帝的新装》这篇课文来开展三个活动,学习快速阅读。

活动一:学习快速阅读文本,把长文读短。

师:请将课本翻到单元导读,我们齐读第2自然段,了解快速阅读技巧。

(学生齐读第2自然段,然后圈点勾画,了解文本中相关的阅读技巧知识)

师:快速阅读的方法,聪明的你掌握了吗?请大家再来齐读课后第一题。大家用最简洁的语言来概括快速阅读的方法与技巧。

生:速度上,每分钟不少于400字。方法上,①静心;②扩大一次性进入视野的文字数量;③寻找关键词,思悟主要内容;④联想和想象,把握写作思路。

师:归纳得很齐全。我们借助《皇帝的新装》来验证一下大家的快速阅读能力。文章第1自然段,有120字。请大家在20秒内快速阅读完,并简单概括其主要内容。

生:有一个皇帝特别喜欢好看的新衣服。

师:你很善于抓文段的中心句。文章第2至第4自然段,大约有300字。请大家在50秒内快速阅读完,并简单概括其主要内容。

生:两个骗子说,他们能织出世上最美丽的布,并能缝出神奇的衣服。

师:这是故事的开端。文章第5至第23自然段,大约有1400字。请大家在4分钟内快速阅读完,并简单概括其主要内容。

生:皇帝派两位大臣以及自己亲自去看新衣制作情况。

师:这是故事的发展。文章第24至第34自然段,大约有700字。请大家在1分钟40秒内快速阅读完,并简单概括其主要内容。

生:皇帝举行了盛大的游行大典。

师:这是故事的高潮部分。文章第35至第37自然段,大约有200字。请大家在30秒内快速阅读完,并简单概括其主要内容。

生:一个小孩子揭穿了骗局。

师:这是故事的尾声。大家感觉快速阅读有意思吗?

生(齐):有!

师:聪明的你,请再次快速阅读文本,结合老师出示的幻灯片概括全文。

(学生7分钟内快速阅读文本,并迅速归纳出文章主要内容"皇帝爱新装""骗子织新装""君臣看新装""皇帝展新装""小孩揭新装")

活动二:用自己的话简要复述故事,努力把短文读长。(出示幻灯片)

引子　　皇帝爱新装　　(第1段)

开端　　骗子织新装　　(第2段至第4段)

发展　　君臣看新装　　(第5段至第23段)

高潮　　皇帝展新装　　(第24段至第34段)

结局　　小孩揭新装　　(第35段至第37段)

(学生根据大屏幕上出示的内容,声情并茂地复述本文故事)

活动三:学以致用。

师:请同学们快速阅读《语文基础训练》第88页《犟龟》,并用简洁语言概括故事内容,尝试复述故事。

(生快速阅读6分钟,然后小组交流。老师随机选一名同学复述)

师:你在这么短的时间里,为何能对故事记忆得如此详细?

生:我运用本节课学到的快速阅读方法,撷取了几个关键词句"鸽子说狮王二十八世婚礼""一遇蜘蛛""二遇蜗牛""三遇壁虎""四遇乌鸦""参加狮王二十九世婚礼",运用联想和想象就将故事复述出来了。

师:这就是快速阅读的魅力,大家学会了吗?(作业布置)请同学们课下找找安徒生写的《海的女儿》《卖火柴的小女孩》等童话故事,运用快速阅读的技巧,把握主要故事情节。

(李昊男《皇帝的新装》)

本节课,李昊男老师围绕快速阅读的方法,设计并组织开展了三个课堂教学活动。通过前两个活动,引领学生"在用中学",从分节、分段速读,到全文速读,从将长文读短,到把短文读长,多角度运用方法,一步步走进文本;第三个活动又从课内文本速读到课外运用速读,先学后用,即学即用。通过这三个活动,学生不仅掌握了快速阅读的相关方法技巧,更是在反复的运用中有效提升了快速阅读的实践能力。

再看我早年的一篇教学设计。

《观舞记》教学设计

教学活动目标:

①让我的想象插上翅膀:听朗读浮现形象,激趣导入。

②分享我的收获:读课文分享收获,感知求疑。

③揭开老师的谜底:品经典综合阅读,探究内化。

④展现我的精彩:观现场即兴作文,拓展创新。

教学重点:探究多角度观察、多方位感受、立体化表现的写作方法。

教学方法:活动式训练。

课时安排:一课时。

设计理念:合理选取文中最有价值的内容,打破文本界限,重新组合教材,真正实现变"教教材"为"用教材教",从而放飞学生思维,完成个性化阅读,真正激活学生的生命状态,提高师生的课堂生活质量。

教学过程:

课前准备:安排学生预习,试着完成"用最简洁的话概括自己读过这篇文章后的最大收获"。可以从人生启示、生活启迪、写作方法、语句积累等方面来说。

课堂操作:

(一)让我的想象插上翅膀:听朗读浮现形象,激趣导入。

导入语设计:首先请同学们跟着老师的指导语来做一个活动。请同学们闭上眼睛,做一次深呼吸,尽量放松。下面老师朗读一段文章,大家请跟着老师的朗读,放飞自己想象的翅膀,在头脑中浮现出老师朗读的内容所描绘的形象或画面。

老师朗读,学生浮现形象。

过渡语设计:请大家说说,刚才你的头脑中浮现出了怎样的画面?

结论:一个技艺高超的舞者。

导入语设计:这就是冰心老人在《观舞记》中为我们描绘的印度舞蹈家卡拉玛·拉克希曼。

出示课题: 　　　　　观舞记　　　　冰心
　　　　　　　　——献给印度舞蹈家卡拉玛姐妹

(二)分享我的收获:读课文分享收获,感知求疑。

过渡语设计:分享是一种快乐,分享是一种幸福!课前调查,同学们已经做好了预习。想不想把自己的最大收获与大家分享一下?

出示:昨天的预习题(见课前准备)。

指导语1设计:为了使你的展示更精彩,给大家1分钟准备时间。

请学生说说自己的预习收获,教师适时做出点评。

指导语2设计:我在读了这篇文章后,也有一大收获,也很想与大家一块分享,不知大家允许不允许?我的这个收获出自文中一个十分精彩的自然段,下面请大家快速浏览一遍课文,看能不能猜出是哪个自然段。(如果有学生已经把这一"收获"找出来,就直接切入后面的教学)

指导语3设计:请大家一起朗读这一自然段,同时猜想——这段文章中究竟是哪些地方给老师带来了收获?你这样认为的理由是什么?

内容提示:六个"忽而"。(还有没有其他可能?)两个"忘怀"。

顺便引导学生在具体的语言环境中理解"湿婆天""浑身解数"这两个词语。(做个性的自己,别做书本的奴隶)

过渡语设计:大家的推断很有道理,但老师的谜底怎会这样轻易就被解开呢?大家还想不想解开它?(提示:如果你能解开这个谜底,我敢断言,你的写作水平定能突飞猛进!)

(三)揭开老师的谜底:品经典综合阅读,探究内化。

指导语1设计:咱们先来看两段文章。

屏幕显示:《音乐巨人贝多芬》选段

思考:这一段话是通过哪些角度来描写贝多芬的外貌的?在这一段外貌描写中有没有融入作者的感受?

屏幕显示:《社戏》选段

思考:这一段话是从哪些角度来描写景物的?这一段景物描写在此有何作用?

指导语2设计:回到《观舞记》中的六个"忽而"上来,请大家再来读一遍六个"忽而",读时咱们分一下角色,女同学读前半句,男同学读后半句,注意体会前后两部分的内容。

指导语3设计:大家比较一下这三个文段的写作方式,看看能有什么发现。能不能概括出一种写作方法?试着用自己的话概括出来。想一想,怎样才能用好它?(此问若有难处,可追加提示语:谜底揭开了吗?请大家读一下最后两句话。两个"忘怀")

(可以适时组织学生讨论,用群体智慧与老师较量)

内容提示:围绕一个中心,多角度描写,多方位感受。

前者静态、平面,后者动态、立体。

用心观察,用心体验,用心感受,用心表述。

小结语设计:六个"忽而",让我感受到了冰心语言文字的无穷魅力,并且从中悟到了一种很重要的写作方法;两个"忘怀",让我感受到了卡拉玛·拉克希曼舞蹈艺术的精髓,以及她身上所折射出来的人格光辉。

(四)展现我的精彩:观现场即兴作文,拓展创新。

过渡语设计:有道是"纸上得来终觉浅,绝知此事要躬行"。下面我们用今天学到的方法来一个即兴口头作文,大家有没有信心?

屏幕显示:请你认真观察我们的课堂现场,自拟一个中心,自选几个角度(老师、同学、环境等),用"多角度观察、多方位感受、立体化表现"的方法来写或说一段话。如果能用一组排比句最好。

作业:看看朱自清的《春》与老舍的《济南的冬天》是怎样进行多角度描写的。

板书设计:

观舞记　　　　冰心
——献给印度舞蹈家卡拉玛姐妹
六个"忽而"
↓
多角度描写,多方位感受

(范通战)

这个教学设计,活动目标与课堂活动过程实现了完美统一。整个教学活动过程,按照活动目标的设计,通过四个活动,一步步有序推进。第一个活动的设计,不仅仅起到激趣导入的作用,更是实实在在的教学内容的一部分。它一方面指向听的训练,另一方面着眼于语文学科思维尤其是形象思维及想象能力的训练,同时还能引导学生浮现文本内容,体会语言文字与舞蹈艺术的结合之美。第二个和第三个活动,直接指向文本深处,紧扣语言品析,通过六个"忽而"、两个"忘怀"的品读,以及与《音乐巨人贝多芬》《社戏》等经典文段一起构建起来的群文阅读,引导学生去探究、发现语言形式与思想内容的结合之美,从而有效突破教学示范点"多角度观察、多方位感受、立体化表现",为后续从读到写的教学奠定了基础。如果说前三个活动是"学",那么最后一个活动就是"用"了,通过即兴作文,引领学生在用中体会、用中提升"多角度观察、多方位感受、立体化表现"的方法,从而逐步实现由知识、素养的学习积累到能力提升的有效转化。

2.一个活动一节课。

请看王芳老师的一则教学笔记。

诗歌意象传情意,小荷尖角冒新芽

九年级下册第一单元是诗歌单元,本单元的教学示范点是学习诗歌运用意象抒发情感的写法。舒婷的《祖国啊,我亲爱的祖国》,这首诗饱含深情,意象丰富,是学习诗歌的典范。在充分朗读理解后,我引导学生在课堂上尝试着模仿诗歌的结构,重新选取新的意象,创作一首小诗,来抒发自己对祖国的深情,同学们创作的激情瞬间被点燃。

例一:

百多年前列强的炮火,

弯曲不了你的脊梁;

十四年抗战的硝烟,

弥散不了你的希望;

十年"文革"的纷乱,

动摇不了你的方向;

——祖国啊!

改革开放的春风,
吹绿了神州大地;
"复兴"飞驰,"天眼"降世,
"嫦娥"信步,"天宫"遨游,
"墨子"升空,"神威"犹存。
——祖国啊!

大风泱泱,大潮滂滂。
千古未绝,唯我无双!
——祖国啊,我亲爱的祖国!

(张铃林)

例二:
我是遮天隐日的炮火烟云
数百年来飘散着缕缕悲魂
我是被折断了双翼的苍鹰
仰望青天回响惊心的哀鸣
我是被拔了逆鳞无力反抗的蛟龙
潜伏深渊渴盼耀目的东方红
——祖国啊

我是触摸苍穹的"天眼"雷达
我是鹰击长空的"C919"
我是丈量神州的"复兴号"
我是曼舒广袖的"嫦娥"
东方雄狮咆哮山谷
华夏儿女傲视寰宇
——祖国啊

如今山河无恙

如你所想
——祖国啊,我亲爱的祖国!

(王乙珺)

如果说舒婷的诗代表着与祖国有着共同命运的一代人,表达的是与祖国血肉相连、荣辱与共的炽热情感,那么同学们的小诗,则是见证祖国复兴的新时代青少年用自豪的激情唱出的青春旋律。处于这崭新的时代,天眼、C919、墨子号、"蛟龙"号、复兴号、嫦娥号等具有鲜明时代特色的意象,给同学们仿写的小诗注入了新的活力。

读着同学们稚嫩又激昂的文字,听着同学们深情又铿锵的朗读,看着同学们阳光又可爱的笑脸,我忽然想起杨万里那句"小荷才露尖尖角,早有蜻蜓立上头",心中油然而生一种语文老师所特有的幸福和喜悦。当诗歌教学遇上诗歌创作,我仿佛觉得语文课堂就是一首清丽的小诗。

(武陟县实验中学　王芳)

一个尝试创作的活动,造就了一批才华横溢的小诗人,成就了一节诗意荡漾的语文课。

3.几节课围绕一个活动进行。

这种情况,在很多研究性学习及综合实践活动中都可采用。如王芳老师围绕一个话题,组织一个活动,通过几节课,红火了一堆诗心。请看她的这则教学笔记。

走近诗人内心,触摸诗词灵魂

每一首古诗背后,都有一个鲜活的灵魂、磅礴的时代。传统的诗歌教学,基本固守着"肤浅的了解,机械的背诵,简单的赏析"这种浅尝辄止、蜻蜓点水般的套路。为了让学生更加深刻地理解学过的古诗词,我以"走近诗人内心,触摸诗词灵魂"为话题,鼓励每个同学选择一个能引起自己思想共鸣的诗人,去了解他的人生经历,他的人物故事,他的经典诗词,从而触摸到诗词的灵魂。这一活动,从选题、探究、写作、展示、交流、评价,前后持续了三节课。同学们有的选择辛弃疾,体会他收复失地、杀敌报国的决心;也有的选择秋瑾,体会她不甘心屈服于命运的巾帼情怀;还有的选择范仲淹,体会他先忧后乐的政治情怀,体会他

"浊酒一杯家万里"的惆怅矛盾……读着孩子们一篇篇虽显稚嫩但具个性的作品,我的心"笑"了。

选一:

在《水龙吟·登建康赏心亭》中,"楚天千里清秋,水随天去秋无际"一句破空而来,将楚天千里的空阔寂寥之景展现出来,表达了诗人孤独而无人理解的处境和心情。"休说鲈鱼堪脍,尽西风,季鹰归未?求田问舍,怕应羞见,刘郎才气"借用典故披露心迹,不愿流于张翰、许汜之辈。全诗豪中见雄,又悲且壮,沉郁中也不乏痛快,同时还抒发出辛弃疾爱国深情无处倾吐的苦闷。我,也道不尽辛弃疾的山河梦。

——马绍洋《道不尽,辛弃疾的山河梦》

选二:

人的一生不容易,对活得有趣的人来说,生活是一道风景,是一个不断破茧而出的过程。林语堂说:"苏东坡是一个无可救药的乐天派,一个伟大的人道主义者,一个百姓的朋友,一个大文豪,大书法家,创新的画家,一个工程师……"但是这还不足道出苏东坡的全部。

苏东坡是极具天赋的艺术家,在生活中,他又有浓厚的生活情趣,在他的日常生活中,我们总能看到一个热爱生活的苏东坡。

因为爱吃,他研究出了"慢著火,少著水,火候足时他自美"的东坡肉;因为嗜酒,我们看到他学酿酒时"一日小沸鱼吐沫,二日眩转清光活,三日开瓮香满城"的那份专注与情趣;夜赏海棠"只恐夜深花睡去,故烧高烛照红妆",他与文友们对酒当歌,吟诗作赋,开怀畅饮,常醉常醒,更见其是性情中人……

活得有趣,是一种修行,东坡一生"历典八州",历经艰难,但他始终以从容、潇洒、旷达的心态来面对一切挫折,从来没有被打倒。他曾说:"吾上可以陪玉皇大帝,下可以陪卑田院儿。眼见天下无一个不是好人。"那颗有趣的灵魂,不仅自身发光,而且心中有阳光,始终温暖着他人。这就是独一无二的苏东坡。对于每一个人来说,志趣如东坡,就不惧生命艰难生活坎坷,只要调整心态,放下名利,就会让我们在砥砺前行中收获生命之趣,在上下求索中更加绽放光彩。

——郝九婷《品人生之趣》

同学们追寻诗人的脚步，走近诗人的内心，了解得越深，文字表达就越用心。在各自的作文中，同学们仿佛都化身为或愁肠百结，或壮志未酬，或旷达乐观，或闺阁玲珑的诗人，与他们同喜同悲、共生共荣。我和同学们一起，暂时忘记了中考大山一样的压迫，笑盈盈地徜徉在时空隧道，在风云突变的历史长河中，用一颗赤子之心，触摸诗词的灵魂。

（武陟县实验中学　王芳）

一个活动就是一个平台，一个活动就是一组课程，精心构筑这样的平台和课程，有效激活学生的生命状态，课堂的精彩便会随之而来。

（四）"先学后用，学用结合"的灵活运用

在第二辑中我们就谈到"学用一体，灵活切换"的问题。先学后用，先用后学，在学中用，在用中学，学学用用，用用学学，本节课学，下节课用，一节课学，几节课用，随机应变，灵活取舍，运用之妙，得乎一心。"先学后用，学用结合"与"基础课型""教学示范点""活动"一样，在使用过程中，都不能僵化、固化、模式化，都需要根据课堂教学所面临的实际情况，适时变通，灵活运用，才能取得理想的教学效果。

1.先学后用。

这是学用结合最常规、最基础的应用方式，适用于一切新授课的教学。请看古艳芬老师关于配套问题教学过程的一段设计。

一、感知求疑。

自学内容：

课本第133页例1。（时间:8分钟）

例1：某车间有22名工人，每人每天可以生产1200个螺栓或2000个螺母。1个螺栓需要配2个螺母，为使每天生产的螺栓和螺母刚好配套，应安排生产螺栓和螺母的工人各多少名？

自学思考：

(1)题中的配套关系是什么？

(2)列方程的依据是什么?

(3)列方程解决配套问题的关键是什么?

(4)你能否"设安排 x 名工人生产螺母"来解答本例题?(做一做)

比较一下,两种解法最终结果相同吗?

二、探究内化。

(1)你认为解决配套问题的关键是什么?

(2)有何方法规律?

配套问题方法规律:

若 m 件 A 产品与 n 件 B 产品配套,则 $n\times$ A 产品的数量 $=m\times$ B 产品的数量。

三、课堂练习。

1.基础练习。

一套仪器由 1 个 A 部件和 3 个 B 部件构成。用 1 m^3 钢材可以做 40 个 A 部件或 240 个 B 部件。现要用 6 m^3 钢材制作这种仪器,应用多少钢材做 A 部件,多少钢材做 B 部件,最多配成这种仪器多少套?

(学生有不同的方法,可分别展示)

2.拓展练习。

机械厂加工车间有 85 名工人,平均每人每天加工大齿轮 16 个或小齿轮 10 个,已知 2 个大齿轮与 3 个小齿轮配成一套,则需安排多少人生产大齿轮,才能使每天加工的大小齿轮刚好配套?

3.反刍练习。

某车间有技术工人 34 人,平均每人每天可加工甲种部件 16 个或乙种部件 10 个。3 个甲种部件和 4 个乙种部件配成一套,要使每天加工的甲、乙两种部件刚好配套,应如何分配工人的生产任务?

(武陟县实验中学　古艳芬)

这段教学过程的设计,三个环节简洁明快。

首先,感知求疑,引导学生带着问题,开始自主探究性学习,即先学。学生在自学活动中结合例题,独立思考,寻找等量关系,初步感知用一元一次方程解决实际问题的具体步骤及规范的解题过程,体会建立方程模型解决问题的数学思想。在此基础上,通过第(4)小题,引导学生换一种设法来解答,既是对前面自主学习成果的一种检验,更是一种尝试性的运用。通过这一次运用,让学生认识到未知数的设法可以改变,但螺母和螺栓的配套关系不变,即等量关系不变,从而使学生再次明晰等量关系是列方程解决问题的基础和关键。这样,就帮助学生突破了找等量关系这个难点,逐步确立在配套问题中进行"方程建模"的基本思想。

其次,探究内化,在前面运用、比较的基础上,引导学生再次思考归纳,意在让学生明确解决配套问题的关键是抓住配套关系,基本方法规律是先确定配套数量比,再转化为等积式。这样,学生在解决各种数量关系的配套问题时,就有章可循,用方法规律解题,思路清晰,轻松高效,从而突破"确定配套问题等量关系"这个难点。

最后,课堂练习环节,有层次、有梯度地设置了3道练习题。其中,基础练习是一配几的配套问题,是对例1基本类型的巩固和基本检测;拓展练习是几配几的配套问题,是"探究内化"环节中方法规律的使用,让学生思维得到拓展和提升,同时,也能让学生在努力解决问题后获得愉悦感和成就感。在操作过程中,教师引导学生在暴露问题的基础上,有序展开互动纠错,给学生足够的思考时间与空间。反刍练习是对拓展练习的进一步加强和巩固,一些中等生再次尝试解决问题,也能体验独自解决难题的快乐。

学生经过3个问题的解决,进一步理解、掌握列方程解决实际问题的一般步骤,再次感受把实际问题抽象为数学问题的过程,体会方程的建模思想,强化并突破重难点内容。

下面再看一篇关于《苏州园林》的说课稿,进一步体会先学后用的课堂设计。

《苏州园林》说课稿

各位评委、同人,大家好!

我说课的题目是人教社义务教育课程标准实验教科书八年级上册第三单元13课《苏州园林》。

今天,我将从说教材、说目标、说重点难点、说教法学法、说教学过程、说板书设计等六个方面来说这节课。

说教材：

《苏州园林》是叶圣陶先生给《苏州园林》摄影集写的序文，是一篇带有文艺性的说明文。作为一个苏州人，作者站在欣赏者的角度，用高度概括的语言，综合说明了苏州园林异中有同的总体特征，又用生动具体的语言，从各个方面勾画出一幅优美的画图。这篇文章，与《中国石拱桥》《桥之美》《故宫博物院》《说"屏"》一起，撑起了以"建筑园林、名胜古迹"为话题的第三单元，从语文人文性的角度看，不仅可以使学生领略到苏州园林的风采，激发他们对祖国园林艺术的热爱之情，而且从语文工具性的角度看，其特有的结构方式和写作思路，也可以给学生带来有益借鉴。

说目标：

鉴于文本的个性特点，我设计了以下教学活动目标：

①赏苏杭美景，俗语对句，激趣导入。

②抓特征，理思路，感知求疑。

③品关键句，画结构图，探究内化。

④"我家真好"，口头作文，拓展延伸。

这种设计没有采用新课程标准倡导的三维目标模式，而是使用了我在归真教育体系中提出的活动式训练目标。这一变革，真正实现了三维目标的有机融合，克服了当前教学过程中三维目标贴标签式的相互隔离现象。

说重点难点：

根据单元要求及文本特点，我将活动目标②"抓特征，理思路，感知求疑"和活动目标③"品关键句，画结构图，探究内化"作为本节课的训练重点和突破难点，意在通过对此重点的反复强化，在引导学生了解方法的同时，提升他们抓住特征、多角度表述的意识和能力。

说教法学法：

活动式训练：激活学生的生命状态，提高学生的生活质量，应当成为我们课堂教学的首要目标。其次才是知识与能力的培养。以活动为方式，实现教法与学法的统一，在此，活动成为各类课程资源的载体。引导学生积极地参与到"俗语对句""寻找作者的思路轨迹""画结构图""我家真好"等一系列教学活动过程中去，在活动中完成知识的建构、能力的提升、方法的获取、情感态度的升华等教学目标。

说教学过程：

本节课的教学过程依据教学活动目标，主要经历四个教学环节。

①赏苏杭美景，俗语对句，激趣导入。操作如下：首先请大家欣赏一组苏杭美景。请注意对比：苏杭美景，有何不同？大屏幕展示：杭州西湖，苏州留园……一幅幅精美绝伦的画卷展现在学生面前。俗话说，上有天堂，下有——（语音一顿，学生很自然地顺势接出）苏杭；杭州之美，在于山水，那么苏州之美呢？（板书：苏州）在于（语音一顿，学生很自然地顺势接出）园林。（板书：园林）这一环节的设置，意在创设适宜课堂学习的氛围、情境，激活学生的生命状态，激发学生的学习兴趣。

②抓特征，理思路，感知求疑。操作如下：请大家阅读课文，结合课后练习第一题，试着厘清作者的思路。课后练习第一题，（因为在前边《中国石拱桥》的学习中，已经做过此类训练）学生通过自主探究，一般能够独立解决，不难找到苏州园林的总特征"务必使游览者无论站在哪个点上，眼前总是一幅完美的图画"，以及多角度说明的不同内容——园林建筑的自然美，假山池沼的艺术美，花草树木的映衬美，花墙廊子的层次美，每个角度的图画美，门窗设计的工艺美，独具个性的色彩美。在此基础上，稍作引导，厘清作者由总到分的写作思路也没有多大困难。此环节设计的问题相对容易，只要认真阅读，学生不难找到问题的答案，这样的设计，有利于学生在学习的初始阶段，经过自己的努力享受到成功的快乐，为下一步的探究内化奠定必要的心理基础与学习动能。

③品关键句，画结构图，探究内化。操作如下：请大家以小组合作的方式思考解决以下几个问题（屏幕显示）。1.第2自然段中的四个"讲究"，分别与下文中的哪些段落相照应？2.文章的第7、8、9自然段与第2自然段之间是什么关系？3.请你用自己喜欢的方式，画出本文的结构图，并给其命个名字。这几个问题的设置，相对来说有一定的难度，这就需要引导学生在反复研读文本的基础上，针对重难点问题展开自主探究、合作研讨，从而找出方法，发现规律，画出自己的个性化的结构图，如"珠链式""葫芦串式""发散式"等。

④"我家真好"，口头作文，拓展延伸。操作如下：有道是"纸上得来终觉浅，绝知此事要躬行"。下面请看大屏幕，请你以"我家真好"或"我班真好"等为话

题,用你所画的"珠链式""葫芦串式""发散式"等结构方式,说一段话。设置这一训练,不仅仅是完成一个知识的巩固、能力的提升问题,更重要的是引导学生启动思维,萌生创意,引导他们走上关注生活的正道,这对学生终身的发展都将具有积极意义。

说板书设计

苏州园林　叶圣陶

艺术美

自然美　　　映衬美

色彩美　完美的图画　层次美

工艺美　　　图画美

这一板书设计,简洁醒目,重点突出,有利于学生把握本节课最基本也是最重要的教学内容。

(范通战)

从这篇说课稿可以看出,本节课教学过程的第二、第三个环节重在"学",第四个环节立足"用",这样先学后用,学用结合,有效打通了读写结合的"任督二脉"。

2. 先用后学,学后再用。

这种方式在复习课中最常用。请看下面的教学案例。

师:今天我们复习离子共存。给大家5分钟时间完成第61页的这三道题。

师不断巡视并批改。

师:时间到。李子璇,你为什么选A?

李子璇:因为NH_4^+和H^+可以……,K^+和Cl^-可以生成KCl,然后Ca^{2+}和Cl^-可以生成$CaCl_2$。

师:徐艺恒,说一下你的思路。

徐艺恒:A选项中KCl和$CaCl_2$都是可溶的,B选项

这节课,直接从"用"开始,干净利落。

$BaSO_4$ 是沉淀,C 选项中 NH_4^+ 和 OH^- 会放出 NH_3。D 选项中 H^+ 和 CO_3^{2-} 会生成 CO_2。

师:那你能不能给大家说一下你做这种题的方法?

徐艺恒:看有没有发生复分解反应。

师:具体是?

徐艺恒:有没有沉淀、水和气体生成。

师:刚才徐艺恒说的就是离子共存这类题的实质,归根到底就是能不能发生复分解反应。

第二题,李子晨,说一下你的思路。

李子晨:因为溶液是显碱性的,所以一定含有 OH^-,后面的不太会。

师:张宇涵?

张宇涵:我也不会。

师:请坐。有没有可以帮助他们的同学?

徐艺恒:因为该溶液里一定含有的离子是 OH^-,如果还含有 Fe^{3+} 的话,就能生成 $Fe(OH)_3$ 沉淀,发生复分解反应,所以溶液中一定不含 Fe^{3+}。

师:通过这两道题应该就能找到解离子共存题的方法。判断共不共存,其实就是判断?

生:能不能发生复分解反应。

师:所以看到离子共存的题时,就要先找哪些离子可以发生复分解反应。第三题,张鑫。

张鑫:因为题中说溶液是无色的,所以溶液里一定没有 Cu^{2+},所以先排除 A。D 中 AgCl 是一个沉淀,所以不能共存。B 选项不太知道。

师:张良你来说一下。

张良:酸性溶液会和这个 Na_2CO_3 反应生成 CO_2。

师:你怎么知道是酸性溶液?

张良:题中说 pH=1,一定有 H^+。能发生复分解反应,

围绕三道题反馈交流的过程,其本质是在"用"中"学",教师引领学生围绕问题一步步勾连知识,展开思考,探究方法,明晰规律,从而达到综合提升的目的。

一定不能共存。

师：嗯。接下来，在这三道题中找不能共存的离子对。王子心、李忻瑶来黑板上试一下。

师不断巡视同学们所写内容。

师：找够六对的同学可以抬头看一下黑板。两位同学已经批改过了。大家可以对照一下自己写的。大家根据这三道题总结得很完整，但毕竟这三道题总结出来的离子对是片面的。我帮大家总结了一个更全面更系统的，但需要大家和我一起完成。先由 H^+ 作为切入点，与 H^+ 不能共存的离子作为发散点。想一下与 H^+ 不能共存的离子有？

生：OH^-、CO_3^{2-}、HCO_3^-。

师：此时我们再以 OH^- 作为切入点，跟 OH^- 不能共存的离子有？

生：Fe^{3+}、Cu^{2+}、Mg^{2+}、Al^{3+}。

师：还有？

生：NH_4^+。

师：对，常见的有这五个。下一个以谁为切入点？

生：CO_3^{2-}。

师：那 CO_3^{2-} 往下是？

生：Ba^{2+}、Ca^{2+}。

师：Ba^{2+} 之后要出现谁？

生：SO_4^{2-}。

师：比较一下，会发现缺少了一个比较常见的离子对。

生：Ag^+ 和 Cl^-。

师：嗯，给大家1分钟时间记录一下。

师：回到刚才做的第三题，会发现这里面有两个关键词。

生：pH=1 和无色。

师：我们先拿无色来说，一说到有色你们会想到哪些？

生：铜离子、亚铁离子。

由三道题拓展开去，进一步勾连知识，从而形成相对全面的知识系统，这是"用"后再"学"。

在不断的探究、勾连中，知识的复习慢慢趋向完整、系统，"学"落在实处。在不断的追问、补充、比较、求异、拓展过程中，"用"走向深处，思维与能力的训练得到充分凸显。

师：更完整地说是含有 Cu^{2+} 的溶液，显什么色？

生：蓝色。含有 Fe^{2+} 的溶液显浅绿色，含有 Fe^{3+} 的溶液显黄色。

师：很好。今天增加一个紫红色的溶液，认识它吗？$KMnO_4$，读什么？

生：高锰酸钾。

师：那对于 MnO_4^- 呢？

生：高锰酸根。

师：这就意味着只要说无色，以上四种离子就不能出现。记录一下这个 MnO_4^-。另一个关键词是？

生：$pH=1$。

师：如果现在把 $pH=1$ 去掉，换句话表达同样的意思是？

生：酸性溶液。

师：可以，都意味着溶液里有 H^+，所以还可以直接说在含 H^+ 的溶液中。

还有没有不同意见？

生：能让紫色石蕊溶液变红的溶液。

师：很好，也说明溶液里有 H^+。其他同学还有没有不同意见？没有的话我们再换一个。我现在想表达碱的意思，大家看看有几种说法？

宋佳斌已经跃跃欲试了，宋佳斌说。

宋佳斌：无色酚酞溶液变红色或碱性溶液。

师：对，还有 $pH>7$ 的溶液。席子煜你来补充。

席子煜：能使紫色石蕊溶液变蓝的溶液。

师：很好，请坐。这种题是隐含条件型题，易出错，要注意。我总结了一个做离子共存题的小技巧，一起看一下。

一色指的是？

生：颜色。

总结解题技巧，明晰解题规律，将"学"引向深入。

师：二性？

生：酸、碱性。

师：三反应指的是？

生：复分解反应。

师：我们已经掌握了离子共存的两大法宝。现在我们带着两大法宝试着解决下面这道题。

课件显示反刍训练第一题。生做题，师巡视批改并搜集学生问题。

师：很多同学已经完成了。先请刘一郴同学说一下做题时碰到的困惑。

刘一郴：C选项。

师：谁能帮她解决一下问题？张怡杰，你试一下。

张怡杰：第一个Na_2CO_3呈碱性，然后它说pH＝3，溶液是酸性的。

师：然后呢？回忆一下解题小技巧？

张怡杰：一色二性三反应。就是因为它是碱性，然后那个pH是3，所以……

师：关键是？

张怡杰：H^+和CO_3^{2-}反应。

师：对，pH＝3是关键词呀，有H^+。

请坐。刘一郴你再思考一下。找个同学再来讲一下其他选项。李子璇，你试一下。

李子璇：因为A选项里有MnO_4^-是紫红色的，B选项K_2SO_4和$BaCl_2$可以生成$BaSO_4$沉淀。C选项刚才说了，所以就选D。

师：我们再来看一道离子共存在实际生活中的应用题。

课件展示反刍训练第二题。生做题，师巡视批改并搜集学生问题。

师：时间到，找个同学给我们分享一下。原鑫昱，来黑板

在明晰方法与规律之后，紧接着安排了两道反刍训练题，学后再用，既能巩固复习效果，又可以进一步训练、提升运用所学方法解决实际问题的综合能力。

上给大家讲一下。

原鑫昱：因为题上说一共有 A、B 两种废水，而 A 废水中有三种阳离子、两种阴离子。然后观察这七种离子中一共有四个阳离子和三个阴离子。假如说阴离子是 NO_3^- 和 OH^-，就不能有 Cu^{2+} 和 Mg^{2+}。那么此时 A 废水中就只有 NO_3^- 和 OH^-，阳离子就只能有 Ba^{2+} 和 Na^+。只有两个阳离子和两个阴离子，不符合题意。所以 A 废水中一定没有 OH^-，A 废水中的阴离子就是 NO_3^- 和 SO_4^{2-}。因为有这个 SO_4^{2-}，就不能有 Ba^{2+}，所以 A 废水中的阳离子就应该是 Na^+、Cu^{2+} 和 Mg^{2+}，阴离子就是 NO_3^- 和 SO_4^{2-}。第二个空，A、B 两种废水按照一定比例混合只剩下一种能当化肥。我们知道化肥中含有的是氮、磷或钾元素。再观察题中给出的这些离子，我们可以组成硝酸钠。

师：第一个空讲得非常好。大家思考一下他是以谁为突破口。

生：OH^-。

师：这就是做污水处理题的关键点。如果题中有 H^+ 或 OH^- 的话，就以它们为突破口。

有没有同学可以再讲一下第二个空？李伟。

李伟：因为将它们混合之后，会有 OH^- 和 Cu^{2+} 反应生成 $Cu(OH)_2$，Mg^{2+} 和 OH^- 生成 $Mg(OH)_2$，还有 $BaSO_4$ 沉淀，所以只剩下了 NO_3^- 和 Na^+，也就是 $NaNO_3$。

师：嗯，这样更好理解。看一下书上的第 10 题，带着刚才的小方法，课下思考一下。

（案例提供者：武陟县实验中学陈萌萌　　点评：范通战）

作业的安排，依然围绕着知识、方法的运用。

陈老师这节课，起于用，继于学，先用后学，学后再用，在循环往复、螺旋推进的学用结合中，知识的复习渐归系统，方法的运用愈趋熟练，尤其是针对课堂上出现的生成性问题，教师能够及时地追问、引导、拓展、补充，有效地引领学生一步步去探究、总结、形成运用知识解决问题的方法与规律,在此基础上,更能有效地落实反刍训练,从而推动学科思维与综合运用能力的全面提升,确实是一节"真、实、活"且有质有效的好课。

3.在用中学。

"一用教学无难事",用是最好的方法。学科不同,"用"的内涵和外延也不同。语文、英语课上,一切与听、说、读、写、思、做相关的活动均为"用";理化课上,实验就是最好的"用"。从学科特点出发,设置相应的学习活动,将"学"置于"用"中,边学边用,边用边学,在学中用,在用中学,学即是用,用也是学,学学用用,用用学学,学用结合,相融相生。下面请看秦凌云老师关于滑轮的教学案例。

一、激趣导入。	一个与实际生活紧密相连的问题情境,将学生的学习兴趣引向了对定滑轮作用的探究之中。有"用"的问题才最有用!
师:升国旗时,旗手向下拉动绳子,五星红旗就会徐徐上升,这是什么原因呢?下面让我们重温升国旗时激动人心的过程。	
(播放视频)	
师:同学们观察到旗杆顶部有一个什么样的装置?	
生(齐):滑轮。	
师:今天我们一起来认识滑轮。(老师板书:12.2 滑轮)	
二、探究内化。	
活动一:认识滑轮的结构。	
师:请同学们观察手边的滑轮(课前分发给学生)由几部分组成,轮子周边有什么特殊构造。	观察是用 探究是用
你观察到了什么?	分析概括是用
生1:有轴,还有可以转动的轮子。	用中有学
生2:轮子上有凹槽。	实验就是最好的用!
师:观察得很仔细。所以滑轮就是?	
生(齐):周边有凹槽,可以绕轴转动的轮子。	
活动二:滑轮的组装。	组装是用 尝试是用
师:那老师要考考大家了,你能否用一个滑轮、一根绳子,模拟升旗装置,将钩码提升起来呢?给大家2分钟时间,	上台演示是用 边用边学

尝试一下。

时间到,谁能跟大家分享一下你的组装方式呢?

生:(上台演示)先将滑轮固定到木板上,再将绳子绕到滑轮的凹槽中,在绳子一端挂上钩码,用手拉着另一端就可以了。

(学生来回轻轻拉动绳子的同时教师提出问题)

师:请大家注意观察,在钩码上升的过程中,轴有什么变化?

生:固定不动。

师:(展示课件动画"定滑轮")像这样的滑轮就叫作定滑轮。 提出真问题,激活真思维,培养真能力。

(追问)还有其他的组装方法吗?(2分钟时间)

(学生带着问题,四人小组讨论新的方法,尝试合作组装。2分钟后,请学生展示。) 讨论是用
合作是用

师:哪个小组愿意把你们研究的新方法展示给大家?(学生多人举手,选择学生乙上台演示,在学生展示的同时教师提醒学生观察什么) 比较是用
用即是学

这次轴怎么样?

生:随着物体一起运动。

师:(展示课件动画"动滑轮")这样的滑轮就叫作动滑轮。了解了这两种滑轮常用的组装方式后,我们来练习一下。 练习是用
做题是用
先学后用

例题:如图为家庭手摇升降晾衣架结构图,当顺时针摇动手柄时,横梁上升。下列滑轮属于动滑轮的是(   )。

  A.甲 B.乙 C.丙 D.丁 选题贴近生活,
"用"在生活中。

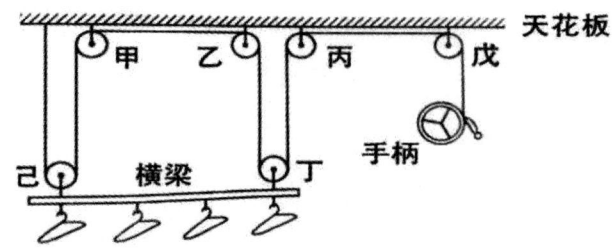

生:选 D。

师:除了 D 之外,图中还有动滑轮吗?请将其找出来。

活动三:探究定滑轮的特点。

师:定滑轮在使用过程中有什么样的特点?可以省力吗?怎样判断?

生:测量物体的重力 G 和绳端的拉力 F,进行比较。

师:那省距离吗?怎样比较?

生:比较物体移动的距离 h 和绳端移动的距离 S。

师:非常好,下面我们四个人一小组进行探究,A 同学负责动手操作,B、C 同学负责观察读数,D 同学负责记录填表,完成一次实验后,交换身份,重复实验。

(师展示学生不同的实验数据,分析差异出现的原因)

生1:可能受到弹簧测力计重力的影响。

生2:还有可能弹簧测力计使用前未调零。

师:既然问题可能出在弹簧测力计上,我们不用它能不能比较两边的力呢?谁有办法?可以来前面跟大家分享一下吗?

生:(上台演示)可以在两边挂上质量相同的钩码,如果平衡了就说明两边的力相等。

师:定滑轮有什么特点呢?(顺势引导学生总结归纳定滑轮的特点)

生:使用定滑轮不省力,不省距离,可以改变力的方向。

师:(随学随练,课件展示基础练习)使用定滑轮时,朝不同方向拉绳子,所用的力相同吗?

测量是用
探究是用
动手操作是用
记录填表是用
分析差异是用
实验一动皆为用,用就是学。

练习：定滑轮左端绳子下端挂着相同的重物，若在定滑轮右端的绳子自由端分别沿三个方向用力（如图所示），力的大小分别为 F_1、F_2、F_3，则（　　）。 A.F_1 最大 B.F_2 最大 C.F_3 最大 D.三个力一样大 生：可能一样吧。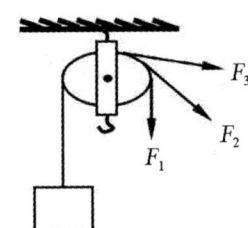	练习是用 即学即用
师：实践出真知，大家动手利用手边的器材，实验一下看看有什么结果。 生：(学生实验)改变力的方向，力的大小不变。 师：使用定滑轮时，相当于一个绕着 O 点在转动的杠杆，我们画出动力臂和阻力臂，根据杠杆的平衡条件可以得到什么？ 生：$F_1L_1=F_2L_2$，$L_1=L_2$，$F_1=F_2$ 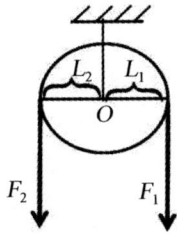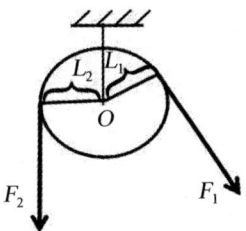 （师板书） 师：所以定滑轮的实质是什么？ 生：等臂杠杆。 活动四：探究动滑轮的特点。 师：使用动滑轮工作有什么特点呢？(请大家分工合作，小组探究，教师巡查指导) 生：没有考虑到动滑轮自身的重力。 师：那我们把滑轮自重加上会得到什么样的结果？	实验验证 学用一体 分工合作是用 小组交流是用 学即是用

生1:拉力等于重力的一半。(引导学生总结动滑轮的特点)

生2:使用动滑轮省力,费距离,且不能改变力的方向。

师:为什么使用动滑轮可以省力,我们也从理论上分析一下。动滑轮也是一种杠杆,你能试着用杠杆的平衡原理来解释它吗?

生:(爽朗地)可以。(利用图示法来解释)

师:有了图示,我们清楚地看到动滑轮的实质是动力臂为阻力臂两倍。

三、拓展延伸。

师:如图所示,A、B两个滑轮中,A是_____,若物体G与地面的滑动摩擦力为30 N,要使G沿水平方向匀速运动2 m,绳子端的拉力F_1为_____N,拉力F_1移动的距离为_____m;F_2为_____N,拉力F_2移动的距离为_____m。

反刍训练是用
拓展延伸是用
无学不用
无用不学

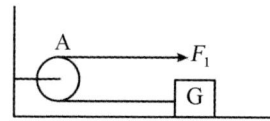
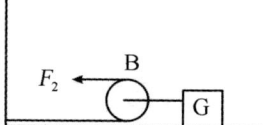

课后,请同学们继续观察,生活中还有哪些地方应用了定滑轮和动滑轮,给我们带来了哪些方便?

四、课堂小结。

总结知识点,布置作业后下课。

(案例提供者:武陟县实验中学秦凌云　点评:范通战)

秦老师这节课,一次次提出与生活紧密关联、有弹性、有张力的真问题,一步步激活学生的真思维,充分利用实验,引导学生去观察,去分析,去探究,去合作,去求异,去验证,去演示,去分享,先学后用,在用中学,学学用用,用用学学,灵活随机,得乎一心,真正实现了学用结合、学用一体。在用中学知识,在用中练能力,在用中发展思维,在用中培情树人。

问题从用中来,到用中去。无问题不教学,有问题不放过。真正的教学从问题开始。要真正地解决问题，就必须努力做到无学不用、无用不学。一用教学无难事，一用教学皆智慧。

(五)"三步思维"在几种复习课中的灵活运用

在归真课堂实践中，复习课常用的基本课型有四类：考点突破课、习题练习课、试卷讲评课和综合模拟课。除综合模拟课之外，其他三类课型虽各有不同，但本质上却又互通，都可以有效转化为"围绕教学示范点展开三步思维"的课堂操作。

课堂的起点是"问题"，终点是"会运用问题涉及的知识，灵活解决变式的，综合的，甚至从未碰到过的新问题"，连接起点与终点的桥，就是三步思维。尤其在复习课堂上，一个问题，一个三步思维，一个问题，又一个三步思维，就构成了最基本的课堂行走方式。无论是考点突破课、习题练习课，还是试卷讲评课，都是这样。

1.考点突破课。

这是复习课中最基础的课型，围绕一个考点，通过基础题、拔高题、拓展题，有序展开专题训练。

上好考点突破课，教师在备课时，要努力做好三点：第一，立足中考，围绕教材，结合资料，厘清、确定一个考点。第二，围绕考点，精选两类习题，一是基础训练题（拔高题、拓展题），二是反刍训练题。这两类题要力求经典，要能覆盖相关考点的各类知识与能力训练点。第三，教师"下水"做题，体验试题难度，预测可能出现的问题，并针对性探究、总结相应的解题思路、规律、方法、标准以及注意事项等。

上课时，要坚决落实"在用中学""有问题不放过，无问题不教学"等归真课堂基本思想，切实用好三步思维，保证问题解决、考点突破。具体操作时，首先，安排学生尝试解决基础训练题（拔高题、拓展题），教师及时批改、收集"问题"信息；其次，围绕出现的问题，运用三步思维展开课堂教学，力争做到知识勾连清楚，规律提炼明白，反刍落实到位。

第一，知识勾连清楚。尤其是在九年级第一轮复习时，学生知识夹生情况严重，在做题中暴露出来的问题，一般都与知识掌握有缺陷有关。因此，在课堂上，教师一定要引领学生，做好知识勾连，将问题涉及的知识勾连清楚，最好让学生做好笔记。

第二，规律提炼明白。教师们在多年的教学过程中，积累了许多做题的好方法、小窍门、金口诀,这都是我们的智慧财富,大家一定要用好。同时,我们还需要弄清楚一点,即三步思维的第二步的本真内核,其实是在训练提升学生的思维能力。因此,在教学过程中,我们更要善于引领学生自己去发现、总结出更多、更好、更简明的规律、方法、步骤来。

第三,反刍落实到位。没有反刍训练的落实,就没有问题的真正解决。课堂教学、课外辅导,我们绝不能满足于"讲过了""听懂了",一定要做好反刍训练这一步,要追求"做会了""用活了"。

请看下面的案例。

七年级上册地理"气候类型的判读"课堂实录

师:上课之前,我们先来做一道题(出示一则材料)。

1月平均气温	7月平均气温	6~8月降水量	12月~次年2月降水量	年降水量
-4℃	25.8℃	482毫米	23毫米	645毫米

1.该地气候属于( )。

A.温带海洋性气候　　B.地中海气候

C.亚热带季风气候　　D.温带季风气候

2.根据气温、降水数据可以看出,该气候的特点为( )。

A.夏季高温多雨,冬季温暖湿润

B.夏季炎热干燥,冬季温和多雨

C.终年温和多雨

D.夏季高温多雨,冬季寒冷干燥

生:地中海气候。

师:你是怎么判断出来的?回答不出来?谁来帮助他?

生:看气温,7月最高,1月在零下,所以是温带……

师:答不完整没关系。今天呢,我们就带着问题一起来复习主要气候类型的第三课时——利用气候直方图来判断气候类型。

> 教学从"用"开始,创设问题情境,引发学生思考。
>
> 学生出现问题,真正的教学从问题开始。

(板书标题。)

师:我们先来了解一下什么是气候直方图。(指图)由两部分组成,即气温曲线和降水量柱状图,所以全称气温曲线和降水量柱状图,简称气候直方图。回忆一下我们之前讲的,怎么判断气候类型?

生(齐):三步。

师:哪三步?

第一步:判断南北半球。

(给出一组图,让学生判断南北半球)

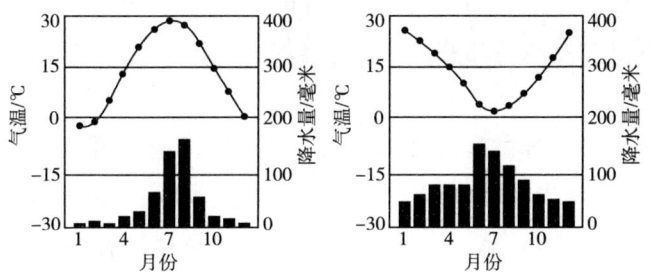

生:第一幅图是北半球的气候类型,第二幅图是南半球的。

师:为什么?

生:北半球7月气温最高,南半球1月气温最高。

师:第一步,判断南北半球——"以温定球"。

检测题:

下列图中,能反映南半球气候的是(　　)。

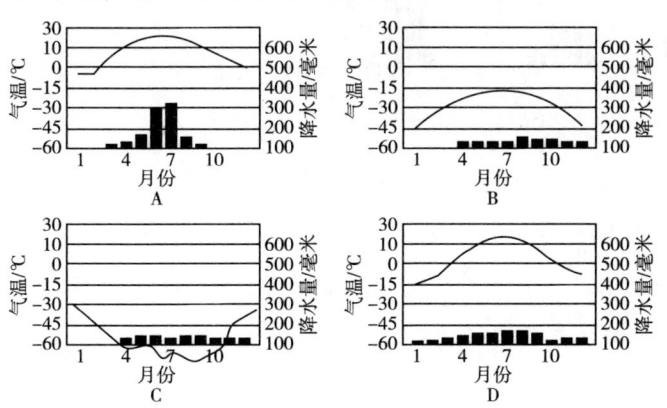

| 一个问题,跟着一个三步思维:勾连知识。 |

在用中总结方法规律。

在方法规律指导下的运用。

第二步,判断温度带(热带、亚热带、温带)。

提示:看最冷月气温。

判断下列三幅图分别表示的是哪个温度带的气候类型,并说明判断理由。

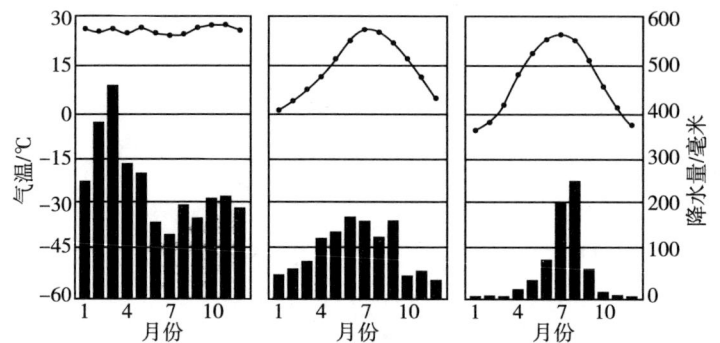

生:第一幅图是热带,第二幅图是亚热带,第三幅图是温带。

师(及时点拨得出结论):第一幅图的最冷月气温高于15 ℃;第二幅图的最冷月气温高于0 ℃但低于15 ℃;第三幅图的最冷月气温低于0 ℃。

小试牛刀:

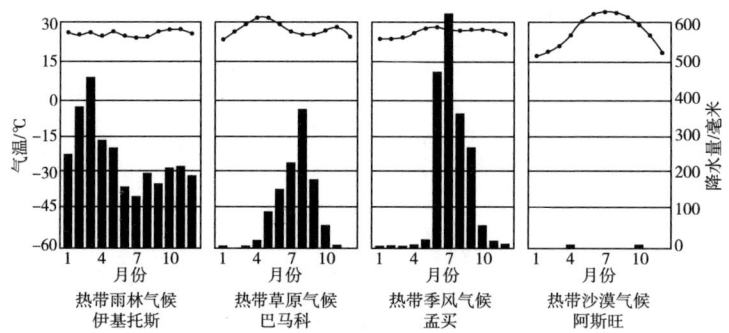

热带雨林气候　热带草原气候　热带季风气候　热带沙漠气候
伊基托斯　　　巴马科　　　孟买　　　　　阿斯旺

生:热带气候的最冷月气温都高于15 ℃。

(总结:最冷月＞15 ℃——热带)

师:一般来说,气温大于15 ℃,就可以描述为高温,那么该怎么描述热带气候的气温特征呢?

生:全年高温。

用中去复习知识,用中去思考探究,用中去发现规律,用中来提升能力。

在多角度的运用中一步步发现解决问题的方法与规律。

(生观察第二组图片)

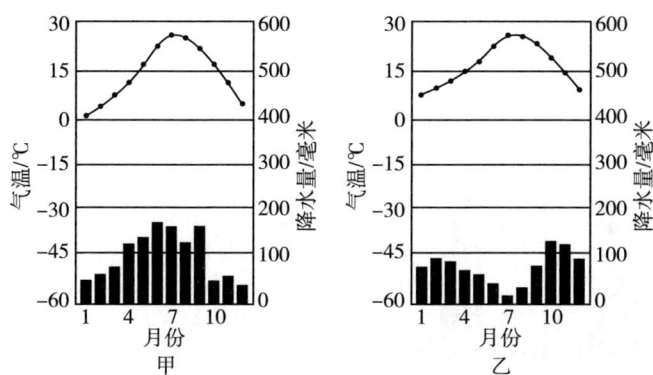

生:最冷月气温高于0 ℃,低于15 ℃。

(总结:0 ℃＜最冷月＜15 ℃——亚热带)

师:一般来说,气温小于15 ℃但高于0 ℃,可以描述为温和,那么该怎么描述亚热带气候的气温特征呢?

生:夏季高温,冬季温和。

(生观察第三组图片)

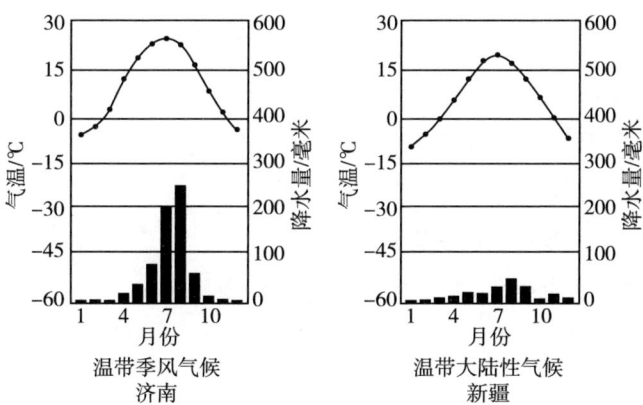

生:最冷月气温低于0 ℃。

(总结:最冷月＜0 ℃——温带)

师:气温低于0 ℃应描述为寒冷。那么该怎么描述温带气候的气温特征呢?

生:夏季高温,冬季寒冷。

知识越用越熟

方法越用越活

能力越用越强

用是最好的方法。

(小结:第二步,确定温度带——"以温定带",进一步填写总结表格。)

师:第三步:"以水定型"。气候的两个基本要素,除了气温就是降水。观看四幅图片,总结降水特征。

一用教学无难事。

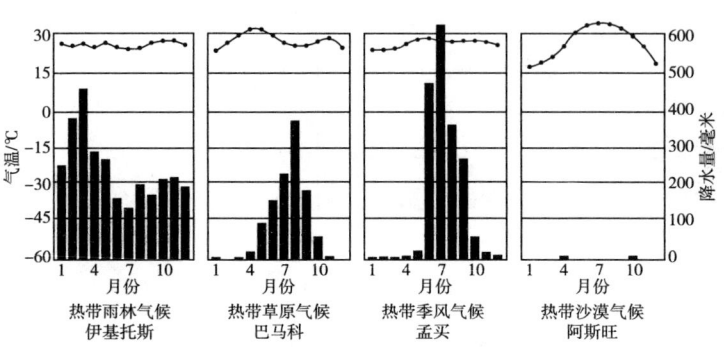

世界气候类型按降水特征可分为四种,即年雨型、夏雨型、冬雨型和少雨型。根据降水特征最后锁定目标判断出气候类型。

知识勾连清楚。

注意热带季风气候和热带草原气候的异同点,以小组为单位合作讨论,并总结出答案,每小组选出发言人。

生:相同之处都是夏季降水多冬季降水少。降水量不同,季风气候降水更多。

生:季风气候是旱雨两季,草原气候是干湿两季。

师:气候只看降水吗?气温有没有差别?

生:气温差别不大,都是15 ℃以上。

(总结:要注意气温的变化,在气候特征中气温和降水缺一不可,看图实践总结气候特征。)

板书:

三步定型法:

以温定球

以温定带

以水定型

(学以致用)

规律提炼明白。

读图,完成下列各题:

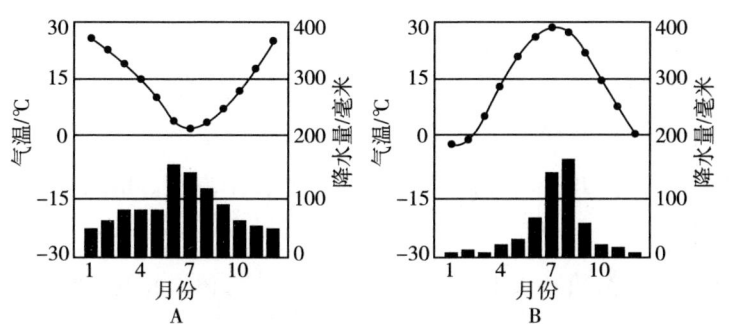

1.上面两幅图中,位于南半球的是图_____(填字母)。

2.图A所示的气候类型是_____,请描述其气候特征。

3.描述我们家乡的气候特征,并判断家乡的气候符合哪幅图所示的气候类型。

(生在黑板上板书,师点拨)

(中考链接)5道选择题。

师(结束语):今天我们主要学习了用"三步定型法"来判断气候类型,一种方法的掌握,绝不是仅仅在课堂的40分钟就能完成的,希望大家下去能利用《地理图册》第28页的各种气候类型的直方图,互相检测,利用"三步定型法"判断气候类型。要做到及时巩固,课下把寒假作业第103页题做完。

(案例提供者:武陟县实验中学昝媛媛　点评:范通战)

运用落实到位。

三步思维

一用了事

昝老师这节考点突破课,紧扣"利用三步定型法判断气候类型"这个教学示范点,活用三步思维,立足在用中学,在用中暴露问题,在用中勾连知识,在用中发现规律,在用中发展思维,在用中提升能力,上得简单高效,上得"真、实、活",很好地完成了"利用气温曲线与降水量柱状图,描述气候类型的特征;利用气候直方图,用三步定型法判断气候类型"的教学目标。尤其是在三步思维的运用上,紧扣本真,不唯模式,灵活切换,以用为主,真正做到了知识勾连清楚、规律提炼明白、运用落实到位。

2.习题练习课。

习题练习课一般需要建立在考点突破课的基础上,是为了进一步巩固与提升。二者的不同在于:考点突破课,围绕一个考点展开训练;而习题练习课,却有多种可能,如一个问题涉及多个考点、几个问题涉及一个考点的几个方面、几个问题涉及几个不同的考点等。

上好习题练习课,备课时,第一要精选习题,且与考点突破课相比,所选习题要适当迁移、拔高、综合、创新;第二要"下水"做题,体验试题难度,预测可能出现的问题,并有针对性地探究、总结相应的解题思路、规律、方法、标准及注意事项等;第三要围绕预测问题,配套设置相应的反刍训练题。上课时,先让学生做题,教师及时批改,收集"问题"信息,然后围绕问题,运用三步思维展开课堂教学。

上好习题练习课,很关键的一点,就是要善于从学生所做的众多习题中找出共性和个性的问题来,然后共性问题集体处理,个性问题个别对待。那些学生会做的习题,要大胆舍弃。

请看一篇习题练习课的案例片段。

中国近代化的探索

师:在最近的复习中,我们已经了解到中国近代史既是一部反侵略史,也是一部近代化探索的历史。那么我们今天把中国近代化探索历程中的四个事件作为专题加以练习,来巩固所学。下面,请看大屏幕,我们来做几道选择题。	教学从"用"开始。
(学生做题,老师巡看、批改)	
师:刚才我在巡看过程中,发现第2、4、7小题有不少同学出错,下面咱们重点交流一下这三道小题。首先请看第2题,说出你的答案和理由。	敢于大胆取舍,真正的教学从出现的问题开始。
生:选C,中国近代化历程经历了从学习西方的科技到学习西方的制度,再到学习西方的思想文化的这样一个由浅入深、由表及里、层层递进的过程。	

师：对，这道题考查的是中国近代化历程的特点。那么，还请大家再回顾一下西方国家推进近代化的历程。

生：忘了，不太清楚。

师：好，请大家翻看课本，寻找答案。

生：先进行思想解放，然后进行制度变革，再到开展工业革命推动社会发展的这样一个过程。

……………

师：我们一起来看第4题，这是一道材料型选择题，问的是产生变化的原因，请通过题干内容，先来找找产生了什么变化，还要注意语言的组织。

生：社会科学和古典文学方面的著作翻译量超过了应用科学的翻译量。

师：这个变化找出来之后，请再阅读材料，深层次地探究发生变化的原因。

生：我选择B，因为我看到材料中多次出现科学两个字。

师：选项里的科学指的是什么事件的口号？和材料中的科学的含义是否一样？

生：新文化运动的口号是民主和科学，这和材料中的含义不一样。

师：对，再仔细观察材料中的分号的用法。分号前后的时间分别隐含什么事件？

生：前面的时间1850~1899年，说明中国进行了洋务运动，大家更多地关注到自然科学的学习，后面的1902~1904年，应该是戊戌变法的影响。

师：我们来回顾一下，戊戌变法的影响在社会上起到了思想启蒙的作用，更多的知识分子开始关注西方的社会变革和政治制度。戊戌变法时期，开办新式学堂培养人才，翻译西方书籍，传播新思想；创办报刊，开放言论，推动革命的兴起。所以，正确答案是A。刚才大家对戊戌变法这个知识点

	及时勾连知识，复习巩固。
	围绕题干，引导探究。通过追问，将学生的思维引向深处。知识渐渐清晰，素养悄悄积淀，能力慢慢提升。
	出现问题，勾连知识。

有些陌生,接下来我们回归课本,加以复习,时间3分钟。

　　刚才的这一道材料型选择题难倒了许多同学,接下来,我们做一道材料题来进行反刍训练,看这道材料题。先看问题,带着问题来阅读材料,注意语言的概括。

　　生:祖宗之法应该指的是"封建专制制度"。

　　师:对,那么结合所学知识回答一下维新派所做的努力。

　　生:所做的努力有公车上书、创办报刊、提出和宣传变法理论、成立强学会、实施百日维新。

　　…………

　　师:最后一道选择题,第7题。这四个事件所反映的时代特征是什么?

　　生:我觉得应该选B,百年屈辱,民族抗争。材料中的这些事件都是民族抗争。

　　生:这几个近代化探索的事件,都是为了改变中国落后的状况,挽救民族危机,寻找一条中华民族独立和复兴的道路,所以选择D,曲折前进,民族复兴。

　　师:这两个同学各抒己见,分别做出了选择,你同意谁的观点?

　　(同学们纷纷举手表决,有同学支持B答案,有同学支持D答案。)

　　师:还请支持B选项的同学在材料中找一找,哪些词语在叙述"百年屈辱"?

　　(学生们沉默,纷纷表示找不到支持"百年屈辱"的语言,反而在再次读题中体会到了中国近代化探索过程的曲折,所以答案不言而喻。)

　　师:刚才的几道选择题分别从四个事件的背景、特点、影响、失败原因、时代特征等几个角度复习了相关基础知识。这几道选择题可以分为材料型选择题、判断型选择题和主题型选择题等几种类型。对于判断型选择题,如第1题和第2

| 针对问题,及时反刍。 |

| 面对争议,引导探究。 |

| 通过运用,点拨、明确规律和方法 |

题,大家要审清题目,仔细辨别,根据历史知识做出判断,可以使用直选法或筛选法。第3、4、5、6题属于材料型选择题,大家应认真阅读材料,抓住关键词语,提炼有效信息,将材料内容与历史知识有机结合,准确做出判断。第7题是主题型选择题,我们应该分析比较题干中的几个历史事件、人物或现象,从中找出共性,对比各选项找出答案。

(案例提供者:武陟县实验中学李忠杰 点评:范通战)

在这个教学案例中,李老师通过七道选择题,引领学生复习中国近代化的探索。围绕课堂生成的问题,重点处理了第2、4、7这三道小题,且第2、7题较略,只将重点放在了勾连知识上,第4题较详,勾连知识,总结规律,反刍运用,步步扎实。在教学过程中,李老师对三步思维的运用之妙,得乎一心,因情而变,收放自如;有时在勾连知识上下功夫,有时重在激活思维,引领学生深入探究,有时三步思维,一丝不苟。上好习题练习课,李老师这个案例值得品鉴。

3.试卷讲评课。

如果说考点突破课是一个点,习题练习课是线和块的话,那么试卷讲评课就是一个面。它涉及多个考点的训练。在上试卷讲评课时,要敢于取舍,抓住核心问题,落实三步思维,尤其要做好反刍训练。不要每一道题都认为很重要,都想讲评两句,结果导致哪一道题都是蜻蜓点水,训练落不到实处,问题依然还是问题!

上好试卷讲评课,备课时要努力做好以下四点工作:第一,批改试卷,收集学生做题信息,弄清共性问题与个性问题。第二,精选问题,确定讲评训练点。一份试卷,内容繁多,课堂时间有限,要想保证在单位时间内讲评训练有效,必须对问题进行精选。精选问题时,一要围绕共性问题;二要根据课堂训练需要(即你想引领学生通过这份试卷,解决与哪几个考点相关的问题);三要敢于舍弃,不要总觉得这份试卷上哪一个问题如果不讲,就好像天塌了一样,一份试卷上,并不是所有的问题都需要在这一节课上解决,更何况也不可能全部得到解决。第三,研究问题,弄清相关的解题思路、规律、方法等。第四,配置相应的反刍训练题。

上课时,围绕精选问题,运用三步思维展开课堂教学。关键一点,同习题练习课一样,在操作时,要善于把试卷讲评课转化成考点突破课。打个比方,这三类课,好比学太极拳,考点突破课就是某一势,习题练习课就是某一段,试卷讲评课就是整套拳;当一段或整套拳练完后,教师要校正拳架,拆拳讲解时,还是要回到一招一式上。哪个点上出了问题,就在这个地方来一个三步思维。这样,习题讲评课基本的课堂行走方式,就是一个问题,一个三步思维,接一个问题,又一个三步思维,波浪推进,高潮迭起。

请看下面这段教学案例。

师:这份试卷,根据同学们做的情况,在这节课上,我们主要处理2道选择题和1道主观题。 先看选择题3,这道题,我们班得分率只有23%。(呈现原题) 在学习《中华人民共和国未成年人保护法》规定的对未成年人实施的特殊保护时,高志辉同学绘制了以下思维图,其中正确的是(B)。 （家庭保护）（学校保护）　（司法保护）（政府保护）　（网络保护）（家庭保护）　（政府保护）（社会保护） 　　A　　　　　　B　　　　　　C　　　　　　D 师:这道题做错的同学说一下,失误在哪里呢? 生:不理解六大保护之间的关系。 师:请找到《河南中考命题非常解读》第175页有关六大保护的知识点,结合列举的实例详加解读,用心体悟每个保护的侧重点。 (学生认真阅读,及时勾连知识,教师巡看指导) 师:读完之后,请将材料中A、C、D的正确图示画出来……大家画得很正确,下面我们再做一道六大保护的反刍题,以其他形式来考这个知识点。 反刍1:2021年6月1日起施行的《中华人民共和国未成年人保护法》在原有的四大保护的基础上,增设了政府保	大胆取舍,确定教学任务。这是提高试卷讲评课质量和效率的基础。 教学从解决共性问题开始。 勾连知识 点拨规律 即学即用 反刍训练

护和网络保护两章,为未成年人的健康成长牢牢筑起了六道防线。下列生活场景中的做法与六大保护领域的要求对应一致的是( )。

A.人民法院依法保护未成年人的继承权和受遗赠权——司法保护

B.《教育部办公厅关于加强中小学生手机管理工作的通知》——学校保护

C.洛阳市开通河南省首个"12349"未成年人保护热线——社会保护

D.媒体对侵害未成年人合法权益的行为进行舆论监督——政府保护

师:针对六大保护要牢牢记住各自的实施者,切合自己的身份,做题时看是谁在做什么。另外,知识点的思维导图理解也是一个难点和重点,我们针对此类型题再来做一个拓展。

强化规律 针对训练

反刍2:在学完我国基本经济制度之后,同学们对以下几个知识进行了思维导图的绘制,请你也参与进来。

甲:社会主义经济制度

乙:公有制为主体、多种所有制经济共同发展

丙:按劳分配为主体,多种分配方式并存

丁:社会主义市场经济体制

··········

师:下面请看选择题12,我们班得分率为44%。

(呈现原题)

祝融探火　　玉兔探月　　羲和逐日　　天和遨游星辰

中国航天人太有才了!下面是同学们展示的有关中国

航天人的命名才智及行动：

从中国航天人对航天器的命名及对应的探测目标可看出（C）。

①中华文化博大精深、源远流长
②对中华文化创新性传承与发展
③我国的整体科技水平后来居上
④改革创新精神是时代精神核心

A.②③　　B.①④　　C.①②　　D.②④

师：大家先告诉我，这个题目考查的角度是什么？

生：文化、科技、创新……

师：考查这么多角度吗？哪个是重点呢？请认真揣摩题干中的关键词。

生：文化传承。

师：怎么我还没讲一句，大家就知道自己错在哪了呀。谁来具体做下分析？

生：题干中的关键词是命名和探测目标，考查的是中华文化，但只看图片极容易当作科技创新。审题不清和中华传统文化知识了解欠缺是做错的主要原因。

师：大家可要小心这两兄弟给你们挖的坑啊。既然涉及文化了，谁来给同学们脑补一下这几个命名中的中华传统文化知识？

生：祝融、羲和、玉兔这些都是中国神话传说中的，祝融司火，羲和是太阳神，玉兔住在月宫里。这几组命名，都与中华民族几千年来的飞天梦想有关。

师：这几组命名，既有文化的传承，又能体现与时俱进的时代性、创新性。下面我们开展一个小活动——我也来命名。

主要用于中小学科普的卫星请你来命名！请小组讨论拟定本组的命名，并说明理由。

围绕问题
引导探究

勾连知识
关注规律

抓住关键
在用中学

(同学们起的有逐梦、华耀、启明星、中国梦一号、强国、探路者、星光、求索等。名字背后的寓意也各有不同,但是都反映了同学们拳拳的爱国心和满腔的报国情。)

师:大家的创意都很好,反映了对文化的传承和弘扬,希望大家都能不负青春,全力拼搏,将来强国耀华,实现中国梦。

接下来我们看第19题,这道主观题,本次考试满分只有0.51%,4～6分19.56%,2～4分48.58%,0～2分15.77%,0分15.58%,在所有题中得分率最低。 | 针对问题
展开教学

(呈现原题)

背景素材:摘自中国政府网"我向总理说句话"中的留言及回复,有改动。

| 网民"祥澄"(手机尾号5807)说:我偶尔听到村里有人抱怨说,种地一年的收入不及打工几个月,我认为原因是种田人文化不高,缺少种植技术。个人建议,向农村派驻种植技术员,帮助农民提高种植技术,增加农民收入。

农业农村部回复:2017年我部结合贫困地区发展特色优势产业的工作实际,在河北等地开展农技推广服务特聘计划试点。下一步我们将扩大特聘计划实施范围,在有需求地区针对性实施开展。 | 网民"希望的田野"(手机尾号4396)说:儿童近视成为一个十分严重的问题……对于家长而言,很多时候并不清楚孩子当前视力状态如何,或者简单将视力等同于看视力表,只能被动接受孩子近视。

教育部回复:感谢您的留言。教育部办公厅印发关于做好中小学生定期视力监测工作的通知,要求各地教育部门指导本地学校建立信息报告制度……下一步,教育部将指导各地加强中小学生定期视力监测服务保障工作。 |

运用民主与法治有关内容,对公民与政府机关的行为进行分析。(6分)

(考点考查:公民参与民主生活的要求、政府的工作要求。)

师:请大家先仔细读题,画出材料和设问中的关键词。 | 引导探究

付宁:材料中画出的关键词是网民建议、农业农村部及 | 发现规律

教育部回复。设问中画的关键词是民主与法治、公民、政府机关。

师：张继峰，你说说从材料中的关键词，你先判定这个题目考查的是哪个方面的问题？

张继峰：是民主政治这个角度。

师：请你继续说一下，从设问里又能得出什么启示呢？

张继峰：设问中讲的是分析公民与政府机关的行为，所以答案中要明确给出关键词。

师：这位同学分析得很到位，现在统计一下，有多少同学是按照这个思路写的呢？只有十个人。我们在做题的时候要仔细观察，严格按照设问要求去做。下面请以小组为单位讨论一下丢分的原因。

[小组讨论并总结丢分原因：大部分学生不能认真审题，没有根据材料的情境进行深入思考并联系课本知识点，对公民和政府行为的性质没有进行有效的分析。公民行为反映的是公民能够按照要求参与民主生活，政府对人民的呼声积极做出回应，是政府践行为人民服务的宗旨。部分学生只是抓住"运用民主与法治有关内容"这句话，把想到的民主和法治的有关常用句子都搬到卷子上（如参考对新型民主的认识、民主监督的意义、依法行政的意义等）；部分学生从公民和政府行为的意义出发，答成了"有利于"的形式，没有分析行为的性质本身，导致丢分。]

师：①考试命题方式是灵活的，但无论如何选材，落脚点还是教材知识。因此，做题审设问要善于联系知识点。②分析设问，从设问中推出答题技巧和格式，注意设问和答案的呼应。如"问意义"答"有利于"，"问目的"答"为了什么"或"增强什么""树立什么""养成什么"等。

明确规律之后，我们再来做一个反刍活动——我来写一写。

勾连知识
厘清问题

形成规律

落实反刍

活动要求：小组进行讨论，给出相关思路，力争答案逻辑清楚，知识点明确，总结全面。

反刍题：2019年10月31日至11月29日，《中华人民共和国未成年人保护法（修订草案）》向社会公开征求意见，19 028名未成年人提出了22 629条意见，约占意见总数的44％。未成年人关心和重视关乎自身权益的法律，为该法的修订工作注入强大力量。请运用教材中"参与民主生活"和"凝聚法治共识"的内容，对上述材料进行评析。（4分）

（案例提供者：武陟县实验中学郭芳辉　点评：范通战）

郭老师这节试卷讲评课，跳出了传统讲评课一道一道题串讲的窠臼，而是根据试后统计结果，围绕得分率低的共性问题，有针对性地展开教学。在操作过程中，活用三步思维，紧紧围绕问题，引导探究，发现规律，落实反刍，收到了较好的教学效果。

第五辑 归真课堂的学科之"用"

"先学后用,学用结合",是归真课堂的操作核心之一,为全面提升我校的课堂教学质量做出了巨大贡献。但在实践中,也许是过于功利化,也许是对"用"的本真理解还不透彻,有不少教师在课堂操作时将"用"简单化,甚至暴露出明显的单一化倾向,认为"用"就是做题。

其实,这是非常片面的。归真课堂从来不反对做题,因为从知识到能力再到智慧的提升与转化,一定强度的做题训练必不可少。但是,做题只是最基础、最原始、最朴素的一种"用"的方式。

归真课堂的"用",具有学科属性。语文有语文的本真,数学有数学的个性,政史地理化生各有各的不同。在课堂教学实践中,只有从学科本真出发,从具体的教学内容出发,科学定位,准确把握,才能找到最适合的那个"用"来。这一章,就带领大家粗略浏览一下"用"在各学科的具体应用,抛砖引玉,以期能融会贯通、举一反三。

(一)语文:"用"开百花满园香

语文之"用",最为丰富多彩。如果哪位教师,在教学实践中,将语文之"用"简单定格在做题上,那就真是"傻"到家了。语文为什么要"用"?"用"来干什么?"用"有哪些形式?怎么"用"?《义务教育语文课程标准(2022年版)》中谈及语文学科的性质时,其实就有比较清晰的表述。请看下面几段话。

"语言文字的运用,包括生活、工作和学习中的听说读写活动以及文学活动,存在于人类社会的各个领域。"这句话,谈到了语文之"用"涉及的领域之广和基本的方式。

"语文课程是一门学习国家通用语言文字运用的综合性、实践性课程。"这句话直接从学科性质的高度凸显了"用"的地位,而且言明语文之"用",是一种综合性的

"用"、实践性的"用"。

"工具性与人文性的统一,是语文课程的基本特点。"这句话,从语文哲学的角度,阐释了语文之"用"的重要性,工具为"用",人文为"体",体用结合,道以文载,才是真正的语文。

"语文课程应引导学生热爱国家通用语言文字,在真实的语言运用情境中,通过积极的语言实践,积累语言经验,体会语言文字的特点和运用规律,培养语言文字运用能力。"这句话中,语文"用"之途径,"用"之方法,"用"之方向,"用"之功用,呼之欲出。

"同时,发展思维能力,提升思维品质,形成自觉的审美意识,培养高雅的审美情趣,积淀丰厚的文化底蕴,继承和弘扬中华优秀传统文化、革命文化、社会主义先进文化,增强对习近平新时代中国特色社会主义思想的理解和认识,全面提升核心素养。"这些语文课程目标的达成,唯有在"用"中方能实现。

我们先来看下面一篇文章,初步从具体的教学实践中来体味语文之"用"。

解开"用课文"的本真密码
——余映潮《赫耳墨斯和雕像者》及《记承天寺夜游》例谈

2011年版语文课标,已经旗帜鲜明地界定了语文学科的性质:"语文课程是一门学习语言文字运用的综合性、实践性课程。"其实,自2001年新一轮课程改革启动以来,"变教教材"为"用教材教"已不再是什么新的观点,但客观的问题是,在具体的教学中,我们当怎样"用课文"来引领学生展开切实的语文学习活动,却仍然是一直困扰着众多一线教师的问题。余映潮老师借其两节公开课《赫耳墨斯和雕像者》和《记承天寺夜游》,为我们解开了"用课文"的本真密码。

王荣生老师说,教什么比怎样教更重要。在这篇小文中,我们暂且不谈怎样"用课文"的问题,只对"用课文"来干什么加以简单的探讨,以便用更集中的文字来洞彻语文教学过程中"用课文"的本真。

"用课文"来干什么?归真教育认为,学以致用,是千年凝成的治学真理,知行合一,是教育先贤谆谆的教诲,没有"用"的淬火,知识永远是一堆死物,只有"用"的锻造,融会贯通、举一反三、出奇创新才不会停留于梦想。一用教学无难事。用中探问题,用中找方法,用中明规律,用中见智慧,用中增能力,用中有情感,用中有发现,用中有创造,用中自有教育教学的一片新天地,离开了"用",就没有真正的教学。而语文的"用",形式多样,内容丰富,其最基本的形式和功能就是训练!

"用课文"来训练学生概括内容的能力。在《赫耳墨斯和雕像者》"读懂"板块,余老师设计了这样一个教学活动:写一两个成语或四字短语评价赫耳墨斯。这一活动,看似平淡无奇,甚至我们可能还觉得有点司空见惯,其实它在至简之中蕴含着用之大道。概括人物形象,是语文小说、童话、寓言等故事类文章教学中很重要的一个训练点。余老师在操作中,没有简单地让学生概括,而是要求用成语或四字短语来评价,这无形中就加大了训练的难度,自然提升了训练的档次。事实上我们看到,当爱慕虚荣、自以为是、自视甚高、骄傲自大、自命不凡、狂妄自大等一个个成语、短语从孩子们的口中喷薄而出的时候,"用课文"的魅力不也开始在我们面前绽放出美妙的光彩吗?

"用课文"来训练学生品味语言的能力。在《赫耳墨斯和雕像者》"读深"环节,余老师组织学生品一品"三问三答"的表达作用。活动指令发出后,余老师提示:换一种说法,"三问三答"就是对话描写,有什么作用呢?请安静地读一读书,默读,思考,并做出标注。这样的设计,将学生的视角和思维直接引向了对文本的深层关注。刻画人物性格,推进情节发展,显现故事细节,形成奇妙波澜……当学生从简单的对话描写中,品味到这样的作用时,我们不难理解,"三问三答"已成为"用课文"展开教学活动的最好的资源!

"用课文"来训练学生朗读的能力。在《记承天寺夜游》"朗读体味"板块,余老师引导学生"读出一点文言的味道,读出一点夜游的兴致,读出一点复杂的情愫"。于是,神奇的教学场景出现了:学生借"念""盖""但"诸词,读出了伤感的味道、欣喜的味道和感慨的味道;借"欣然"和"亦"读出了夜游的欣喜和有知己相伴的愉悦……这样的"用课文",不知要比"请有感情地朗读"高明多少倍。

"用课文"来训练学生分析问题的能力。在《记承天寺夜游》"趣味分析"这一教学活动中,余老师利用信息技术手段,一会儿将文本变成两层,让学生去感受"叙述描写—议论抒情"的两层结构,一会儿将文本变成三段,引导学生去体会"记叙—描写—抒情"的三种表达,一会儿又将文本切换成四节,引导学生在用带"月"的短语概括内容的活动中,去感受文章的美妙结构。

"用课文"来完成语文知识的积累。这是文言文教学的核心着力点。课堂上,余老师除了引领学生在学习过程中积累字词、积累文学常识、积累语文知识外,又特意在最后安排了一个"背诵积累"的教学板块,先是让学生各自背诵,然后又和学生一起来背,并再次提醒学生背出文言的味道,背出夜游的兴致,背出复杂的情愫……既有效复习了课上所学,又提升了积累的档次和品格。

"用课文"实现探究,"用课文"感悟明理……凡之为"用",皆指向学生应当增长的知识能力训练点。

在日常的语文教学实践中,自觉地以课标为纲,厘清教学的知识、能力训练点,然后与手中的文本巧妙地实现对接,将"课文"开发成现实的课堂资源,以切实的语文活动为方式,展开扎实有效的语文训练,我们的语文教学自然就会步入充满语文味的课堂空间。

(范通战)

上文所谈,抓住了语文之"用"中最基本的形式和功能。在多年的归真课堂实践中,语文之"用",更是百花齐放、异彩纷呈。下面我们再通过一组教学案例,来进一步领略语文之"用"给课堂教学带来的无限风光。

案例一:

《从百草园到三味书屋》教学案例

活动一:我帮鲁迅上"对课"。

师:童年的时光很短暂,但我们却会用一生的时间去怀念。百草园里亲吻菜畦的每一束阳光,拂过泥墙的每一缕清风,都让鲁迅深情怀念。那么,三味书屋的生活又是怎样的情形呢?同学们先看第16自然段,"我就只读书,正午习字,晚上对课",寿镜吾老先生今天的对课增加了难度,给童年鲁迅出了一句十九言上联:百草乐园听蟋蟀弹琴玩雪地捕鸟趣味真不少,这可难坏了小鲁迅。请同学们默读10~22自然段,结合三味书屋相关的生活情景,帮小鲁迅对出一句下联,并加上一句四字横批。读完以后学习小组内可以互相讨论,完成这副对联。

(同学们很快读完,开始讨论,虽然有一定难度,但气氛还是慢慢热烈起来)

师:老师看到第二组、第五组、第七组最先举手,有请代表将你们的成果展示在黑板上。

第二组展示:

下联:三味书屋敬先生渊博读狗窦大开笑声何其多

横批:童心无价

第五组展示:

下联:三味书屋疑怪哉消释蒙竹纸绣像快乐一样多

横批:朝花夕拾

第七组展示:

下联:三味书屋笑齿缺狗窦听呢噫嘀哈乱读笑点多

(同学们都欢笑着鼓起掌来)

师:这三组同学关注到了读书的快乐,问奇怪有趣的问题,在课堂上画绣像,看老师读书入神,连老师读书时陶醉其中的语气都关注到了,老师为你们点赞。除了这些,三味书屋的生活还有很多可圈可点的地方,请其他组继续展示你们的风采!

(其他组组员也极力鼓励,发言代表跃跃欲试)

师:哦,第四组、第六组也不甘示弱了!有请代表来展示成果。

第四组展示:

下联:三味书屋套盔甲做戏爬花坛折梅快乐特别多

横批:慢慢长大

第六组展示:

下联:三味书屋惹先生动怒怕戒尺责罚日子不好过

横批:不想长大

师:今天第二、四、五、六、七组同学合作最成功,对联对得非常好,其他组也要加油哦!老师相信渊博的寿镜吾先生一定非常满意,小鲁迅也免受训斥了。

(同学们欢乐的掌声又响起来)

活动二:你思我辩明主题。

师:那么,同学们能不能发现这几副对联的立意有什么不同?

生:第二、四、五、七组认为三味书屋里快乐也很多,第六组认为三味书屋的日子不好过。

师：那么同学们有什么看法呢？我们来一场小小的辩论，正方观点为三味书屋同样快乐，反方观点为三味书屋单调枯燥。第一、二、三、四组为正方，第五、六、七、八组为反方，各组准备3分钟。

（同学们七嘴八舌地讨论起来）

反方：我方认为三味书屋远远没有百草园好玩儿，百草园里好吃的好玩儿的那么多，在三味书屋问老师个有趣的问题，老师也要批评动怒。这个问题困扰了作者很久，小鲁迅认为老师是渊博的才向他请教的，可是老师却扼杀了学生的好奇心。

正方：我方认为三味书屋绝对是很快乐的。小孩子们总能从看似枯燥的生活里找到快乐，先生很和蔼，"我"对他也很恭敬，因为他是本城中极方正、质朴、博学的人。而且老师开始时对我严厉，后来却好起来了，说明鲁迅小时候学习好，老师是很喜欢他的，这让他感到很快乐。学生们还可以折蜡梅花、捉苍蝇喂蚂蚁、描绣像等。而且百草园只有小鲁迅一个人，而三味书屋却有一群小朋友，这快乐就加倍了，好奇心不仅没有被扼杀，反而会被激发出来。

反方：三味书屋的学习内容只有读书，老师让我们读的文章也读不懂，也没有体育、音乐、美术、微机、社团，所以我认为三味书屋的生活有些单调枯燥。

正方：老师读书很陶醉，虽然学生们不懂，但他读书时微笑的样子，将头"拗过去，拗过去"的样子，还有老师读书时加上去的"呢""噫""嗬"的语气词，给童年鲁迅留下了深刻的印象，也许这些都直接影响到他后来对读书的热爱。而且，老师读书入神时，学生们还会在下面玩游戏，虽然看起来是不遵守纪律，但却真实地体现了童趣，我们小时候上课确实会做小动作。所以，三味书屋的生活并不枯燥，很轻松，让人怀念。

还有，文中写到"笑人齿缺曰狗窦大开"，就是笑别人缺了一颗牙就像打开的狗洞，而且难懂的文章都读错了，大家都胡乱地读一气，开始时是"人声鼎沸"，后来就"低下去，静下去了"，我们平时早读课背书也是这样的，作者这样细腻地去回忆也是想要表现童年在三味书屋读书的快乐的。

反方：老师有戒尺和罚跪的规则，这很吓人，会让小孩子产生恐惧的心理，甚至会让孩子们从此讨厌学习。

正方:你没有看到"不常用""但也不常用,普通总不过瞪几眼"这些句子吗?老师准备戒尺,制定罚跪的规则也只是当时私塾的传统惯例,先生没有真的要用。

(正方同学很激动地反驳,同学们送给他热烈的掌声)

师:好,看来同学们对文章都有自己的见解,其实不论是百草园还是三味书屋,都是作者甜美的欢乐的回忆,都表现了儿童热爱自然、天真幼稚的心理。寿镜吾先生之孙寿宇,曾阐明"三味"之义:布衣暖,菜根香,诗书滋味长。祖上希望后世子孙能够凭自己的本事做事,过最质朴的生活,从书香中感悟生活绵长醇厚的滋味。老师也希望同学们能从语文课堂上获得学习的快乐。

(武陟县实验中学 王芳)

活动就是最好的"用"。在这一案例中,王芳老师组织开展了两项活动。第一个活动,立足核心素养,以"对课"这一最经典的语文综合性活动为形式,以百草园生活概括为内容,别出心裁,新颖灵动,引领学生在阅读的基础上走进语言深处,概括内容,锤炼语言,琢磨对句,展示成果,激活课堂,放飞生命,收获了幸福与精彩。第二个活动,着眼于学生思辨能力的培养,围绕主题探究,巧用课堂生成性资源,在前一活动的基础上,引导学生展开辩论,使得对文章主题、内容的理解逐步清晰、明确。这样的课堂,走出传统教学的藩篱,彰显"在用语文中学语文"的思想,理念新,方法活,效果好,质量优,是地地道道的真课堂!

案例二:

《美丽的颜色》教学案例

师:这篇文章最大的特点,就是作者像一个摄影师,充满深情地将一个个镜头展示出来。今天,老师想让大家把这六个镜头拍成抖音短视频。可以吗?

生:(起了兴头,互相笑笑)当然可以,这是我最拿手的。

师:小组合作,一组一个镜头,组长们讨论,自由分配镜头。5分钟讨论镜头画面。注意视频的主题是什么,采用什么样的拍摄镜头,突出拍摄哪些部分可以体现主题。

(5分钟讨论之后)

师：同学们，接下来用自己的语言为你的短视频写出拍摄脚本，你会怎么写？要求以作者的语言为基础，用自己的语言精准地表达出来。10分钟自由创作时间。

（10分钟之后）

师：小组交流3分钟，选出你们组创作的最佳脚本进行展示。

（第一组踊跃举手，孙嘉瑞作为代表回答。）

嘉瑞：我们拍摄的镜头是——一个人就是一家工厂。我们创作的脚本是：

画面从两人分工合作展开，镜头展开在一间简陋的屋子前，比埃尔在研究镭的特性，居里夫人在一个大锅前忙碌着。她正在提取纯镭盐，向居里夫人的面部放大镜头，她的头上脸上汗水淋淋，但仍然挂着微笑。

画面逐渐变黑，再次变白时所呈现的是居里夫人工作场所对面的一座房子，里面的一家三口正享受着悠闲的下午茶时光。镜头再次移动，正对居里夫人工作的小院，只见居里夫人穿着满是尘污和酸渍的旧工作服，头发被风吹得飘起来，在镜头中，居里夫人抹了一把汗。

随后，画面定格在她劳动的场景，逐渐变黑。在黑幕上，逐渐出现她工作时、搬运容器、移注溶液和连续几小时搅动锅里沸腾材料的工作画面，之后开始播放音乐，在这些画面上浮现旁白：一个人承受着惊人的工作量，靠的是什么呢？

这个脚本在创作时，我想到了三个画面的转换。情节的变化能吸引读者的阅读兴趣。第一个画面着重体现居里夫人在工作时与丈夫的分工。第二个画面是通过对比两类人的生活场景，突出居里夫人对工作的坚守。第三个画面特写居里夫人忙碌的具体动作，旁白设置反问引发读者对其精神的思考。

师：掌声送给第一组。有创作，有讲解。谁还能再对其进行评价？

生1：语言组织得很有逻辑性，条理清晰。三个画面的转换使得情节曲折，更加吸引读者。尤其是第二个场面中设置的对比，颇具创造性，不仅使得画面感增强，更能凸显居里夫人的精神品质。

师：你是一个认真思考的同学，还有吗？

生2：他们分享的脚本很独特，我最关注的是结尾："一个人承受着惊人的工作量，靠的是什么呢？"用反问的句式引发读者对居里夫妇精神品质的思考，值得大家借鉴学习。

师：有想法！那么居里夫妇到底靠的是什么呢？谁来回答这个问题？

生3：靠的是对科研的热情和锲而不舍的工作精神。

生4：不畏艰难的精神品质。

师：大家精准地概括了居里夫妇的精神品质。相信拍成视频，一定点赞率极高。请坐！"棚屋"的镜头，第四组谁来展示？

王赛：娄蒙路的冬天像往常那样寒风刺骨。街道上空无一人，家家户户门窗紧闭，房屋顶上的炉烟，随着寒风左右摇荡。

居里夫妇工作的场所就在娄蒙路的一座房屋内，"吱呀呀"的门打开了，映入眼帘的是一间简陋至极、残破不堪的棚屋。屋内被各种仪器和记号充斥着。唯一一块不放置东西的工作台却是锈迹斑斑，屋里连通风罩也没有。"比埃尔，把……炉火……烧得……旺些吧！外面……下霜了！"居里夫人的嘴颤抖得话都说不利索了。炉火被比埃尔烧到炽热的程度了，但整个棚屋内依然像个冰窖一样令人瑟瑟发抖，只有走到差不多可以碰到炉子的地方，才能感受到一点暖气。两个人就这样在炉子和工作台之间来回切换着。

但终归不是所有工作都能在室内进行。镜头转向室外：露天的院子里摆放着一台极其简陋的设备，那是居里夫妇炼制沥青油矿用的。居里夫妇拖着硬硬的身体从屋内走出来，刺骨的寒风将居里夫人的头发吹得凌乱不堪，她一点也没在意，不停地搅动着，专注地观察着……不幸的是，天公不作美，硕大的雨滴开始砸向地面，居里夫妇匆忙将设备抬进屋内。棚屋内标有记号的地方都积满了水，"小心滑倒！""没事"他们娴熟地越过每片湿地，将设备稳稳地安放在雨淋不到的地方，然后打开门窗继续工作。刺鼻的油烟弥漫着整个棚屋，伴随着居里夫妇二人的欢声笑语而消失得无影无踪……

师：同学们，这个镜头给你的感觉怎样？

鑫炜：凄凉。

师：说说你的依据。

鑫炜：开头的环境描写，渲染了凄凉的环境气氛，中间的天气变化，让人想到居里夫妇工作的环境恶劣，读到这些的人们仿佛身临其境。但是这些艰苦的条件却与下文居里夫人的专心投入研究形成对比，突出她精神的伟大。

师：这一组同学关注到了环境的渲染，增强了感染力。欣妍，你说说看。

欣妍：王赛的想象力很丰富。阅读创设的人物对话可以感受到当时天气的寒冷和他们在那种环境下的坚持不懈、不畏艰难。

师：大家齐读一下这个脚本的最后一句，你还读出了什么？

欣妍：乐观，以苦为乐。

师：很好，对你有什么样的启发？

欣妍：成功的背后，所伴的是日复一日的汗水与努力。愿能从今日始，不屈奋斗，坚定前行，披荆斩棘。

师：祝愿你能成功！赏镭的镜头，第二组。

柴煊凡：郊外的夜十分寂静，远处传来几声空远的狗吠，狂风跟着附和，敲打着实验室的破旧的门，发出嘎嘎的响声。居里夫人小心翼翼地走上前去，找到一张有草垫的椅子，坐下了。在黑暗中，在寂静里，两个人的脸都转向这些微光，转向这射线的神秘来源，转向镭，转向他们的镭！居里夫人身体微微前倾，热切激动地望着比埃尔，"多美啊！"她左手托着下巴，托起脸上岁月的"伤痕"。右手想去抚摸它，但又止住了，只是停在半空，用慈母般的目光去疼爱，就像一小时前在她睡着了的孩子床头看着孩子一样。比埃尔用手轻轻地抚摸着她乱糟糟的头发，就这样一直看着看着……

师：好美的画面。思淇，你来评价一下吧？

思淇：我们关注到了居里夫妇的激动和欣喜。但是他们又不同于常人情感的奔放流露。他们静静地享受宁静中的惊喜。对居里夫人看镭时的神态进行细节描写，生动形象。

林峰：煊凡的分享让我们看到了居里夫人对刚发现的镭有母爱般的情怀，这是居里夫人人格的魅力。

师：如果给这个视频配一个30字的旁白文案，谁来试试？

炜森：居里夫妇通过自己的努力，终于提炼出了镭，给许多得了癌症的人带来了活的希望。

柯涵：一个有着坚定的科研精神和忘我的工作态度的人；一个不畏艰辛、无私奉献的科学家；一个令全人类无比钦佩的母亲。

师：大家的旁白给这个视频增加了多样的色彩。居里夫人的人格魅力还体现在哪儿呢？

刘轶森：我们要描述的镜头——"反自然"的生活。

室外寒风凛冽，屋里热气腾腾，仅有的一个火炉也忘记了添柴，奄奄一息。居里夫妇身着破旧的工作服，屏息凝神，废寝忘食，通宵的灯火是他们的伴侣。

"比埃尔，原来我们预料沥青铀矿的残渣里含有百分之一的镭，现在看来这个数值会更小，但是只要我们坚持，一定可以离析出来。"

"是啊！亲爱的，我好像更爱这项工作了，你有信心吗？"

两人相视一笑，继续努力着。越难的工作，越能激起他们寻找答案的斗志。就这样，日子在难度的增加中一天一天地过去，一个月一个月，一年一年。

师：从刘轶森给我们带来的脚本中，你读出了什么？

海金：工作环境的艰苦，镭的神秘，提炼难度之大，工作时间长，工作强度大。

师：最吸引你、感动你的地方是什么？

海金：夫妻之间的对话。

师：说说你的理由。

海金：我从对话中感受到了他们热情坚定的信念和坚持不懈的精神。

牛珺瑶：炼制沥青油矿的镜头，我们是这样写的——

雪花纷纷飘落，镜头跟随一片雪花落在了居里夫人的手上，她穿着那满是尘污和酸渍的工作服，一张因睡眠不足而有些发黄的脸庞。她卖力地用着差不多和她一般高的铁条，不停地搅动一大堆沸腾的东西。一阵刺骨的寒风吹动着她的发丝，却丝毫没有使讨厌的烟雾远离鼻子和眼睛。她难受得咳嗽了几声，但并不敢让搅动停下来，发红的眼睛中充满了对镭的期待。一天几乎不停地搅动是常人所无法承受的，但镭要保持它的神秘性，丝毫不希望人类认识它。最困难的，或者说几乎不可能的，乃是离析这含量极少的物质，使它从密切混合着的杂质中分离出来。即使环境恶劣，设备简陋，工作量很大，却依然没有使伟大的居里夫人放弃。

师：牛珺瑶的分享，画面感十足。相颖你来赏析。

相颖：由景带入画面，创设氛围。接下来，是人物描写。抓住人物外貌、神态进行细节描写，最突出的是她炼制时的动作描写，可以来个近镜头，更能让人感受她工作的艰辛。

师：谁接着来赏析？

刘彦：离析的困难是无法想象的，我觉得可以在画面中展示多次失败的画面，从反面衬托人物的坚持不懈和对科研执着的爱。

师：你的这个建议太好了！

还没有展示的第三组，谈话憧憬镜头，你们的代表，有请！

诺言：一轮洁白的明月，像一个银盘嵌在深蓝的空中，洒下一片银光。三三两两的星星点缀其间。画面一转，刚刚完成实验的比埃尔和玛丽相互依靠着坐在实验大棚门口的草坪上，兴致勃勃地闲谈着。玛丽双手托腮，抬头望着天空，对身旁的比埃尔说："我真想知道'它'是什么样子，'它'的相貌如何。比埃尔，在你的想象中，它是什么形状的？它的颜色是怎么样的？"镜头转向身旁的男人，比埃尔望向天空，看着明净的月亮，和颜悦色地回答："我不知道……你可以想到，我希望它有很美丽的颜色，就像这满地的月光一样。"说着一个眼神的对视，他们好像读懂了彼此。两人穿上外衣，手挽手，走向那个神秘的梦境。沿着这个远离市中心街区的热闹街道，走过工厂、空地和极不讲究的住房，走到娄蒙路，穿过院子，比埃尔把钥匙插进锁孔，那扇门嘎嘎地响着。室内一片漆黑，玛丽按住了比埃尔的手说道："不要点灯！我想它有很美丽的颜色！"

我们这一组展示的脚本，通过镜头的切换使得人物的情感展示出来：对镭的期盼，对成果的想象，神秘的确信。我们仿佛看到了两位痴迷于成果的科学家。

师：意境的烘托，人物的神态、语言、动作把握得很到位，相信这个视频的转载量一定非常好。

精彩的展示伴随着铃声的响起告一段落。今天的作业是各组课下认真准备、排练与拍摄，期待大家带来更多的精彩。

（武陟县实验中学　千里莎）

给学生创设一个"用"的平台，课堂就会迎来无限的精彩！

《美丽的颜色》这篇文本最突出的一个教学示范点，就是"镜头连载式的写法"。千老师在教学这一课时，从文本的个性化特点出发，大胆剪裁，精心构建，以创作和交流拍摄脚本的方式来组织教学，独辟蹊径，令人叫绝。

我们不要小看了这个活动。大家想想，学生要改写、创作好这个拍摄脚本，需要做些什么？需要认真阅读文本，需要精准概括镜头内容，需要准确把握人物的精神品质，需要了解拍摄脚本的基本特点及写法，需要巧妙借用文本中的语言，需要展开合理的联想与想象，需要充分调动和发挥自己的创造性思维，需要积极参与讨论、小组合作，需要学会评价所写脚本的优劣……如果延伸到后续的拍摄和剪辑，那涉及的内容会更多更多。

这个活动，是真正的语文综合性实践活动，是地地道道的语文之"用"！

这样的课，"真、实、活"，代表着我们归真课堂语文教学的行动方向。

案例三：

生活因"用"语文而精彩
——教学统编版语文八年级上册新闻阅读单元案例

2022年9月，返校季，我们实验中学发生了翻天覆地的变化。科技楼楼顶修缮，办公楼墙壁刷新门窗更换，宿舍楼增添淋浴间、储物箱、物品架，校门口装上人脸识别系统，等等。但最大的变化是，学校打散原来的所有班级，分成了寄宿与走读两部分。我原来担任的2111、2112班，也变成了现如今的2101、2102两个寄宿班。

面对新老师、新同学、新班级和新的生活方式，同学们的复杂情绪写满脸。怎么办？怎样尽快凝聚班级向心力？如何迅速激发同学们的学习热情？"活动，是教育教学的智慧之花！"——对，引领同学们在"用"语文中，打开心扉，悦纳分班，实现自己的幸福成长！

我翻阅着手中的教材——统编版语文八年级上册第一单元"新闻阅读"，脑海中灵光一闪，何不开展一个人人办报纸的活动呢？这样将语文教学与生活实践联系起来，让孩子们在"用"语文中学语文，既能完成第一单元的教学任务，又能丰富孩子们的生活，驱散他们心头的阴霾，不是两全其美吗？

于是，我引领着同学们开始了一场为期一周的"活动·探究"之旅："同学们，这个暑假咱们实验中学发生了很多变化，正好第一单元的'新闻阅读'，需要每位同学编辑制作一期报纸。咱们就围绕学校的新变化，办一期报纸吧！老师坚信，你们就是最出色的记者和编辑，你们办的这期报纸一定会为我们的初中生活留下美好的记忆。"

同学们一听要当记者、编辑，要独立办报纸，便将原来因分班带来的不快暂时搁置一边。但问题又来了——怎样办报纸呢？

我因势利导：周一至周三，利用四节语文课，引导同学们借助第一单元这六篇文章，了解什么是新闻，运用新闻的六要素概括文章的主要内容，理解不同新闻体裁的异同，等等。周四的语文课，组织学生以小组为单位召开新闻采访选题会，确定报道题材，制订采访方案，为后续的办报做足准备。

深入采访开始了。办报需要图片，我提醒孩子们采访时，可以借身边老师的手机拍几张图片发给我，我负责打包发到班级微信群供大家选用。这一天，我收到了学校多位老师发来的图片，其中还接到了范校长打来的电话："李老师，今天学生的采访准备得很充分，所提问题都很中肯，感谢你为孩子们打造这样的学习成长平台！"宿舍办王主任跑到办公室找我："李老师，你班的学生真懂事。来采访时见我在整理办公室，都抢着帮我拖地、抹桌凳，临走不忘让我照了几张相，说是办报纸用。你得好好表扬这几个懂事、上进的孩子……"

听到反馈过来的一个个信息，我再次感受到归真教育——开发课程资源，以切实的语文实践活动巧妙地"用"语文，让日常生活幸福，为灿烂生命奠基——真的太有道理了！孩子们在采访前，学新闻、拟提纲，需要"用"语文；孩子们在采访中，巧提问、会交际，需要"用"语文；孩子们在采访后，谋篇幅、撰稿件，需要"用"语文；孩子们在办报时，定稿、编辑、排版等，处处要"用"语文……生活，因"用"语文而精彩！

周五的语文课，是同学们交流各自撰写的新闻稿件的时间。下课铃响了，同学们仍意犹未尽。于是，课余时间接着交流，生怕自己的新闻稿件登到"报纸"上会闹出笑话。

周末我们的语文作业是：作为主编，根据自己设计的报纸主题，选择组员们的新闻稿，再修改、编辑、审核，办出自己心仪的"报纸"。温馨提示：一定要有合适的报纸名称，以及题上"主编×××"。

转眼到了周一，我在办公室正做着课前准备，吉梓琳同学跑到我身边按捺不住自己的兴奋，激动地说："老师，这是我用了整整两天时间办的《实验日报》，您看行不行？"

我仔细看了看，A3彩色打印，图文并茂，主题鲜明，正反四版，这不就是真正的报纸吗？我又看了看内容，无论是消息《实验中学分了住宿部与走读部》《实验中学的人脸识别系统》，还是新闻特写《实验中学别样的军训》《实验中学一道亮丽的风景线——早操》，评论《实验中学分班的利大于弊》，抑或是通讯《实验中学宿舍楼旧貌换新颜》……无不格式规范、内容真实，完全符合新闻体裁的各项要求。我的眼睛亮了！一份报纸，将语文、美术、电脑编辑等多学科连在了一起，这该是一种怎样的收获！

上课铃响了，我手捧吉梓琳的佳作走向教室准备表扬，谁知迎面同学们一个个拿着自己办的报纸，满脸洋溢着幸福的笑容等待着我的验收。从办公室门口排到教室门口，从教室门口延伸到教室深处……一个活动，将语文课程学真、学活了！因"用"语文，同学们的校园生活过得幸福、精彩了！我也进一步感悟到归真教育"为灿烂生命奠基，为幸福生活铺路"的真谛！

那节课，我临时改为：运用不同新闻方式报道"我与我的报纸"。课堂上，同学们从凝神静思到畅所欲言，从专注聆听到认真记笔记，每一个都充满朝气，每一位都透着灵气，哪还有半点因分班带来的不快！

一张报纸，让我在"用"语文中，欣赏到了柳暗花明的美景；一个活动，让2101、2102班的孩子们在"用"语文中，精彩了课堂，精彩了生活！

（武陟县实验中学　李昊男）

一个活动，精彩了自己，精彩了学生，精彩了课堂，精彩了语文，精彩了生命和生活！

这是真正的大手笔！这是地道的归真语文课！我们传统的语文课，太缺少这样的行动了。尽管部编版教材中，早已有了"活动·探究"的设计与编排，但在一线的教学实践中，真正能够让其落地的行动还不多。李老师这一案例，用成功的实操为我们做出了精彩的示范。面对真问题，激活真思维，开展真活动，提升真能力，上好真语文，过好真生活。

语文之"用"，是一种活动，是一种生活，是一种生命状态。只有"用"，才可以精彩课堂、精彩生活、精彩生命。"用"开百花满园香，愿天下语文人行动起来！

同学们办的"报纸"(部分展示)

(二)数学:一"用"数学无难事

数学之"用"无处不在,翻开《义务教育数学课程标准(2022年版)》,我们就会发现,无论是课程性质、课程理念,还是课程目标、课程实施,均将"用"置于十分突出的地位。尤其是课程目标界定的"四能"(运用数学知识与方法发现、提出、分析和解决问题的能力)以及数学核心素养要培养的"三会"(会用数学的眼光观察现实世界,会用数学的思维思考现实世界,会用数学的语言表达现实世界),均将数学教学最本真、最核心的任务和内容指向了"用"。在各学段内容要求的具体表述中,"能用""会用""运用"更是成为最高频出现的词语,触目皆是,不胜枚举。

在归真课堂实践中,我们倡导"先学后用,学用结合""无学不用,无用不学""一用教学无难事""在用中学知识,在用中练能力,在用中提素养,在用中实现综合提升",很多教师积极践行,收获丰硕。但也有部分教师片面地认为课堂的"用"就是做题,将"用"简单化、单一化,甚至认为数学课堂就是一味地做题,让"用"走进了死胡同。其实,数学之"用"极其丰富,一切能够引发学生探究、体验、反思、合作、交流、实践的数学活动皆为"用",一切围绕学生思维展开的训练活动皆为"用",一切运用数学知识与方法观察、思考现实世界的行动皆为"用"。下面我们结合几个课堂案例引领大家进一步体悟数学课堂"用"之形式、"用"之妙法。

案例一:

"解一元一次方程"案例片段

课堂上,教师通过大屏幕呈现几个"小马虎"同学做的一道题——

解方程:$\dfrac{2x}{3} - \dfrac{2x+1}{6} = 1$

小马虎1:

解:去分母得:$4x - (2x+1) = 1$　　　　　第一步

　　去括号得:$4x - 2x - 1 = 1$　　　　　　第二步

　　移项得:$4x - 2x = 1 + 1$　　　　　　　第三步

　　合并同类项得:$2x = 2$　　　　　　　　第四步

　　系数化为1得:$x = 1$　　　　　　　　　第五步

小马虎2:

解:去分母得:$4x - (2x+1) = 6$　　　　　第一步

　　去括号得:$4x - 2x + 1 = 1$　　　　　　第二步

　　移项得:$4x - 2x = 1 - 1$　　　　　　　第三步

　　合并同类项得:$2x = 0$　　　　　　　　第四步

　　系数化为1得:$x = 0$　　　　　　　　　第五步

小马虎3:

解:去分母得:$4x - (2x+1) = 6$　　　　　第一步

　　去括号得:$4x - 2x - 1 = 6$　　　　　　第二步

　　移项得:$4x - 2x = 6 - 1$　　　　　　　第三步

　　合并同类项得:$2x = 5$　　　　　　　　第四步

　　系数化为1得:$x = \dfrac{5}{2}$　　　　　　　第五步

小马虎 4：

解：去分母得：$4x-(2x+1)=6$　　　　　　第一步

　　去括号得：$4x-2x-1=6$　　　　　　　第二步

　　移项得：$4x-2x=6+1$　　　　　　　　第三步

　　合并同类项得：$2x=7$　　　　　　　　第四步

　　系数化为 1 得：$x=\dfrac{2}{7}$　　　　　　　第五步

师：请同学们展现你的"火眼金睛"，找出几个"小马虎"同学的错误之处。

生 1：小马虎 1 第一步出错了，大家很容易出现这样的问题，去分母的时候常数项 1 没有乘以 6。

生 2：小马虎 2 第二步错了，去括号时出现错误，当括号前面是负号时，括号里面各项要改变符号。

生 3：小马虎 3 第三步错了，移项时，从等号一边移到另一边要变号。

生 4：小马虎 4 第五步错了，应该用 7 除以 2 是 $\dfrac{7}{2}$，不是 $\dfrac{2}{7}$，系数化为 1 时，方程两边应同时除以未知数的系数。

师：同学们的回答非常好，下面请结合刚才的发言，展开小组讨论，总结一下解一元一次方程的一般步骤、方法规律、易错易混点、注意事项、满分标准等，然后小组选出代表上台展示。

短暂的讨论之后：

生 1：一般情况下分五个步骤——去分母、去括号、移项、合并同类项、系数化为 1。

生 2：去分母时大家很容易漏乘常数项，去括号时当括号前面是负号时要注意变号，移项时同学们很容易忘了变号。

生 3：补充，系数化为 1，当未知数的系数是负的时候咱们经常忘了变号，还有求解时，方程两边一定要同时除以未知数的系数。

生 4：我建议大家在书写时，一定要按步骤书写，避免考试丢分。

……

小组同学各抒己见，畅所欲言，总结出解决问题的方法、规律、注意事项等，培养了合作能力，体现了智慧共享，激活了主动探究的欲望。学生在合作中取长补短，提高了分析问题、解决问题的能力，课堂思维异常活跃。

接下来，我又组织开展了一个同桌之间"编题互考"活动——

师：下面请同学们为你的同桌编一道题，考考他。要求：1.所编的题要囊括今天知识所学所有步骤；2.要尽可能数字巧妙，运算起来既不过于简单，又不烦琐；3.要把所有的易错点都给涵盖了，争取让你的同桌出错。

课堂又掀起新一轮高潮。

（武陟县实验中学　董红峰）

案例中，董老师的课堂经历了三个环节，一环一"用"，富有创意且简单实效：第一环节，开展了一个"火眼金睛"活动，针对"小马虎"同学做题中出现的错误，引领学生运用所学，观察思考，查问题，纠病因，将解一元一次方程中的常见问题一网打尽；第二环节，在之前教学的基础上，引领学生展开"小组探究"，将方法规律化，深入、细致，操作性强，这一步"用"，对培养、提升学生的数学思维及分析问题、解决问题的能力极有帮助，更为后续的课堂训练提供了有效的操作指南；第三环节的"编题互考"活动，新奇，富有趣味又充满挑战，这样具有创造性的"用"，不仅为学生的深度思考提供了机会，更能培养、提升学生的创新意识、创新思维和创新能力。课堂上，这样的"用"多多益善。

案例二：

"相似三角形的应用"案例片段

在校园旗台前。

师：请大家想想如何利用我们所学的相似三角形知识，计算旗杆的高度？大家分组讨论研究，提出测量方法，测量有关数据，计算旗杆高度，然后小组代表汇报结果。

指令一发出，各组同学积极行动起来，翻阅教材，拿笔演算，动手测量，忙得是不亦乐乎。

小组1：我们测量了旗杆的影长为12.6米，同时测量了我们组小凯同学的影长是1.2米，小凯同学的身高为1.6米，身高：影长＝旗杆的高度：旗杆的影长,最后算出旗杆的高度为16.8米。

师:你们这样做的理论根据是什么呢?

小组1:因为太阳光线是平行的,我们利用在同一时刻太阳光线、物体及其影子所组成的三角形相似这一关键结论,再利用相似三角形的性质推算出旗杆的高度。

师:这个办法可行,值得各组借鉴。如果没有影子怎么办?哪个小组能够不用测量影长的方法计算出旗杆的高度?请大家再思考。

这个问题的确是难住了不少同学,只见第2小组有同学拿出小镜子当场比画起来;第3小组有同学伸出大拇指,略加思考后与组内同学开始交流。

小组2:我们组李明带了个小镜子,他想到物理课上学到的光的反射原理。我们将小镜子放在地上,当他在镜子里刚好看到旗杆顶端时,测量出李明同学距离镜子2.1米,我们测了下李明的眼睛距离地面大约有1.4米,此时小镜子距离旗杆25.1米,用1.4∶2.1=旗杆的高度∶25.1,算出旗杆的高度约16.7米,可能会有些误差。

师:哦,第2小组的方法是把镜子放在合适的位置,然后通过移动,当视线刚好看到旗杆顶端时,分别测量旗杆和人距离镜子的长度、眼睛的高度,利用相似三角形的知识也可计算出旗杆的高度。那么你们这样操作的理论根据又是什么呢?

小组2:我们利用了光的反射原理,容易得到两个相似三角形,再运用相似三角形对应边成比例进行运算。

小组3:我们有不同的方法,张佳同学伸出大拇指,让他的视线通过大拇指顶端且刚好看到旗杆顶端时,测了下他眼睛距离地面1.3米,眼睛与大拇指的水平距离大约0.3米,大拇指比眼睛竖直高了0.4米,他距离旗杆的距离为11.5米,$0.3∶11.5=0.4∶x$,算出的x还需要加上张佳眼睛距离地面的高度1.3米,算出旗杆的高度为16.6米。

师:请继续说一下你们组的计算原理。

小组3:视线可以看作一条射线,这样我们很容易就构建出一个"A"字模型,再利用相似三角形的性质进行运算,不过计算后要加上眼睛距离地面的高度即可。

师：同学们思维非常开阔，思路非常清晰，大家再想想，如果今天旗杆的影子落在墙上怎么算？

此时，大家的思维更加活跃起来。

小组4：因为影子还没有落到墙上，我们目前没法测量，但我们有测量方案。我们可以测下影子落在墙上究竟有多高，最好等某一时刻，落在墙上的高度方便我们测量，我们用自身影子的长度：身高＝墙上影子高度：x，这里 x 代表的是如果没有墙的话旗杆影长该多出的长度……

小组5：我们可以用身高：影长＝x：旗杆与墙的距离，这里 x 代表旗杆的高度减去墙上影子的高度，算出 x 后加上墙上影长即可，更简单。

同学们情不自禁地为第5小组鼓掌起来。

教师安排如何测量旗杆的高度这一实践性内容，是相似三角形知识的应用、延伸与拓展，是将相似三角形与实际生活相结合的应用性问题。让学生走出教室，走进校园内，测量旗杆影长，利用在同一时刻太阳光线、物体及其影子所组成的三角形相似这一关键结论，以及相似三角形的性质推算测量旗杆高度。同时，向学生提出如果阴天没有影子的情况下，影子落在墙上如何测量等数学问题。通过积极合作，同学们探讨出利用镜子、利用大拇指、测量墙上影子等不同方法，将相似三角形的知识加以灵活应用，学生的实践能力得以提升，在"用"中巩固知识，在"用"中拓展知识，在"用"中提炼数学模型。

（武陟县实验中学　董红峰）

引导学生在真实情境中发现问题和提出问题，利用观察、猜测、实验、计算、推理、验证、数据分析、直观想象等方法分析问题和解决问题。这是课标的要求，更是我们的数学教学必须秉承的理念和思想，同时也为我们提供了数学教学中最常见的"用"的方式：观察、猜测、实验、计算、推理、验证、数据分析、直观想象……每一种"用"，只要巧妙操作，都可以在我们的课堂上放出光来。在上面提供的这个案例中，董老师大匠运斤，将这几种"用"驾驭得轻松娴熟，看似朴拙无华，却又巧妙灵动。他引领学生时而观察、时而测量、时而计算、时而推理、时而猜想、时而验证……课堂灵活多变，学生智慧闪光，充分体现了归真课堂的"真、实、活"！

案例三：

"三角形的中位线"案例片段

在三角形中位线的概念引入之后。

师：请同学们认真观察自己所画的图形，猜想：三角形的中位线与第三边位置关系是怎样的？数量关系呢？

生1：我想位置关系应该是平行的，数量关系是中位线等于第三边的一半。

生2：我猜想也是这样的。

师：大家猜想都是这样的，请同学们利用手中的学具，用尺子、量角器进行度量，并向组长汇报测量结果，得出两线段的关系。

1组长：我们小组经过度量后发现中位线的长度等于第三边的一半，图中的两个同位角相等，所以中位线平行于第三边。

师：有没有不同的方法？

2组长：我们小组有不同方法。我们可以将手中的三角形纸片沿中位线剪下后，拼成的图形好像是一个平行四边形（在黑板前为大家演示拼法），所以我们猜想三角形的中位线平行于第三边，且等于第三边的一半。

师：请同学们也将手中的三角形剪拼下试试。

学生通过小组合作讨论、动手尝试等方法，完成剪拼过程。

3组长：我们都拼成了平行四边形，说明我们的猜想是正确的。

师：同学们虽然通过动手操作发现了我们的猜想是正确的，但数学注重演绎推理，同学们能否用推理的方法证明大家的猜想呢？

学生们独立思考后进行了充分的讨论。

生1：我受到刚才剪拼的启发，想到了可以倍长中位线，然后连接成刚才剪拼的平行四边形，通过证明三角形全等，容易推导出平行四边形，从而证明了我们的猜想是正确的。

生2：可以过第三边端点做平行线，交中位线延长线，虽然方法不同，但图形和刚才剪拼的一样，然后再证明……

生3：我们组还有不同方法，可以过三角形三个顶点分别做中位线的垂线，通过两次全等……

生4：由生3的方法进一步引申，在中位线上任意取一点，连接这点和中位线所对三角形端点，然后过第三边两个端点做该线段的平行线，容易证明两次三角形全等，和生3的方法就又大同小异了……

生5：生3、生4的方法虽然能证明，但复杂了点，我们要有选择最优方法的思想……

生6：对，以上方法体现了从特殊到一般，又从一般到特殊的数学思想……

同学们各抒己见，畅所欲言，思维得以训练，循序渐进地将课堂推向高潮。

在同学们采用度量、剪拼两种方法直观验证了三角形中位线平行于第三边并且等于第三边的一半的猜想之后，教师又引导学生在独立思考的基础上，进行小组合作交流，展示出不同的证明方法，学生在不同方法的探讨中碰撞出思维的火花，将课堂教学推向高潮。

（武陟县实验中学　董红峰）

观察猜想、动手操作、实验验证、推理证明，步步为"用"，知识在"用"中渐渐清晰，能力在"用"中慢慢提升。上面的案例中，董老师基于学生认知、思维规律，充分发挥教学的创造性，设置不同形式的"用"，激活了学生的生命灵性。课上，教师的操作看似轻描淡写，实则构想大胆、操作灵活、引而有度、启而有方，学生思维深入、思路开阔、智慧灵动、参与踊跃。看似简单的几种"用"，董老师挥洒之间，却使得课堂的行走方式衍化无穷，多彩多姿。学科之"用"，臻于化境。

案例四：

"实际问题与一元二次方程之传播问题"案例片段

在学习利用一元二次方程解决实际问题中的传播问题时，同学们经计算发现流感传播速度之快，即1传10，同学们当即惊愕。

师：教师呼吁大家，若患流感，必戴口罩，多喝热水，注意通风，保护自己，利于他人。

生：老师，我们可以将您刚才说的话写成倡议书，利用网络，转发朋友圈，呼吁大家珍惜自己，重视健康。

师：这个主意很棒，若我将此倡议书转给若干个朋友，每个朋友又转给相同数目的朋友,经统计,共有90人得到此倡议书,问我一人转给了多少个朋友?

此问题一出,教室瞬间静默,只见同学们有的沉思,有的皱起了眉头,有的拿起笔在练习本上写着……

时间大概过去了5分钟。教室中有二十几只小手悄悄举起,手的主人脸上露出了收获的笑容。

师:看来同学们都有了自己的答案。张瀚元,请你说下你的想法。

张瀚元:解决实际问题关键要找等量关系,本题的等量关系为共有90人收到了此倡议书,所以解:设教师一人转给 x 个朋友,方程为 $1+x+x^2=90$。

师:嗯,这是张瀚元的想法,谁还有不同的想法?

只见教室中高高举起了二十多只小手,有的同学快要跳起来了。

师:王航,你说下想法,王航的手举得最高也是最快的。

王航:我认为方程应为 $x+x^2=90$,因为题目中是收到倡议书的共90人,不包括教师,所以1是不能加的。

王航话音一落,同学们异口同声地说同意王航的做法。

只见白洁的手依然举得很高,不舍得放下。

师:白洁,说下你的想法。

白洁:我同意王航的想法,若要得到张瀚元的方程,从理论上来说,这道题目应改成共有90人有此倡议书,但这样列出的方程算不出整数解,不符合实际情况。

师:不愧为咱班的"小数学家",一针见血指出了本题的关键,所以做题时务必圈画关键词。

全班同学将热烈的掌声送给了白洁,白洁开心地笑了。

师:同学们分析得很到位,通过以上问题你能归纳总结"如何利用一元二次方程解决实际问题的步骤以及注意事项"吗?请同学们先独立思考,有问题可同桌交流,也可小组讨论,最后以小组为单位上台展示。

听到指令,同学们又再次陷入了深思,片刻之后,教室沸腾了。同学们各抒己见,只见小组代表拿笔在本上快速地记录着,教室里同学们投入地讨论着、记录着……

教室重新恢复了静默,看来同学们心中已有答案。

小组代表争先恐后发言——利用一元二次方程解决实际问题步骤如下：

①先设所问。

②根据题意找出等量关系，列出方程。

③得到实际问题的解。

"势在必得"小组代表发言：我们小组补充，在第二步列出方程之后，要先解这个方程得到数学问题的解，从而得到实际问题的解。

"勇往直前"小组代表发言：在解方程的时候得到是双根，因为是实际问题，所以要根据实际问题进行取舍。同时这也是本题的注意事项。

"勇争第一"小组代表发言：利用一元二次方程解决实际问题步骤可归纳如下：①设；②列；③解；④答。其注意事项：实际问题必验根，双根需取舍。

……

师：同学们的发言太精彩了，语言严谨简洁，思路清晰，总结到位，老师为每个同学点赞，也为每个同学自豪。

孩子们的脸上溢满了笑……

（武陟县实验中学　孙丽娟）

"会用数学的眼光观察现实世界，会用数学的思维思考现实世界，会用数学的语言表达现实世界"，数学课标中关于学生核心素养的论述，怎样才能落实在我们日常的课堂教学中？孙老师这个案例为我们找到了一条有效的路径，就是将情境问题化、问题生活化，这也是数学归真课堂中最有价值的"用"之一。

课堂上，孙老师"能够在实际情境中发现有意义的数学问题，进行数学探究"。此"用"一出，立即给数学课堂注入了一股神奇的力量，学生积极主动，深入思考，多元探究，理性研讨，表达精彩。这一"用"，围绕真问题，激活真思维，展开真活动，上出真效果，妙！

（三）理化生：实验和实践就是最好的"用"

义务教育理、化、生课程，均为一门自然学科课程，具有基础性和实践性。培养学生的科学态度、科学精神、科学方法、科学思维以及综合的科学实践能力，是其核心的学科目标之一。在长期的教学实践中,我们逐步认识到,达成这一目标的最佳途径,就是实验和实践,因此,我们说,就理、化、生学科而言,实验和实践就是最好的"用"。

案例一:

"巧用物理小实验"——提升学生大能力

物理是一门以实验为基础的自然学科,实验是物理教学最好的活动,通过巧设实验,不仅能够激发学生浓厚的学习兴趣,帮助学生建构概念、理解原理、掌握规律,还可以提升学生的观察能力、思维能力,培养其科学探究精神,从而达到培养真人才的目的。下面举例说明。

一、用好课堂实验,提升综合能力。

1.导入新课使用实验,激发学生好奇心。

新课的导入是否引人入胜,直接影响整节课的教学效果。

在"蒸发"这一节教学的引入环节,我用蘸酒精的湿布条在黑板上大大地书写了"蒸发"两字,并让全班同学观察现象(培养学生的观察能力),学生们发现"蒸发"两字很快消失(由液体变成气体);同学们对蒸发现象有了初步的感性认识,在这个基础上教师自然地引入新课,学生很感兴趣。

在学习人教版物理教材第九章第一节"压强"时,老师做了两个演示实验:一是将吹好的气球放在牙签上向下轻压,气球爆破;二是将牙签密密麻麻地扎成整齐的钉床,把气球放在钉床上,再将瓦片放在气球上,用铁锤敲击瓦片,结果瓦片破碎而气球完好。学生们惊叹不已,纷纷追问这究竟是怎么回事。

在升华和凝华的教学中,将干冰放到瓶子或玻璃杯中演示升华现象,通过观察现象激发学生想弄明白升华现象的兴趣,效果很震撼。

干冰升华

用实验引入新课，使课堂的导入环节产生磁性，吸引了学生的注意力，激活了学生自主探究的欲望，收到了良好的教学效果。

2.课中开展小实验，让学习因生成而出彩。

学生课堂小实验探究光的反射现象

在学习人教版物理教材光的反射时，学生展示反射光线、入射光线和法线在同一平面上，然后一同学将小铁板向后移动与入射光线和法线不在同一平面，此时下面的学生看不到反射光线，这就可以说明问题了。这时有同学问，老师这条反射光线跑哪了呢？这个问题问得很突然，到底是忽略掉这一个同学的问题,仍按预设进行新课,还是利用好这个问题?当时我就把这个问题抛给了学生,谁能把此时的反射光线给显现出来让大家看看,学生们进行交流后,我请出一位同学进行展示,她拿起讲桌上的作业本轻敲几下,上面灰尘飞起,光线瞬间显现,引起了全班同学热烈的鼓掌,掀起了本节课探究的高潮。

课中通过小实验,捕捉动态生成,点燃学生思维的火花,使课堂焕发生机,使物理学习因生成而出彩。

3.用好课堂小实验,培养探究真能力。

相信学生的能力,放手让他们做自己能做的事情,使他们在学习的过程中,体验乐趣,提升探究能力。

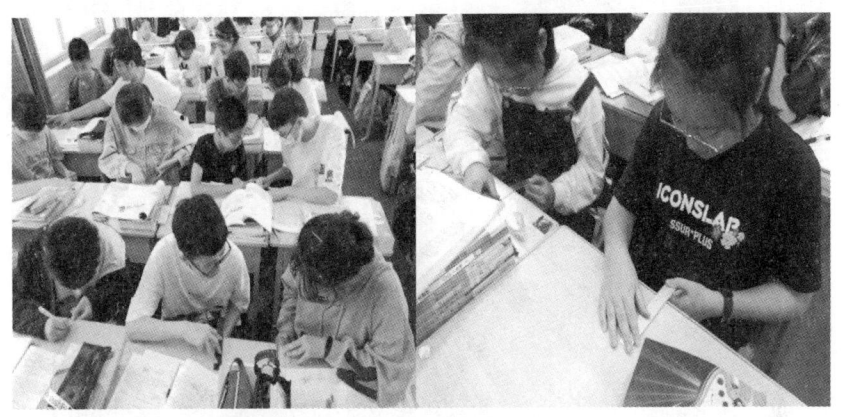

学生课堂小实验探究音调与频率的关系

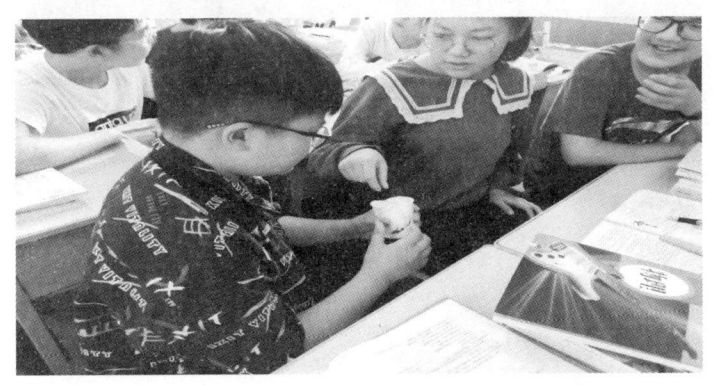

自我展示——我设计的声音是靠振动产生的

光沿直线传播

小孔成像

这些小实验的开展,真正落实了归真教育提出的"真能力——体现在课堂上对学生个性化理解的尊重里,体现在对生命灵性的弘扬中,体现在对智慧闪光的追求里"的教育思想。

4.分组实验探究质疑,培养创新能力。

课堂教学中,我们要积极关注学生的"质疑",用分组实验分析问题和解决问题,不断地体验科学的乐趣,培养创新意识,品尝成功的喜悦。

在探究滑轮组的机械效率这节课中,学生对绳子移动的距离和物体移动的距离之间的关系($s=nh$)理解不到位。怎么办?实验就是最好的"用",让学生亲自去实验测量寻找二者之间的关系,亲身经历印象深刻,难点不攻自破。

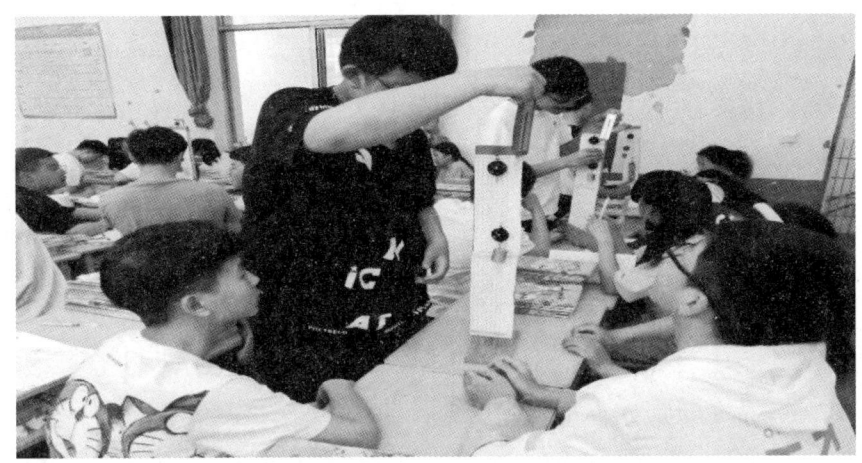

探究滑轮组的机械效率

近视眼、远视眼的矫正问题,让学生用自己的眼镜和老花镜去比较,实验结果一目了然,用实验可以轻松且科学地解决学生质疑的问题。同时还可以培养其自己设计实验、验证结果的科学探究能力。

探究近视眼、远视眼的成因

实验就是最好的"用",无论是教室还是实验室,用身边的器材做好实验,是突出学生主体地位,培养学生发现问题、提出问题进而解决问题的能力的最佳做法。

探究平面镜成像的特点　　　　　　　测量水的密度

二、用好家庭实验，让作业变个样子。

我们上课时常常重复地讲某个知识点，可学生就是不明白，其实，换个思路，只要给学生创造一个动手的机会，让他去操作，给他一个展示的机会，让他去讲述实验过程，分析、梳理实验的结果，一切问题都可以迎刃而解。

在光的直线传播的教学中，有一个"想想做做"，探究小孔成像原理的实验。其原理众所周知，但很少有人仔细推敲它的实验过程。正式上这节课前，我给同学们布置了一项家庭实验作业——晚上在家里做小孔成像这个探究实验。我认为同学们只要能按照课本上的介绍进行操作，在塑料薄膜上能得到烛焰倒立的实像就不错了。可是，第二天上课前魏伊童同学的分享出乎我的意料。

小孔成像实验心得体会

1821班魏伊童

学了光的直线传播这一课后，老师让我们自己动手制作小孔成像的模型。在制作的过程中我想到了以下问题：

1.小孔成的像为什么是倒立的？

2.像的大小和哪些因素有关？

3.光斑的形状和孔的形状有关系吗？

制作完成后，我就做了探究实验。

准备材料：小孔成像模型，蜡烛，打火机。

首先，我让爸爸帮我用打火机点燃蜡烛，将烛焰放在离小孔 20 cm 处，但是我却看不见像，我想是不是周围环境太亮了。于是我就关了灯，果然，我在纸上看见了烛焰所成的像。通过观察发现烛焰上部发的光沿直线通过小孔，照在纸的下部;烛焰下部发出的光,通过小孔,照在纸的上部,所以在纸上形成一个倒立的像。这正好说明了光是沿直线传播的。第一个问题就解决了。

我猜想像的大小可能和烛焰离孔的距离有关,于是我分别把蜡烛放在离小孔 3 cm、5 cm、7 cm 处,然后分别记录下了像的大小。通过比较,我发现光源离小孔越远,像就越小。

为了研究第三个问题,我把小孔先后改成了三角形、四边形、圆形。

但我发现像的形状并没有随小孔的形状改变而改变。于是我又上网查阅了一些资料验证我的实验结果是正确的。

最后,得出我的结论:

1.小孔能成倒立的实像,像的大小与物距(u)和相距(v)大小有关。

2.光斑的形状和孔的形状没有关系,像的形状只与物的形状有关。

3.如果把光屏做成活动式,使之可以前后移动,观察成像的大小变化或许就更方便了。

通过这次实验,我发现一个小小的模型就蕴含了这么多知识,物理这门课真有趣,我一定要把它学好。

这次家庭实验,完全由学生自己设计,自己操作,自己记录,自己总结,效果奇好。同时,也让我意识到,"双减"背景下,我们的物理作业原来也可以这样布置!

三、尝试课外小制作,培养创新意识。

活动,是教育教学的智慧之花,可以通过小制作实践活动帮助学生理解物理概念。学生在实践过程中,做中有学,学中有做,边学边做,做做学学,既能增强其对物理知识的理解,培养其发现并运用物理规律解决实际问题的求实精神,同时也能锻炼其思维,提升学生的创造力和实践能力。

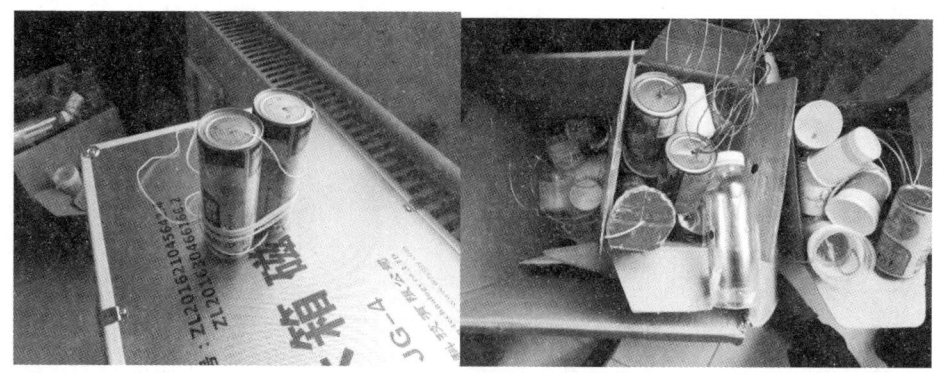

学生制作的土电话

学生制作的照相机

在人教版物理教材八年级上册第三章物态变化教学之后,我让学生星期天在家利用家中物品,制作"雾"和"霜"。周一上课时郭小丫进行的制作成果分享,至今令我记忆深刻。郭小丫说出了她的操作过程:在冰箱冷藏室放一盆水,另外用长方形塑料袋装水放在冷冻室,使其结冰。之后拿出家里的鸳鸯火锅盆,将冷藏水倒入左侧容器,冰块敲碎放入右侧容器并加盐不断搅拌。一段时间后,观察到鸳鸯火锅盆底部,左侧容器下方出现"雾",右侧容器下方出现"白霜"。我追问:"你是怎样想到这个方法的呢?"她说:"我看见刚从冰箱中拿出的饮料罐表面有小水珠,而刚从冷冻室拿出的速冻饺子包装袋上有白霜。所以我想雾和霜的形成,关键在于水蒸气温度降低的多少,于是我就让空气中的水蒸气同时遇冷和遇强冷,这样就能同时观察到雾和霜了。"我情不自禁地为她竖起了大拇指。

总之，物理教学中实验就是最好的"用"。用好这些丰富多彩的实验，不仅点燃了学生思维的火花，解决了学生的困惑，也提升了学生的科学素养。只有这样的实验教学才能育真人、培真情、求真知、练真才，这才是返璞归真的真教育。

（武陟县实验中学　郭为学）

这篇案例，从导入到生成，从课堂到课外，从实验到具体的实践小制作，多角度为我们阐明一个观点：实验和实践就是物理学科最好的"用"。"用"生智慧，"用"提能力，"用"蓄素养。引领学生走进各种实验和动手实践的行动中去，我们的物理教学必定能迎来生机盎然的春天。

案例二：

用好实验，化学课堂更精彩

化学作为一门自然科学课程，具有基础性和实践性，对落实立德树人根本任务、促进学生全面发展具有重要价值。实验是学习和研究化学的重要方法。用好化学实验，最大化发挥实验的作用，我们的化学课堂会更有魅力。

一、用好实验，让学生在做中学。

化学是研究物质的组成、结构、性质、转化及应用的一门基础学科，其特征是从分子层次认识物质，解释生活中的现象。用好实验这个手段，可以让抽象的概念形象生动。

例如，在学习"分子和原子"一课时，学生第一次接触微观概念，内容抽象难以理解。

师：我们在校园中能闻到阵阵的桂花香味，这说明了什么？

生：可以证明分子的真实存在和不断运动。

师：我们如何通过实验证明分子间有间隔，且在不断地运动呢？

生：（学生设计实验）在细玻璃管中，分别加入水和酒精，密封后标记液面高度。振荡玻璃管待两种液体充分混合后，发现液面下降了（$1+1\neq2$）。学生设计实验，通过动手实验，证明分子之间有间隔。

师：假如你没有摇晃，没有振动，体积会不会减小？

生：会，因为分子在不断地运动。

师：你认为不同分子的间隔大小一样吗？

生：（思考，相互交流讨论，设计实验）

生1：压缩注射器中同体积的水和空气发现，空气容易被压缩，而水却很困难，通过对比得出"气体分子之间的间隔较大，液体分子之间的间隔较小"这个结论。

生2：一满杯石子放不进石子，但可以放进去米粒，待米粒放满后，还可以放进去沙土。

师：这个实验中的石子、米粒、沙土虽不是分子，但我们可以把它看成是某种物质的分子，很形象生动地模拟了分子的大小。（鼓掌）

师：分子是在永不停息地做热运动，那么你觉得分子的运动快慢可能与什么因素有关呢？

生3：（展示设计的方糖实验）将相同体积的方糖分别放入两杯水中，发现在热水中比在冷水中溶解快，学生很容易得出结论：温度升高，分子运动加快。

师：利用分子运动的特点我们就能解释生活中的一些现象。如湿衣服在太阳光下比在阴凉处干得快、热胀冷缩等。

师：你能画出你心中的分子模型吗？

生：画图建模，然后大家一起交流和探讨，不断优化、修正自己的模型。

培养学生的建模意识。从物质的宏观组成和微观构成，辩证统一来研究物质，渗透化学学科素养。学生通过分组合作实验很好地解决了这个问题，学生的积极性都被调动了起来。

二、用好实验，让学生在用中学。

真实、生动、直观且富有启迪性的学习情境，能够激发学生的化学学习兴趣，引发学生的思考，帮助学生建构大概念和核心概念。

复习课是传统教学中比较难的课型。容量大，知识点零碎，如果只是简单梳理知识点的话，学生觉得非常枯燥乏味。巧妙设计一些实验，可以有效帮助学生将所学的知识进行重组，把相关知识构建成网络，继而提升灵活运用知识解决实际问题的能力。

在学过酸碱盐之后，学生普遍认为这部分知识比较难，学起来比较吃力。

于是我就以"氢氧化钠的变质"为专题,让学生设计实验,动手操作实验,把所学知识有机地融合在一起。本节课我设置了三个学习任务。

学习任务一:让学生设计一个实验,探究氢氧化钠是否变质。

学生通过小组合作,设计出合理的实验方案,进行实验验证展示,最后得出结论。

生1:提出选择用酚酞试剂,马上有学生质疑,氢氧化钠变质前后都能使酚酞试剂变红。

生2:选择加入酸。(但是对酸没有说明用量)

生3:向溶液中加入稀盐酸,振荡观察,如果产生气体,说明氢氧化钠变质,如果不产生气体,则没有变质。

师:这个方案合理吗?

生4:我觉得加稀盐酸的话,应该要加过量的,因为如果他这个溶液是部分变质的话,未变质的氢氧化钠会先跟盐酸反应,就可能把盐酸全都消耗没了,就没有气泡产生了。

学生的智慧是无穷的,在思维的碰撞中轻松解决了问题。不仅探究了氢氧化钠如何变质,又学会了检验它是否变质的方法。

师:在设计探究氢氧化钠溶液的变质程度的实验中,同学们设计的方案很多,有的方案合理,有的方案不合理。通过小组的互评发现,有的小组仍然加入稀盐酸来验证氢氧化钠的变质程度,"酸是不能够验证氢氧化钠变质程度的","可以加入氯化钙溶液,然后再加入酚酞试剂"。

学习任务二:在除去碳酸根离子的时候,没有证明它是否被除尽。如果它没有除尽,对后面的实验是否有影响呢?有什么影响?如何证明?

向清液中滴加了氯化钙溶液,检验碳酸根离子是否存在。在上层清液中直接加了无色酚酞试剂,其他同学马上提出疑问,他们小组设计的实验没有证明碳酸根离子是否被除尽。他们再次滴加氯化钙溶液,再次检验,直至碳酸根离子被除尽。然后再加入酚酞试剂,进行检验,更加准确,更加科学。

学习任务三:已变质氢氧化钠净化后如何进行再利用?

师:在前两个实验探究基础上,我们发现有一个小组的氢氧化钠已经完全变质,其他小组氢氧化钠是部分变质。经过小组的合作讨论探究,对于完全变质的氢氧化钠，认为可以当作碳酸钠来使用，对于部分变质的氢氧化钠溶液，可以加入适量的除杂试剂，例如适量的氢氧化钙溶液或适量的氢氧化钡溶液，除去其中的碳酸钠，从而得到氢氧化钠。

整个课堂教学在任务驱动下，以问题为导向，以实验为方法，层层推进，不仅解决了氢氧化钠如何变质、怎么检验它的变质、检验它的变质程度，以及变质后如何除杂、净化后再利用等一系列的问题，还解决了在课堂学习、实验过程中又生成的一系列问题，可谓妙趣横生，切实高效。

三、开展社团小实验，让学生在创中学。

例1：学习水的净化之后，让学生自制一个小型净水器。

材料、工具：塑料瓶、鹅卵石、细沙、棉花、剪刀、吸管、活性炭(木炭)等。

1.将一个塑料瓶子剪去底部，同时在盖子上钻一个孔，孔的大小与吸管的大小相匹配。

2.将纱布用剪刀剪成圆形，圆形的大小与瓶子的内径相匹配。

3.将吸管插入瓶盖上钻的孔中，再将瓶子倒过来拿着；最下面的放一些脱脂棉，然后用纱布隔开，再放入些活性炭颗粒；依次放入纱布、沙子、纱布、小卵石，最上面再放一层纱布。这样一个简易的净水器就制作好了。

例2：用生活化的任务驱动学生的学习，让学生探究暖贴的成分。

师：打开一包暖宝宝，我们首先看到的是黑色的粉末，思考，里面都有哪些物质呢？

生：先查看说明书，发现有铁粉，可以拿磁铁吸引，验证一下。

生：还可以加入稀盐酸发现有气泡产生，溶液呈浅绿色，最终确定了它的主要成分是铁粉。

生：这就能说明暖贴就是利用铁在空气中的氧化反应放出的热量，来提升温度的。

师：问题来源于生活，学完知识以后，再回归到生活中去，同学们可以尝试着用铁粉、活性炭粉还有食盐去做一做。

很快学生测量温度，确实升高了，学生很开心。

师：可是发现，大家制作的发热效果都不同，紧接着又引发下列思考，怎么调配比例合适呢？

学生们又开始合作研究配制比例,不断调整比例,不断优化,大量的实验数据做对比,问题慢慢解决,能力随之提高。

师:我再提出问题,如果你是厂家,你还需要思考哪些问题呢?

(引导学生注意生产安全、消费者使用安全,还有提醒消费者的一些注意事项等)

例3:通过"会跳舞的鸡蛋"实验,让学生探究鸡蛋壳的成分。我还买来自热米饭小火锅,让学生观察、体验生石灰和水反应放出大量的热,给米饭加热的情景。通过实验探究,不仅要让学生学会,而且要会学,更要乐学。

总之,立足学生的生活经验,利用真实问题形成任务,巧妙设计实验,引导学生在做中学、在用中学、在创中学。培养学生适应个人终身发展所需要的必备品格和关键能力,实验的价值功不可没。

(武陟县实验中学 张志红)

化学教学,离不开实验,这一点应该是最基本的共识。但很长一段时间以来,在现实的化学课堂上,实验是靠"记"的,化学是靠"背"的,教师教的是"死化学",学生做的是"假实验",这已经完全背离了化学这一实践性自然学科的基本特性,更与我们的教育要"培养有创新意识和动手实践能力的人才"这一初衷相悖。要真正提升化学教学的质量,实验必须回归,运用化学知识解决生活中的实际问题的实践行动必须回归,除此之外别无他途。实验与实践就是化学教学中最好的"用",一用化学无难事,一用师生皆幸福。实验活了,课堂就活了。

案例三:

从探究中感知生物之美

生物学科是一个充满生命魅力的学科,与人类及自然的关系最为紧密,是学生了解自身奥秘及生命的有效途径。生物实验能使学生直接接触生物,并能仔细地研究生命现象,调动学生学习的积极性,培养学生对实验原理的理解能力和积极思维能力。

一、领略细胞之美。

生物除病毒外,都是由细胞构成的。显微镜下,有无数个丰富多彩的微观世界。走进一系列制作细胞临时装片的实验，不仅可以使学生对细胞的形态和结构有直观的认识，同时可以培养其动手能力和小组合作学习的能力，更能透过显微镜，让学生探索、发现、领略别样的生命之美。

洋葱内表皮临时装片、黄瓜表层果肉细胞临时装片、番茄果肉细胞临时装片等，一次次细胞探究之旅，一丝不苟，精心操作，仔细观察，分析优劣，提出问题，分析讨论……由生涩到娴熟，由懵懂到露出会心的微笑，知识经验不断积累，能力素养日见提高。在显微镜下，在孩子们眼里，每一个细胞就是一个宏大的世界，每一个亲手制作的装片，就是一个瑰丽奇美的生命之作。

二、感知生命之初。

生命是从受精卵开始的。本节课，我们以实际的鸡卵为例，通过实验，来探究其形态结构以及与陆地生活相适应的特点。

需要的实验器材有新鲜的鸡蛋、熟鸡蛋、放大镜、镊子、培养皿。我们观察的方法应该是由外到内，层层深入。

师：先请同学们单手握鸡卵，感受一下卵壳的硬度，想想它有什么作用？

生：卵壳有一定硬度，不易碎，对内部结构起保护作用。

师：再用放大镜来观察卵壳表面，谈谈你的发现。

生：卵壳的表面粗糙不平，有许多小孔。

师：怎么证明这些小孔的存在呢？

生：可以把鸡卵放入水中，看一下是否有气泡产生。

师：多少度的水合适呢？

生：可以设置不同的水温比较一下，如分别放入 5 ℃、38 ℃、98 ℃ 的水当中。

师：观察气泡产生的位置、数量、状态。

生：我们发现，三种温度下卵壳的部分表面都会产生气泡，而 38 ℃ 和 98 ℃ 水中的鸡卵的钝端的气泡又多又大而且会漂在水中直线上升，其中放入 38 ℃ 中的气泡产生持续的时间最长，说明在这个温度下呼吸作用正常进行，温度过高或过低都会抑制呼吸作用。

师：为什么鸡卵的钝端产生的气泡又大又多？下面请同学们将鸡卵的钝端轻轻地敲出裂纹，用镊子将破裂的卵壳连同外壳膜除去，描述你看到的结构。

生：最外面的是坚硬的卵壳，紧贴卵壳的是外卵壳膜，里面还有一层卵壳膜，两层膜中间有一个空腔就是气室，内含大量空气。气室的存在使得鸡卵放在水中时，这一端产生的气泡又多又大。

师：请同学们接下来用镊子将内壳膜弄破，使鸡卵内部的结构缓慢地流到培养皿中，注意不要破坏结构。对照课本鸡卵结构图来认识鸡卵的各个结构。

生：我们看到的黄色部分叫作卵黄，而无色黏稠状的物质就是卵白。

师：为什么卵黄不像卵白一样四处地流散呢？

生：因为卵黄的外面有卵黄膜的保护。

师：那请大家轻轻地摇晃盛鸡卵的培养皿，卵黄是否会触碰皿壁呢？

生：不会。

师：为什么？那我们把卵黄两端的系带剪断，再试一下。

生：卵黄会大幅度晃动甚至触碰到皿壁，这就说明系带的作用是固定卵黄。

师：在卵黄上还发现了什么？

生：卵黄上还有一个白色的小点，它就是胚盘，是新生命开始的结构。

师：请同学们把观察到的鸡卵的结构绘制出来。

生命的奥秘在显微镜下，在孩子们的手中、眼里，一层层被拨开、展现……

三、发现生活之美。

对生物的探究不能仅仅局限于课堂，更要善于引领学生捕捉生活中的生物之美。

(一)学生收集生活中的各种叶子，了解叶片的形态，制作树叶作品。

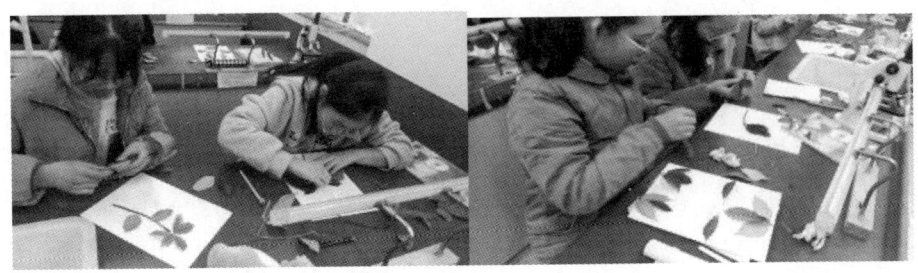

遇见"叶之美"学生作品创作

(二)孢子印的制作：小组之间进行合作。

要求：

1.选择深颜色的卡纸。

2.选取新鲜较大的食用菌,用解剖刀或解剖剪将菌盖从菌柄上取下来。

3.把菌褶那面朝下平放在深颜色卡纸上,扣上器皿,以免散落的孢子被吹散。

4.第二天,拿开器皿和菌盖,就可以看到卡纸上留下的孢子印。

5.进行创意绘图。

在探究实验中感受生物的美丽,学生会更好地理解生命,从而热爱、珍惜生命。

(武陟县实验中学　杨婧远)

"通过实验、探究类学习活动或跨学科实践活动,使学生加深对生物学概念的理解,提升应用知识的能力,激发探究生命奥秘的兴趣,进而能用科学的观点、知识、思路和方法探讨或解决现实生活中的某些问题,从而引领教与学方式的变革。"这是《义务教育生物学课程标准(2022年版)》对生物教学提出的新要求,更是我们归真课堂的致力追求。实验、实践就是最好的"用",用中学,用中思,用中探究,用中发现,用中培素养,用中提能力,用中洞悉生命的奥秘。

一用教学无难事,理、化、生教学,"用"从实验、实践始,实验和实践就是最好的"用"!

(四)政史地:胸怀天下"用"做主

教到深处是育人。"培根铸魂,以德育人",政、史、地课责无旁贷。传统的以识记知识为主的教学方式,显然无法承载这一重任。胸怀天下"用"做主,用中有知识,用中有能力,用中有素养,唯有"用",在用中学,学中用,学用结合,才能真正肩起为国育人的教育使命。在归真课堂实践中,我们应认真领会新课程标准的基本精神,让教学走出"识记"与"做题"的藩篱,探索和丰富政、史、地学科"用"的方式、方法,引领学生在"用"中实现"家事国事天下事事事关心",在"用"中达于知行合一。只有这样,才能解决多年来"知行分离"的教育积弊,才能走出"死读书,读死书"的教学怪圈,才能培养出国家需要的"真人才"来。请看以下几个案例。

案例一：

用好"拓展空间"，做好"探究分享"

在道德与法治课的教学实践中，我们要充分利用好新教材"拓展空间"和"探究与分享"栏目的内容，实现教学从课堂向更广阔的生活领域的延伸，引领学生把知识运用到社会实践中，在学习中分享生活经验，获得生命成长，同时增益他人，服务社会。

案例1：

在学习九年级上册第二单元第三课"参与民主生活"时，直接由"拓展空间"栏目导入。

师：假如你是一位政协委员，针对社区里私家车乱停乱放的问题拟一份提案，你会怎么拟？下面请在座的各位委员分成四组，共同商议并写出你们的提案。

一时间小组委员们各抒己见，建言献策，一名学生执笔，很快讨论好并写出提案。

师：请各小组委员代表宣读本组的提案。

生1：小区物业门岗要把好关，外来车辆一律不准入内，业主未购车位的也不准将车停入小区。

师：物业把好门，好！

生2：业主要自觉将车停在车位上，不能乱停乱放。

师：业主要自觉，这一点很关键。

生3：物业规划好小区停车位，在宣传栏里做好宣传，定期检查监督。

师：管理措施要到位，点赞。

生4：小区物业发现乱停现象就锁车轮，业主互相监督，发现乱停现象就在车上写字，砸玻璃。

师：这，不行吧？

生：这样做太不道德，而且也是犯法的。

师：说得好，那么我们的提案行不行？该如何交给社区，如何实施和监督？我们还有哪些参与民主生活的方式？参与民主生活又有哪些要求？请同学们翻开课本……

用"拓展空间"栏目的活动导入新课，充分激发了学生的学习兴趣，且这样的活动，恰恰是本节课学习内容的实践运用。一用，公民有哪些参与民主生活的方式，该如何正确参与民主生活，这些知识的学习自然水到渠成。不仅如此，在用中学，既培养了学生主动学习、主动关心和参与公共生活的主人翁意识，也培养和提高了学生发现问题、分析问题、解决问题与合作交流的能力，锻炼提升了其政治思维，这样做比起把"拓展空间"栏目作为课后作业好多了。

案例2：

在教学九年级上册第二单元第三课"参与民主生活"时——

师：通过刚才的学习，大家已经知道了公民参与民主生活的必要性、方式和要求事项，下面我想请大家共同参与一个活动，看看你能不能做到活学活用。请同学们看课件：我当社区监督员……

班内一时群情激越。

师：下面我们分成四组，每组推选出监督员一名，共同商议监督方案，大家再一起监督监督员是如何行使民主权利的，每组安排一名同学负责记录活动过程。

各组开始忙碌起来。小组分工，查阅知识，推选监督员，商议监督内容，制订监督方案，忙而不乱，有条不紊。

5分钟后，各小组监督员开始在小组内模拟小区监督员行使组内共同商议的方案，其他组员监督，一名学生记录。

学生自主活动，不亦乐乎。

师：鼓掌，给各小组点赞，下面请各小组记录员宣读你们的活动过程。

生：第一步，按照差额选举的方法，根据公平公正公开的原则，选举出一名监督员；第二步，我们组内成员全员献计献策，制订出监督方案，又请老师作为"专家"过了目；第三步，由监督员模拟监督小区里的各项事宜，其他成员监督他是否按照参与民主生活的要求在做。

师：非常规范。这节课的知识大家都掌握得很好，并能积极参与实践活动，锻炼提升了自己的思维能力和发现问题、解决问题的能力，老师为你们点赞！

结合教材内容，巧妙运用活动，让学生实实在在地动起来，让真实的生活场景进入课堂,知行合一,既增强了学生对民主程序的理解,更有效培养了学生的民主素养,增强了其参与民主生活的能力,真正实现了学以致用;同时又提高了学生的课堂参与度和获得感,最大限度地调动了学生的学习热情,达到知识与实践双赢的目标。

案例3:

在教学九年级上册第二单元第三课"参与民主生活"中的"民主决策"时——

师:下面咱们来体验一下当一名真正的决策者的感觉。就我们县城公交车票由五角上调至一元的事情,我们来召开一场听证会,这个活动由在座的各位来完成。

生:太有意思了,我扮演什么角色呢?

师:同学们,现在我们分四组来展开活动,由课代表主持,第一组是消费者(市民),第二组是经营者(公交公司),第三组是媒体(或者专家学者),第四组是政府部门人员(交管部门、物价部门),请各组同学代表你们的角色开始讨论并提出意见和主张。

提示:围绕涨价不涨价,亮明观点并说出理由。

主持人:下面请各方代表围绕涨价不涨价讨论2分钟,亮明观点并说出理由,各组都可以发言啊。

各组积极讨论,认真准备。

主持人:时间到,开始发言,首先由消费者发言。

生:现在的消费水平、公交公司的运营成本确实都在提高,但我们认为,公交更应该本着为民服务的本心和初衷,不能靠此营利,因此,我们认为不能涨价,这样更有利于民。

主持人:这位代表能站在为民服务的初心来考虑这件关乎民生的大事,为你点赞!下面有请经营者公交公司代表发言。

生:现在公司运营举步维艰,油价在涨,司机工资待遇也要求涨,入不敷出,难以为继。一方面我们要维护公司合法权益,另一方面又需要更好地服务于民,因此,涨价势在必行。再说我们要求也不高,就涨五毛,老百姓应该可以接受。

主持人:公司需要维护自己的合法权益,又能积极思考服务于民,确实不容易。接着有请专家学者代表发言。

生:通过市场调查,市民整体消费水平都在提高,公交公司的经营也确实面临困难,建议政府能统筹考虑,努力构建和谐社会。

主持人:有理有据,胸怀天下,建议中肯,点赞。下面有请政府部门代表发言。

生:我们认真听取了各方意见,接下来会进一步深入调研,集中民智,促进决策的科学化。

主持人:嗯,实事求是,听从民意,科学决策,全心全意为人民服务,好!

一个模拟的场景,调动全体学生投入其中,在做中学,在用中学,不仅将知识学活了,更是在综合性的实践探索活动中实现了生命的成长!

(武陟县实验中学 赵利霞)

"培根铸魂,立德树人",思政课是关键中的关键。要培养以实现中华民族伟大复兴为己任的有理想、有本领、有担当的时代新人,我们的思政课教学就必须在保证其政治性与思想性的同时,充分发挥其综合性与实践性,"以立德树人为根本任务,遵循育人规律和学生成长规律,以社会发展和学生生活为基础",发挥教育智慧,优化课程资源,创设多样化的学习情境,引导学生开展自主、合作的实践探究和体验活动,帮助学生形成正确的价值观,涵养必备品格,增强规则意识,发展社会情感,提升关键能力,使他们在感悟生活中认识社会,学会做事,学会做人,真正实现知行合一。"用"就是学习情境,"用"就是各类活动,要想使我们的学生胸怀天下,非引导他在相关的"用"中学不可。

我们不妨再来看一则思政课的教学案例。

案例二:

"走绿色发展道路,建设美丽中国"教学片段

师:现在让我们走进怀川村的发展座谈会,看这样一个小村庄,是怎么走绿色发展道路,建设美丽乡村的。有请座谈会的主持人——王雨涵同学。

主持人:下面我先来给大家介绍一下怀川村的整体情况。我们怀川村紧邻沁河,村民世代以农为业,生活水平不高,幸福感不是很强。青壮年大都出去打

工了,村里留下的多是老人孩子。我们村沿河上游有一个造纸厂,隔三岔五会向河里面排放工业废水,给村民生活造成不小影响。我们村传承千年的菊花茶饮,有很好的清热解毒功效。村里著名的历史遗迹青龙宫,近年来吸引了很多旅游公司的关注。请大家根据这些现实情况,畅所欲言,建言献策,为推动怀川村美丽乡村建设,奉献你的智慧,贡献你的力量。

同学1(代表武陟县委县政府):我代表武陟县委县政府谈三点看法。①迅速组织人员,深入了解怀川村在发展方面遇到的具体问题,在马上要召开的人代会上进行个例讨论。县里开展建立绿色生态村、共建美丽先进乡的活动,就以怀川村为代表。②大力支持怀川村菊花茶饮的深度开发,力争将这一传承千年的民间工艺,打造成我们县的一个文化品牌。要充分利用媒体优势,宣传菊花茶饮,宣传历史悠久的菊花茶文化,走出一条"创品牌,促发展"的美丽乡村建设之路来。③关于造纸厂,县委县政府态度明确,意志坚定,坚决治理,绝不姑息,环保必须达标,即日起不允许一滴超标废水进入河道。绿水青山就是金山银山,守护我们赖以生存的家园,我们责无旁贷。

主持人:从武陟县委县政府的发言中,我们怀川村看到了希望,看到了明天的美好。接下来有请村委会的代表发言。

同学2(村委会代表):我也讲三点。第一,我们自己要积极行动起来,不能等,不能靠,先从村容村貌进行整改,如将村里的卫生搞好,将夜间照明问题解决掉,把路修一修。第二,我们打算召开村民大会,组织建设一个生产合作社。由合作社出资建设饭店、民宿、农家乐等,为村民就业提供机会,吸引外出打工的人返回家乡,共建美丽乡村。第三,加强思想建设,凝聚村民干劲,增强对党对家乡的认同感和自豪感。比如,在墙壁上画一些爱党爱国爱家乡的宣传画,既增加了村子的美观程度,又宣传了党和国家的政策,使村民们增强听党话跟党走的认知。

主持人:村委会的想法很好,造纸厂呢?请谈谈你们的看法。

同学3(造纸厂代表):首先,对给村子带来的环境污染说声抱歉,我们立即执行政府决定,即日关停整改,更新净化设备,改进生产方式,坚决做到不达标准不生产,决不再让一滴超标废水从厂内流出。其次,我们要和怀川村结成美丽乡村共建合作伙伴,专项投资,为怀川村的美丽乡村建设尽心尽力。

主持人：造纸厂的做法值得点赞，我们希望更多的社会力量投入怀川村的建设中来。菊花茶饮料厂的代表有什么想说的？

同学4（菊花茶饮料厂代表）：听到武陟县委县政府带来这么多好政策、优惠发展条件，我们充满了信心。接下来，我们打算，首先，要努力将菊花茶饮工艺申请成为非物质文化遗产，通过这一举措增加菊花茶饮的知名度，吸引更多感兴趣的人来学习，传承和弘扬这一古老技艺。其次，申请政府专项资金，培育出更优质的品种，进行科学种植并大力推广，销售成品，增加效益。再次，走科技振兴之路，保留传统制作工艺，融入现代健康理念，力争做到标准化、规范化、更优化。最后，我们要举办一年一度的菊花节，邀四方友人，来怀川村赏菊花，喝茶饮，以菊会友，促进发展。

主持人：接下来有请青龙宫的代表发言。

同学5（青龙宫旅游文化公司代表）：围绕青龙宫旅游开发，近期我们有三个动作。第一，投资修葺有千年历史的青龙宫，美化环境，吸引游客。第二，整理青龙宫的美丽传说，挖掘其积极的文化元素，拍摄成青龙宫文化宣传片，引领人们正确认识青龙宫文化。第三，在注重旅游发展的同时兼顾绿色发展。发展旅游业的时候不能给周围环境带来伤害。利用高科技手段对青龙宫进行建设和维护，在赚取经济利益的同时尽量减少付出生态代价。

主持人：大家的发言都很精彩，提的建议和意见都很中肯、实在。我相信，在大家的帮助下，怀川村的明天一定更美好！

师：美丽中国建设，国家在行动，人民也在行动，它绝对不是某一个环节单独作为就能成功的。同学们，在美丽乡村建设的道路上，我们也很重要，加油！

（武陟县实验中学　郭芳辉）

当我们的学生能够在课堂上走进现实的问题情境，利用所学去深入思考家事、村事、国事、天下事的时候，对其成长与发展，我们还有什么不放心的呢？

案例三：

"第二次工业革命"案例片段

课上组织了这样一个教学活动：第二次工业革命带给人类的影响有利也有

弊,下面我们进行小组讨论,1、2组讨论第二次工业革命的积极影响,3、4组讨论第二次工业革命的消极影响,然后以小组为单位进行展示。

组1:电力作为新的能源进入生产生活领域,内燃机的发明和使用,汽车和飞机等交通领域的发明,都促进了生产力的发展,极大地改善了人们的生活,拉近了人们之间的距离。

组2:第二次工业革命促进了大众教育的发展,推动了城市化进程。

组3:带来环境污染、贫富分化加剧、人口膨胀等。

组4:西方资本主义国家加快了殖民侵略,世界呈现出工业文明与野蛮的殖民掠夺相交织的现象。

组1补充:现代炸药的发明,一方面,投入工业可以提高生产力;另一方面,用于战争给人类带来了灾难。

讨论激发了学生自主探究的欲望,同学们开动脑筋,积极参与,各抒己见,从不同的角度分析第二次工业革命的影响。思想不断交融,认知相互碰撞,利弊得失,逐渐清晰,学生合作解决问题的能力也在不知不觉中得到提升。

师:借古鉴今,科学技术有时就是一把双刃剑,我们从刚才讨论的结果中可以得到哪些启示呢?

生1:科学技术是第一生产力,实施科教兴国战略。

生2:坚持改革开放,引进并吸收世界各国先进技术。

生3:重视环境保护,走可持续发展道路。

生4:青少年应该努力学习科学知识,担负起民族振兴的重任。

这一环节的设置,让学生作为国家和社会的主人,为国家和社会的长远发展献计献策,有利于其树立正确的人生观和价值观,培养家国情怀。

(武陟县实验中学 郭建明)

"历史课程的目标是落实立德树人根本任务,体现历史课程的育人功能,培养学生的核心素养,引导学生初步树立正确的历史观、民族观、国家观、文化观,明理、增信、崇德、力行。"《义务教育历史课程标准(2022年版)》中的这段论述,最后以一个"力行"结语,可谓切中肯綮,点到了关键。学习历史,了解历史,记住历史,对于学生的发展来说固然重要,但新时代的青年,更需要学会用历史的知识、历史的文化、历史的思维、历史的眼光、历史的情怀、历史的胸襟,客观地去观察、思考、认识、解读、表达现实的生活和社会,继而形成对国家和中华民族的历史认同,具有国际视野,有理想,有担当。而这种能力,唯有在"用"中方能获得。小组讨论,借古鉴今,是最基础的"用",郭老师在课上一"用",则满堂课生辉。其实,历史学科的"用"结合不同的内容,形式与方法实在是太丰富多样了,讨论、辩论、演讲、课本剧、历史情景再现、故事讲述、战略战术解析、社会调查、英雄事迹报告、史料调查、口述革命史、专题研究、项目学习等,只要我们想"用",各种鲜活的形式就应有尽有。

本章我们用数万言、若干个案例来阐释各学科教学之"用",但对于具体的学科而言,所提及的"用"的方式、方法,依然只能算是挂一漏万。在此权当抛砖引玉,唯愿教师们能体悟其本真,领会其精髓,把握其实质,在教学实践中,能够从自己所教的学生和学科特点出发,"运用之妙,得乎一心",创设出更多更加契合相关教学内容的"用"来,那么我们的课堂教学定能迎来无限的精彩,我们的学生定能享受到教学带来的幸福。

另需提及一点的是,我们在前面提到的"语文:'用'开百花满园香""数学:一'用'数学无难事""理化生:实验和实践就是最好的'用'""政史地:胸怀天下'用'做主",其实是一个问题在从不同的角度述说,大家要学会联系起来去看,学会变通着去看,我们说"语文:一'用'语文无难事",不也可以吗?

代后记

做一棵守护校园的老树

校园里有两棵梧桐树，一棵居南，一棵处北，分立在南北教学楼的东侧。

从西门进校园，一过办公楼，放眼望去，最惹人眼的莫过于这两棵葱葱茏茏、蓊蓊郁郁的梧桐树了。

看吧，南边这棵，高大魁伟，躯干挺拔，犹如刚毅俊朗的伟男儿；北边那棵，树冠如盖，枝杈横逸，恰似宽厚博爱的奇女子。一高一低，左右相望；一阴一阳，顾盼生姿。于是，早在很多年前，我在心中就称它们为"乾坤梧"了。

如果你曾有幸驻足观瞧，定会发现，春来冬去，寒来暑往，乾坤梧每一天都会以崭新的姿态为我们展现着奇妙的景观。

春来了，万千嫩条，英挺向上，生机勃发，傲然不群。它们伴着鸟儿，在春风中欢笑，在阳光下跳舞。枝枝抖擞，条条精神，无一低眉垂首，无一颓唐萎靡。它们恰如一群朝气蓬勃的少年，迎着春光舒筋展骨、茁壮成长，让你不得不由衷赞美神奇的自然力所创造的这幅青春画卷！

夏至了，坤树荫翳，遮天蔽日，每一根枝条都尽情摊开，每一片叶子都可意舒展，它们肩并着肩、手挽着手，结成一片幕，连成一把伞，将那毒辣辣的大日头顶在头上，即便是晒得肌肤焉曲，也绝不避让。树下呢？或有勤奋的学生捧着一本书，埋头细读；或有困倦的园丁午后靠着椅，短休小憩；更多的时候，是一群不知疲倦的孩子，在那下面就着绿荫，或闲聊，或玩耍，自得其乐。我也偶尔走到那一圈环着树的靠椅跟前坐下，闭着目，养养神，那感觉，真美！

秋到了，如果不细心，你是很难发现这里的秋天是什么时候来临的，似乎一夜之间，那乾树，那坤树，便都黄了头。其实不是这样的，也许是所用心力不同吧，也许是所任职责有别吧，再也许是有所示于我们吧，暮秋风起时，乾树依然坚挺，当其黄绿斑驳时，那坤树却早已默默黄落了。

只有在冬天,乾树坤树纷纷卸去那释放尽爱意的如手掌般的叶片,将全身上下的枝干毫无保留地显露在蓝天下的时候,我们才能更加分明地感觉到它们的风骨——乾枝凌云天,坤条铺地母;也才能更加分明地感觉到,乾坤树对于我们实验中学而言,是一种多么神奇的可贵的存在!

如果你曾有幸了解实验中学的历史,就一定还记得这乾坤树下所演绎过的和正在演绎的精彩故事。

1992年秋天,实验中学迎来了第一批师生。来年春天,南北教学楼前、楼东侧种植的梧桐树发芽吐绿。新生的学校,新植的梧桐,皆如初生的婴儿,洋溢着勃勃生机。短短几年间,梧桐叶间的悬铃,已能在枝头荡漾。微风徐来,站在树下,仿佛可以听到校园内满是银铃般的乐音。那几年,实验中学的规模、质量,实现了成倍增长。活动式训练课型的胚芽,便诞生在那最初的几年里。那几年的课堂,将许多愉悦、兴奋、值得回味的美好,永久地镌刻进了我的心海里。

1997年,人事更迭,程三胜校长调任进修学校,郭玉珍校长继任。记不太清楚了,应该是那些日益长高的梧桐树遮住了教室内的光线了吧,可能也有秋日的满地落叶弄脏了校园的卫生吧,连时间也实在记不太清楚了,只知道有那么一天,教学楼前的两排幼龄梧桐树被清理出去了,代之而来的,是满眼的方砖墁地和夏天时满院白花花的毒日头。为了那些夭折的树,当时我心里很不自在了一段时间。不过后来回头去看,若是那些梧桐还都长着,南北两楼之间那有限的空间内,恐怕早就盛不下它们了,于是也便释然了。幸运的是,教学楼东侧的两棵保留了下来,于是,一棵长成了乾树,一棵长成了坤树。

郭校长在任的12年间,乾坤树见证了实验中学所获得的长足发展。2000年,焦作市第一家公办民助性质的分校成立,继而成为星星之火,为焦作民办教育的兴起立下了燎原之功。与之相伴,实验中学也迎来了一段红红火火的好日子,生源开始爆满,质量迅速提升,影响日益扩大,规模达到高峰。2003年,郭校长本着"科研兴校,以人为本"的办学理念,一手促成了焦作市第一个中小学教科研室的诞生,我有幸成为学校教科研室主任。这12年间,活动式训练课型,从理论到实践,一步一个脚印,在风雨泥泞中蹒跚前行,日渐丰盈:2001年被立为省级课题,2004年获得省级优秀成果一等奖,2007年发展成为归真教育。2009年,我因之获评"河南省首届最具成长力教师"。这一切,这期间的酸甜苦辣,其中的心血汗水,乾树看在眼里,坤树记在心头。

2009年秋,随着郭校长光荣退休,张欣校长走马上任,乾坤梧受到了空前的礼遇。我清晰地记得张校长说:"这两棵梧桐,就像武陟一中那棵挂着钟的老槐树一样,已经成为实验中学的一种标志、一种符号,以后不论是谁干校长,都不要去毁它,否则,那将是一种罪过!"于是,在两棵梧桐树的周围,分别置上了一圈环形的座椅,中间既为梧桐留下了足够的生长空间,又将其有效地保护起来,更方便了师生休息,逐渐成为实验中学最和谐最甜美的一道风景。

在2009年暑假里,张校长引领着班子里的几个人,召开了一次为期一周的"归真教育马拉松会议",商讨、确定了之后实验中学的发展方向。2010年1月11日,首届归真教育共同体论坛启动,在启动仪式上,张欣校长明确提出,"从今后,我校将坚定不移地以归真教育思想为指导,大胆改革,积极创新,努力践行归真教育基本理念,紧紧围绕课堂教学改革这一核心,逐步将我校打造成为师生共同学习、愉快生活、持续发展、健康成长的乐园"。2011年6月2日,归真石竖立,前面一个"真"字,后面一个"实"字,凝聚了归真教育的灵魂和精髓。之后,课标细化三大体系的艰难推进,三层备课活动在实践中的科学发展,归真活动与特色课程的次第开发,归真课堂数年来的分层前行……乾树看在眼里,坤树记在心头。

如果你曾有幸驻足思索,定会觉得,那乾坤梧上,对于我们实验中学来说,可以寄寓的确实太多太多。

《周易》第1卦为乾,象曰:"天行健,君子以自强不息。"第2卦为坤,象曰:"地势坤,君子以厚德载物。"清华大学以"自强不息,厚德载物"为校训。其实,三代实验人,无不自然而然地秉承了这样的精神,并逐渐形成了"自强,奋进,执着,务实"和"博爱,宽厚,兼容,朴拙"的实验性格。无论你从哪里来,只要加入实验中学这个团队中,你在不知不觉间,就会为这种性格所感染。这也许就是那乾树和坤树赋予我们的无形财富吧。

天天从乾坤梧旁走过,日日见它们挺立在那里,任风吹日晒,凭雪打雨淋,始终宁静如一,始终如画美丽,却又在我们的毫不经意间,慢慢地,稳稳地,壮大,壮大。方始信——非宁静无以致远,又才知——学之道止于至善。

校园里有两棵梧桐树,一棵是乾树,一棵是坤树,守护在南北教学楼的东侧。每天,我都从它们面前走过。

补记：

上面这段文字作于2017年，初名"乾坤梧"，历史无须重写，乾坤梧的故事仍在延续。

2018年，"归真教育——教育本真的探索与实践"荣获河南省基础教育教学成果奖一等奖。之后，我站在校园里，凝望着乾坤梧，又一次沉入了深深的思索。面前的老树，与我在实验中学的教龄相同。一路走来，三十年风风雨雨的吹打磨砺，虽然在枝干之间钤上了岁月的斑驳，但除了显得更成熟之外，犹自精神奕奕，蓬勃出满目葱茏，而且似乎经历了盛夏之后，在秋风中更显得风采无限。越看越爱，眼前明知不是梅，心中却莫名地涌上梅尧臣的诗句"老树着花无丑枝"来。忽然就明白曾经的感慨"不逢大匠材难用"有多么可笑，顿悟袁枚"肯住深山寿更长"的真意！

那一年新学期的开学会议上，我面对全体教师许下了一个承诺，此后不再要任何个人的荣誉，只想在剩余的教育生涯中伴着大家在实验中学的校园内默默生长，就像那乾坤梧三十年如一日默默地守护着我们的校园一样守护着我们的教学。

静能生慧，此言不虚。心真正静下来之后，我对教学的悟性好像一下子又提升了许多，"真、实、活""教学示范点""围绕真问题，激活真思维，开展真活动，提升真能力，培养真人才"等一系列归真课堂的操作理念与方法进一步得到提炼，自己所负责的业务工作也井喷式地迎来了一系列成绩，学校先后被确定为河南省教科研基地学校、河南省校本教研实验学校、河南省义务教育标准化管理特色学校……

2021年秋，司保东同志成为实验中学第四任校长，迅速融入实验文化，并雷厉风行地提出以归真教育思想为指导，努力实现"四个明显提升"（教育教学质量明显提升，学生行为习惯明显提升，校园环境质量明显提升，后勤服务质量明显提升）。这一年，乾坤梧见证实验中学迎来了又一次腾飞，校园变得更美，师生变得更优，教学质量更是取得重大突破，学校又次第收获河南省党建示范学校、河南省语言文字规范化示范学校、河南省一校一品足球特色学校、河南省中小学校党建带队建工作示范校、河南省中小学数字校园标杆校、河南省义务教育教学改革示范校等荣誉称号。

当这本书稿编完时，太多太多可爱的实验人的影子在我的眼前浮现：程三胜校长，鼓励我走上教育科研的道路，促我在心中萌生了活动式训练的种子；郭玉珍校长，帮我搭建深耕教科研的平台，并用特有的鞭策和包容，磨砺活动式训练课型的多元成长，从而衍生出归真教育的萌芽；张欣校长，大肚善容，卓识远见，毅然将后背托付于我,任归真教育在实验中学的教苑里发荣滋长;司保东校长,精明睿智,雷厉风行,成为归真教育、归真课堂的支持者和践行者;董红峰、郭为学、李昊男、千里莎、王芳、吴明霞、郭芳辉、赵利霞、贺小燕、王小霞、张志红、郭建明、孙利娟、杨靖远、牛林静、陈萌萌、谈娜、昝媛媛……一个个,一群群,我亲爱的老师们,至诚的战友,志同道合的同人,他们在不同的学科探索践行着归真教育,他们用精彩的文字记写下生动真实的案例,我们一起琢磨,我们一起探讨,我们一起续写着乾坤梧的故事,我们一起编织着教育归真的理想。

"凌风知劲节,负雪见贞心。"一群平凡的实验人,"不忘初心、牢记使命",在归真教育、归真课堂的园地里,伴着乾坤梧荡漾出来的四季风,向着理想中的教育执着探索,砥砺前行。

我愿做一棵不慕荣华、守护校园的老树,也相信会有更多的继起者。

范通战
2024年1月